本专著得到国家自然科学基金资助项目（71303083）、

教育部人文社会科学研究青年基金项目（11YJC790039）

和湖北省社会科学基金项目"十二五"规划资助课题（2013070）的资助。

复旦大学"当代中国经济与社会工作室"系列作品

制度、结构与发展丛书

范子英 —— 著

非均衡增长

分权、转移支付与区域发展

格致出版社　上海人民出版社

总序:问题导向的经济学

姚　洋(北京大学国家发展研究院)

在过去的七八年里,中国经济学界涌现出一批运用现代经济学方法研究中国现实问题的青年经济学家,他们的共同特点是关注中国经济运行的体制和制度环境,既没有停留在对现象的简单描述上,也没有生搬硬套成熟的经济学理论。他们是中国经济学的希望所在。作为这批青年经济学家的代表,陆铭和陈钊两位发起主编《制度、结构与发展丛书》,并邀我作序,我欣然应允。

在过去的 30 多年里,中国经济学研究发生了深刻的变化。20 世纪 80 年代,中国经济学研究尚在起步阶段,经济学研究的主体是从"发展组"走出来的青年经济学家。他们都有过上山下乡的经历,对中国现实问题的关注让他们在 20 世纪 80 年代初聚集在一起,形成一个半正式的研究小组。之后,他们进入体制内部的研究机构,从而拥有了更多的机会和资源做针对性的研究工作。他们深入基层,在调查研究的基础上总结出规律性的东西。那时虽然没有理论,但却常有令人振奋的新发现;正因为如此,那时的经济学研究和政府政策结合得非常紧密,一些政策建议(如价格"双轨"制)直接成为政府政策。可以说,20 世纪 80 年代是中国经济学最令人兴奋的时期。

进入 20 世纪 90 年代之后,中国经济学开始向学院化转变。从学科发展的角度来看，这是一个必然的过程。一个学科要有积累和发展，就必须创立一套研究语言，现代经济学理论就是经济学的研究语言。现代经济学理论的令人敬畏之处在于：在一个关于人的行为的简单假设——即理性假设——之下，它构建了一套模拟理想市场运作的优美且内容丰富的逻辑体系，而且，它的多数预测都被经验研究所证实。这当然不是说现代经济学穷尽了对现实世界的描述；现代经济学理论的作用不是对现实世界进行详备的描述，而是为我们理解现实世界提供一个简化的模型，让我们在纷繁的现实中找到一些规律性的东西。这些规律反映的是现实世界的局部常态，而不是放之四海而皆准的真理；但是，片面才能深入，追求大而全反倒会流于肤浅。中国经济学在20世纪90年代走过的路，是引进和消化现代经济学的过程：主要高校纷纷开设现代经济学的研究生课程，对学生的训练越来越规范；在研究方面，经济学杂志上发表的文章也越来越多地使用现代经济学的模型和计量方法。

进入新世纪之后，从海外归国的经济学者越来越多，到21世纪第一个十年的后期，高校中已经形成了近十个归国学者集中的机构。归国学者的加入进一步强化了经济学教学和科研的规范化，并把经济学论文发表的门槛提到了一个新的高度。从教育部到各主要经济学院系，对教师的考核纷纷提高了标准，教师要获得学术晋级，国内顶尖杂志上发表论文是基本要求，国外发表论文的权重大大增加。虽然一些院系的做法过于苛刻，但总体而言，考核标准的提高极大地促进了我国经济学科的发展。

然而，任何事情总是具有两面性。中国经济学在规范化的同时也出现了一些令人担忧的趋势。其中之一是囫囵吞枣，即生搬硬套现有的经济学理论，这在一些年轻学者特别是博士生当中具有一定的代表性。这是没有融会贯通地掌握现代经济学的结果，从这个意义上说，我们还要加强现代经济学的教育。但是，这不是简单地要求学生更多地掌握现代经济学的建模技巧，记住更多的经济学理论，而是要帮助他们在经济学理论和现实之间建立起联系。我接触过很多中国留美博士生，考试对他们来说是一件相对容易的事情，做论文才是最困难的。由于不容易获得中国的数据，而且美国的毕业生就业市场也不欣赏中国研究，绝大多数留学生不得不研究美国的问题。但是，他们对美国的了解有限，一些对于美国学生来说信手拈来的常识，对他们来说却是陌生的知识。在这种情况下，许多留学生只好选择做数理经济学或者计量经济学方面的论文。国内学生面临的问题有相似之处,即无法建立起理论和现实之间的联系,有些学生更是错误地认为理论模型可以用来证明一个原理或规律。中国经济学要有更大的发展,非得让学生回归现实不可。

另一个值得担忧的趋势是,因为强调国外发表论文,一些学者特别是部分归国学者更多的是研究国外学术界感兴趣,但却不一定对我国具有现实意义的题目。比如,一些学者以研究文献为起点,希望找到文献中别人没有做过的东西,而不是到现实中去寻找问题。正如林毅夫教授常说的,他们是坐在中国这座金矿上寻找煤炭。归国学者不关注中国现实问题,那为什么要回国呢?

与此相关的一个趋势是,学术研究和政策讨论相脱节。在经济学家当中,正逐渐形成学院经济学家和政策经济学家的分野,两部分人都相互瞧不起。一个社会里存在政策经济学家是正常的事情,政府和企业对他们的需求非常大;但是,学院经济学家不关心政策讨论却是不正常的。一些人可能会说,你看美国的经济学家都不关注政策。这是误解。除了少数经济学家(如罗伯特·卢卡斯)只关注学术而有意回避政策讨论之外,美国的知名经济学家都积极地介入政策讨论,那些表面上没有介入的,不过是因为他们没有机会而已。正是因为没有机会,许多美国经济学家只是把经济学研究当作一种职业,而不是经世济民的手段,因而他们的研究往往与现实脱节,成为自娱自乐的智力游戏。中国处于一个伟大的转型阶段,一个中国的经济学者不介入现实,对不起这个伟大的时代。

在这个背景下,我们愈发意识到本套丛书的作者以及他们倡导的研究风格的可贵之处。他们当中既有本土培养的学者,也有归国学者,他们的共同特点是不迷信文献,而是从现实中寻找问题,并上升到理论。丛书的名称定为"制度、结构与发展",意在把中国的经济增长放在中国的制度背景下进行研究。这无疑是一个正确的选择。从纯粹经济学的角度来看,中国的增长奇迹并不成其为一个奇迹,因为中国所采取的经济政策,都没有超出标准经济学教科书的建议,如高储蓄、高投资、提高人力资本、稳健的财政和货币政策、减少管制、对外开放、国有企业民营化、保护产权等等。但是,为什么中国政府采纳了这些促进经济增长的政策,而多数发展中国家政府却没有采纳?进一步,为什么中国在经济转型过程中保持了超常的经济增长,而多数转型国家却陷入过长时期的倒退?

国内外的一些人倾向于认为,中国的成功源于中国的威权体制,但是,这个解释如果不是源于学术上的懒惰的话,也是有意而为之的曲解之论,无法经受现实的检验:如果威权体制是中国经济成功的原因,那中国在计划经济时代就应该成功了,但这件事并没有发生。有人可能会说,威权体制+计划经济不成功,但威权体制+市场经济就可以成功。这个辩解本身就已经承认了市场经济的重要性:对比改革开放前后 30 年,政治体制没有变,而经济制度改变了,因此,我们唯一的结论只能是,真正起作用的是市场经济,而不是威权体制。

事实上,用威权与民主的两分法来概括中国的现行体制本身就是不恰当的,它不仅遮蔽了当今中国社会的丰富性,而且助长了学术上的懒惰之风:用威权或民主来套中国的制度和体制,然后开始推演,看似逻辑严密、道理精辟,实则是对他人理论的空洞无物的重复。从另一个角度来看,这是没有民族自信的表现。从任何方面来看,中国都正走在民主化的大道上。学者的任务是分析我们所走过的路,并指明未来道路的各种可能性。这要求学者对我国的体制进行深入和细致的分析,看哪些内容是起到正面作用的,哪些内容是应该摒弃或改变的。中国既然能够产生经济奇迹,中国的体制当中一定存在合理的成分,中国学者应该不怯于把它们展示给世界。

从大的历史尺度来看,中国所走过的路没有特殊性,中国自 1840 年以来的历史是世界从古代社会走向现代社会的一部分。这不是说中国所走过的路和其他国家一模一样。中国有自己的文化和历史传统,但是,如果仅仅为此就认为中国是独特的,那所有国家都是独特的,宣示一个国家的独特性也就失去了意义。中国学者的任务是从中国的特殊性中找到具有世界意义的规律,并把它们展示给世界。如果是这样,那么中国学者就要使用世界能够听懂的语言阐述自己的观点;对于经济学家来说,就是要用现代经济学的研究方法来研究中国当下的制度和体制问题。

本套丛书的编者和作者都是受过良好的现代经济学训练且对中国现实问题具有浓厚兴趣的青年学者,从他们身上,我看到了 20 世纪 80 年代的青年学者的影子。但是,他们的工作不是对 20 世纪 80 年代的简单重复,套用过去常用的说法,是发生了"螺旋式的"上升;他们不再轻视理论,而是要从中国的现实中发掘理论。长江后浪推前浪,假以时日,他们一定会开创中国经济学研究的新篇章。

序

张　军(复旦大学中国经济研究中心)

在经济学家的视野里,中国政府间财政体制的演变就是中国经济体制演变的写照。张五常这样认为,黄佩华也持这样的看法。因此,要更好地理解中国经济的发展与转型,就不可忽略掉政府间的财政关系及其演变。即使那些早期研究改革前的中国经济的文献,主要内容分析也涉及中央与地方之间的财政关系。说来这是很独特的现象,因为在其他计划经济的国家,多是典型的中央垂直管理的体制,地方政府没有做出计划的权力。而在中国,从计划经济体制形成之初,中央部委管理和计划的范围就很小,地方政府一直在承担计划决策和管理经济的重要职能。中国当然不是典型的联邦制的国家,但中国的政治和财政关系都在分权与集权之间寻找平衡。有意思的是,自从计划经济体制时代就形成的"条块"结构(许成刚和钱颖一把它概括为了"M形"结构)大概注定要成为改革开放之后中国经济体制演变的逻辑起点。到1979年已经很清楚,中国经济在行政区划上看就是一个分散的"诸侯经济"。对于经济学家而言,这样的结构显然有显而易见的好处,因为这使得中央不必承担集中决策的责任,错误决策的风险大幅度降低,分权决策的效率大大提高。所以,很显然,改革开放之后,中国的领导人知道,只要给地方政府足够的激励,中国经济就很容易因为地方之间的竞争而实现增长。

　　本书的原型是范子英博士在我指导下完成的博士论文。说来也巧,在我指导的博士研究生当中,以中国的财政体制和财政分权作为博士论文选题的至少有4位。这也不难解释,因为任何想要理解中国经济增长与转型经验的学者,都需要从政府间的激励入手,而政府间的激励多半来自政府间的财政体制。而范子英博士的论文则选择从转移支付角度入手来审查改革开放以来中国的政府间财政体制在分权和平衡分权代价方面的得失。

　　我已经提到,给定中国经济的组织结构,中国式分权所带来的好处是显而易见的,比如市场制度建设、预算约束硬化、标尺竞争、增长等。但随着经济的发展,分权所带来的负面效应也逐渐体现出来,主要体现在三个方面:市场分割、支出偏向和地区差距;在以财政收入最大化为政府目标的激励体系下,中国的地方政府都倾向于保护本地市场,限制资源的流出和外地商品的流入,以最大幅度增进本地的税收收入,不可避免地形成了地方保护主义。而为了吸引稀缺的资本,各地的财政支出都倾向于资本有利的方向,比如基础设施,而忽略大多数有关民生的公共服务,如教育、医疗等等。地方竞争还会强化原有的地区差距,由于初始禀赋的差异,以及空间上的规模报酬递增,一些地区会相对于其他地区有更大的增长潜力,反过来吸引更多的资源流入,从而扩大地区差距。

　　在这种情况下,转移支付是唯一能够用来降低分权负面作用的一种制度安排。首先,自上而下的转移支付能够削弱地方保护主义,中央可以在转移支付的条款中要求地方放弃地方割据行为,因此转移支付有利于形成国内统一市场。其次,转移支付更多锚定在公共服务,因此可以增加民生方面的投入,降低地方政府的支出偏向问题。最后,中央将财政资源从发达地区转移到欠发达地区,也能缓解地区差距,能够在一定程度上让欠发达地区搭上经济快速增长的列车。

　　但是,转移支付不是完全没有代价的。对地方政府而言,转移支付更像是一种"横财",会显著改变地方政府的经济激励结构。例如,地方政府倾向于利用既得的转移支付增加政府雇员,从而扩大政府规模,这对欠发达地区来说是致命的,地方财政会逐渐沦落为"吃饭财政"。在转移支付的分配和使用过程中,还会出现行贿和腐败,中国典型的"跑部进金"就跟中央部委掌握的巨额财政资源有关。这本书的主要内容就是以分权作为制度背景,分析中央政府如何运用转移支付来弥补分权体制的不足,以及这种制度安排又会诱发什么样的不利结果。本书旨在指出,在缺乏对转移支付制度合理设计的前提下,盲目扩大转移支付并不必然带来理想的效果,因此对要素市场制度的建设要先于政府间的财政转移。

具体来说,本书对这一研究文献的边际贡献主要体现在四个方面:首先,从理论和实证上检验了分权存在的底线,利用中国分省的数据,作者发现经济发展的过程伴随着一些结构性问题的出现,特别是城乡分割、地区分割以及政府在公共品方面投入的不足等,采用非参数的基于松弛的非期望产出模型(slacks-based measure, SBM)计算了在分权框架下各地区各年的效率水平,显示虽然分权促进了效率水平的提高,但是其作用随着时间呈现非常显著的下降,这是因为随着经济的发展,负面产出将会越来越严重,并且也直接威胁到未来的经济增长。

其次,本书区分了转移支付对经济增长的短期效应和长期效应。实证结果显示,转移支付会显著改善转入地的短期经济增长效应,但会严重降低长期经济增长潜力,转移支付的累计效应为负,并且西部地区的负面作用更大。虽然转移支付有利于当地的基础设施建设,但不利于政府行政效率的改善、市场经济制度的建立和私营经济的发展,反而使得长期的经济增长绩效更差,转移支付因此也并不一定能带来区域之间经济的平衡发展。

再次,本书考察了转移支付的间接效应和正外部性,转移支付的增加更加有利于国内市场的整合。理论模型表明,地方保护主义是分权框架下政府的一个理性选择,而给予次发达地区以一定的财政补助,恰好能够降低分权起作用的机制,使得地方政府转而选择区域合作与区域分工。实证结果也支持上述结论,利用"价格法"计算的市场分割指数与转移支付呈显著的负相关关系,并且在不同的转移支付项目中,专项转移支付的作用更大,而税收返还的作用并不明显,这实际上也表明中央政府在增加专项转移支付的同时,也确实在利用该项转移支付调整央地之间的关系,地方政府更加积极地配合中央的政策,放弃原来的地方"割据"行为,使得1995年之后的地方分割水平仅为之前的25%。

最后,本书还研究了转移支付的一个主要负面作用,转移支付会使得地方政府的短期规模和长期规模都急剧膨胀,从而降低地方政府的行政效率。在现有的文献里,有大量的实证研究都表明中国的地方政府在经济中扮演了"援助之手"的角色,这甚至是中国和东欧国家转轨成效差异的主要因素。然而本书的研究却发现,过多的转移支付会加重地方政府对中央财力的依赖程度,一些地区每年从中央获得的转移支付的数额甚至远远超过其自身的财政收入,使得地方政府缺乏足够的经济激励来发展本地经济,并且那些获得更多转移支付的省份的政府规模也膨胀得更快,由本地财政收入增加带来的政府人员规模的扩张效应远远小于转移支付的效应,后者是前者的 1 000 多倍,并且财力性转移支付和专项转移支付都会使得地方政府规模出现膨胀。政府人员规模的扩张表明那些转移支付的接受地又将面临下一个"吃饭财政"的困境,并会由此增加对中央财政转移支付的需求,最终陷入一个恶性循环。

范子英博士是由农业经济学专业训练出来的,所以经验研究的基础扎实,这在国内外经济学界都是一个典型事实。他在读书期间就具有挑战权威的勇气,特别是对中国 1959—1961 年的饥荒进行另辟蹊径的研究,取得成就,在中国经济学界开始崭露头角,并获得了《经济学(季刊)》2006—2007 年度最佳论文奖。在 2007 年进入复旦大学中国经济研究中心攻读博士学位之后,他的兴趣逐步转移到财政分权与增长的主题上来,配合了我自己在这一领域的研究项目,我们之间的合作也从此开始。在此期间,我们有四篇论文在国内的经济学权威杂志上发表。他还为我主编的英文著作 *Unfinished Reform of the Chinese Economy* 就中国政府间财政关系与地区平衡问题撰写了一章,该书已经问世。我在 2011 年 11 月应 *The World Economy* 主编戴维·格里纳韦(David Greenaway)之邀,发表了"WE 年度中国讲座",那次讲座的中心内容是围绕 1994 年分税制展开的,其中有很多内容得益于与子英的讨论。他还为我的演讲提供了一些数据的处理。我很高兴他这些年来取得的研究成就,也为他已成长为新生代中国经济学家队伍中的新星而自豪。我相信,本书的出版将成为他走向新的研究高度的起点。

是为序。

目　录

第一章

大国治理的困境

第一节　大国治理：非均衡发展的必然性

中国是一个地域广袤的大国，东西横跨 5 200 公里，南北相距 5 500 公里，其中山地、高原和丘陵占陆地总面积的 67％，盆地和平原仅占 33％。34 个省级行政区划的自然地理条件相差巨大，其中 11 个省市拥有临海优势，部分地区甚至还拥有世界级的深水港，如三大经济圈的环渤海有天津和青岛港、长三角有上海和宁波港、珠三角有香港和深圳，而其他内陆省份的交通条件相对较差。人口的分布也非常不均匀，从黑龙江的瑷珲到云南的腾冲画一条接近 45°的直线，直线的东南部的面积占全国的 42.9％，全国 13 亿人口中却有 94％居住在此，而西北部广大的地区却仅有不到 6％的人口（胡焕庸、张善余，1985），人口密度仅为世界平均水平的1/4，如果我们考虑近年来往沿海地区的移民，则实际的人口分布会更不均匀。自然和地理资源在总量上分布也是不均的，90％的石油和 80％的煤都分布在中国的北部，而 68％的水力发电潜力都在西南部，如果考虑到人口的分布，则人均意义上的不均等会更加严重，一些地区在历史上一直是"天府之国"的鱼米之乡，另一些地区甚至至今还依然是"穷山恶水"。而与其他一些国家相比，中国也只显得"地大"，却没有"物博"，例如，中国的国土面积是印度的 3 倍，但可耕地面积却比印度少2 000 万公顷，再考虑人口规模的话，中国的人均可耕地面积仅为印度的 2/3。

历经了 100 多年的贫穷与落后，新中国的建立开始尝试以经济发展作为新政权的基础,不过由于经济基础薄弱,并且中国是一个内部具有巨大差异的国家,完全均衡的发展模式并不适宜,因此有限的资源必须赋予那些生产效率最高的地区,而只有在这些地区发展到一定程度之后,开始逐渐出现产业升级,其他的内陆地区才会在产业转移的过程中得到发展,这样从沿海到内陆就形成一个非常明显的"雁阵模式"(flying geese),这样一种发展模式是在目前的条件约束之下的最优选择。而到 1978 年,中国开始对外开放,积极参与海外贸易并吸引外资流入,"中国制造"逐渐成为中国经济增长的重要支柱,由于国际贸易对运输成本极其敏感,主要的运输方式为海洋运输,因此那些处于沿海的地区获得了其他地区不可比拟的先发优势。并且,中国与美国的一个重要区别就是海岸线,美国是东西部两面临海,所以美国的东西部发展较快,中部较差,而中国仅有东部临海,所以中国的东部发展较快,越是内陆地区的发展越慢。例如,2003 年长三角 10% 的人口生产了全国 21% 的 GDP,而西南部的四川、重庆、云南和贵州的人均 GDP 仅为全国的一半,西部的山西、陕西、内蒙古、甘肃和宁夏同样拥有 10% 的人口,却只有 6% 的工业产出和8% 的农业产出。

实际上,中国的这种非均衡发展并不特殊。世界上没有哪一个国家的经济产出在地理上是完全平均分布的,全球国内生产总值的 1/4 是在仅占 0.3% 的土地面积上生产的,15 个最大经济体所生产的产品产值占全世界的 80%。而在一个国家内部,经济的不均衡分布也是常态,例如 2005 年墨西哥市的产出占墨西哥全部产出的 30%,然而其面积仅占全国土地面积的 0.1%,并且越是富裕的国家,这种空间上的不均衡分布越明显。不仅如此,与经济在地理上的分布同步的是,人口分布也呈现同样的不均衡,例如法国巴黎人口为 1 000 万,而其第二大城市马赛的人口仅有 150 万,墨西哥市的人口是墨西哥第二大城市瓜达拉哈拉的 5 倍。按照世界银行 2009 年的报告《重塑世界经济地理》的数据,当一国的人均 GDP 达到 3 500 美元时,这种空间上的不均衡(集聚)的趋势会逐步加强,一直到人均 GDP 介乎 10 000美元至 15 000 美元之间,空间上不均衡的趋势才会逐渐缓和。2010 年中国的人均GDP 为 4 384 美元,恰好处于空间分布均衡加速的阶段,因此在未来的 20 年内,非均衡发展依然是中国的一个典型特征。

这种非均衡发展虽然与资源在地理上的不均衡分布相关,如耕地、港口等,但也存在另外一种力量使得这种效应会自我增强。2008 年的诺贝尔经济学奖得主保罗·克鲁格曼,其主要贡献就是开创了新经济地理学,他发现产业在空间上的集中会产生规模效应,这种效应主要来源于信息和运输成本的节约,因此那些优先发展的地区,会因为产业集聚而逐步强化其初始优势,由于这些地区的资本回报率和劳动回报率更高,会吸引稀缺资源的流入,进而锁定了其初始的先发优势,进一步扩大经济和人口在地理上的非均衡分布。

这些简单的分析表明,中国虽然是一个有着广阔陆地的国家,但总体来说东部地区的自然条件更优越,因此在经济起步阶段更有利于发展;而随着中国逐步融入全球化,东部地区恰好有良好的海运优势,从而获得了巨大的国际市场,其发展进一步加速;不仅如此,经济发展规律本身也会强化这种优势,这些地区由于资源、人口、技术、信息等的集聚,会产生巨大的规模效应,进而锁定并强化东部地区的优势。因此,中国的经济和人口,总体来说会向东部集中。

第二节 大国治理:分权的必然性

经济的发展不仅仅是厂商的微观决策,还涉及政府的行为。政府维度又可细分为政府与市场,以及不同政府层级之间的关系两个维度,大国治理中的分权也是按这两个维度演进的,在由计划经济向市场经济转轨的过程中,厂商行为和市场力量会逐渐加强,政府势必要将权力分散到市场中,逐步由经济的参与者转变为"守夜人"的角色,主要维护市场的政策运行、规则制定并执行等。第二个维度的分权涉及中央政府与地方政府之间的关系,由于上下级政府间存在巨大的信息不对称,大国治理都将权力下放到下级政府,这种权力既包括人事、管理、行政审批等方面的行政权力(事权),也包括收入和支出管理的财政权力(财权)。

第一代的财政分权理论是纯粹的公共财政观点,主要来源于 Tiebout(1956)的开创性研究。公共财政理论认为政府的主要职责是通过征税为居民提供公共品,以弥补市场失灵造成的公共品供给不足的难题,因而政府间的分权是从成本—效率的角度进行考虑的。Tiebout(1956)认为地方政府会更了解本辖区居民对公共品的偏好,至少比中央政府拥有更多的信息,因而由地方政府来提供公共品会产生更大的社会福利。不仅如此，地方政府还能以更低的成本来提供公共品，由于要素具有流动性，特别是劳动力会跨地区流动，各地方政府会争相吸引劳动力的流入，其实施手段则是税收政策与公共品，地方政府通过向本地居民征收税收，进而为本地居民提供公共品，地方政府之间为了劳动力的流入而横向竞争，会使得公共品的供给成本趋于最低，进而任何的税收—公共品的组合都是有效的。由于不同居民对公共品的偏好是有差异的，因此居民"用脚投票"（voting with feet）会产生最大的社会福利，那些喜欢更多公共品的居民会流动到高税负—高公共品的社区，反之亦然。如果公共品是完全由中央政府提供，在缺乏充分信息的情况下，中央政府的决策将是在平均偏好水平上采取"一刀切"的政策，这样的结果是对公共品有高偏好和低偏好的两个群体的效用都下降了，那些喜欢公共品的人未获得足够的公共品，而不喜欢公共品的人却承担了过高的税负。

第一代财政分权理论除了强调事权的分权（即公共品的提供）外，实际上也暗示了财权的分权。为了使得公共品的提供达到最有效，从消费者来说，其收益（公共品）与成本（税负）必须完全匹配，反映到政府维度则是收入与支出要完全挂钩，因此在支出分权的同时，政府收入也必须分权，中央政府必须赋予地方政府几乎完全的收入决策权。在绝大多数联邦制国家，其地方政府都拥有一些与本地经济直接相关的税收。例如在美国，其州政府拥有房产税的收入，因此当劳动力流入越来越多时，对住房市场的需求会增加，在住房供给没有同步增长时，基于价值的房产税会使得地方政府的收入同比例增长，地方政府可以利用新增的财政收入来提供更好的公共品。例如在20世纪90年代，美国的州以及州以下的地方政府提供了80%以上的教育支出，而联邦政府提供的教育支出不到10%，除此之外，美国的地方政府还在社会保障、居民福利等方面投入了大量的资源（费雪，2000）。

不过传统的分权理论在解释转轨经济时却遇到了障碍。大部分转轨国家都是从计划经济逐步向市场经济过渡，在计划经济时代，这些国家的政府为全部居民提供了基本的公共品，并且这种提供方式也经常采用分权的形式，例如中国在计划经济时代基本由"单位"来提供教育、医疗、社保等，这种分权甚至比Tiebout所倡导的还要彻底，即使是收入分权，在很多计划经济国家也是很常见。所以Tiebout的分权理论对于转轨国家来说显得不是那么重要，但这却不能直接说明分权是不重要的,恰恰相反,对于多数转轨国家来说,分权是经济转轨是否成功的关键因素。

对于转轨国家而言,与分权直接相关的是经济增长的激励问题,而不是公共品的供给效率。在传统的计划经济中,中央集权式的政府垄断了与经济发展相关的行政审批、投资计划、财政收支等各项权力,地方政府往往只是整个计划经济的一个执行部门,经济体是一个自上而下的"条条"经济(U-form),地方政府没有空间和激励来发展本地经济。在计划经济时代,这不是一个很突出的问题,因为整个国家的生产都是被"计划"的,生产什么和生产多少是由计划部门事先设定好的,赋予地方政府和部门过多的自由反而会威胁到这个系统的运行。但是,当一个国家准备由计划经济向市场经济转轨时,这个问题就凸显出来了,市场经济的正常运行需要有充分的信息,在一个成熟的市场经济中,这种信息会体现在价格的波动中,但是在一个转轨经济中,由于价格本身是被扭曲的,"做对价格"的道路是不可行的,而在价格回归正常轨道之前,赋予微观经济主体充分的决策权是必须的,要让那些直接负责生产的主体决定自己生产的产品种类、所采用的技术和产量等。

不仅如此,转轨国家中的分权还体现在中央政府与地方政府的关系上。与传统的分权理论相似,地方政府不仅更了解本地居民的偏好,也更清楚本地的资源禀赋,它们相对于中央政府更清楚地知道何种产业结构更适应于当地,因此转轨国家的分权需要将更多的权力下放给地方政府,即给予地方政府更多的经济激励和自由,充分调动这些地区的发展动力,于是各地区形成"为增长而竞争"的良好局面(张军、周黎安,2008;范子英、张军,2009)。因而,对于从计划经济向市场经济转轨的国家来说,由于制度建设的滞后,"做对激励"显然比"做对价格"要更加切合实际。

"做对激励"意味着要给予地方政府足够的财政盈余,使得地方的财政收入与本地的经济发展水平呈现高度的正相关,同时赋予地方政府自由支配本级财政的权力,因此能够使得地方政府尽力投入到经济发展中,而不是其他与中央相矛盾的目标。在做对了激励之后,即使转轨国家在政治上不是联邦主义,其中央政府与地方政府之间的经济行为依然呈现一种"财政联邦制"。而要成功实施财政联邦制,至少要满足五个条件:政府层级(hierarchy)间的权利和职责划分清晰;下级政府拥有足够的自治程度(subnational autonomy),它们在各自的范围内享有自主权,同时又不具备绝对的制定法律的垄断权;统一的市场(common market),指在国家层面上提供并维持统一的要素和商品流动的共同市场,商品和要素在这个市场上自由流动;预算硬约束(hard budget constraints);权力的制度化(institutionalized authority),地方政府的制度化权力对中央的任意权力造成制约,使得中央与地方之间的权责划分可信持久(Weingast,2006)。在这个基础之上,由于地方政府各自都从经济发展中获得好处,更加愿意去推动经济转型和经济改革,从总体上来看整个国家是一种"市场维持型联邦主义"(market-preserving federalism)(Weingast,1995;Qian and Roland,1998;Jin,Qian and Weingast,2005)。

与第一代分权理论的机制类似,第二代分权理论所强调的依然是地方竞争。缺乏地方竞争的分权是完全无效率的,甚至会带来负面效果。在引入分权之后,地方政府的目标一致朝向财政收入最大化的方向,因此任何能够增进本地财政收入的决策都会被地方政府采纳。由于资源的稀缺性和流动性,各级地方政府会争相将有限的财政支出投入到与稀缺资源相关的领域,因此,地方竞争会带来三重效应。首先,地方竞争会使得地方政府主动放松管制,为流动要素营造一个良好的环境,甚至在某些情况下,地方政府会动用行政力量保护私营经济的发展,如利用政府信用为企业贷款担保、利用司法力量保证非正式合同的执行,甚至抵制中央政府过于严厉的税收政策、利用地税局的特权为地方企业违规减税等等,这些被Shleifer(1996)称为"援助之手"(helping hand),这也成为中国跟俄罗斯在转轨时期的经济表现出现显著差异的制度性原因(Shleifer and Vishny,1998);其次,地方竞争会硬化政府的预算约束,特别是会降低地方政府对国有企业的援助,由于地方之间会相互竞争吸引流动要素,它们会将有限的财政收入投入到与流动要素相关的领域,如基础设施,而不会去无偿援助国有企业;最后,地方竞争还说明没有哪一级政府拥有对经济政策制定的垄断权力,当生产要素是流动时,任何一个地方的政策都会对其他地方产生溢出效应,反过来,任何一个地方都会受到其他地方政策的影响。

不仅如此,由于缺乏竞争的绝对标准,地方之间的竞争是一个永远都没有尽头的竞争,这种竞争被称为"标尺竞争"(yardstick competition)。一个地方政府表现得是否优秀,不在于他本身做得有多好,而在于与临近地区相比,它的比较优势是否明显，要素的流动去向也会在禀赋类似的地区之间选择，因此相对优势对于资源的流入是至关重要的。并且，当所有地区都意识到这种竞争的本质之后，只要它们不存在合谋的空间，那么这种竞争会像紧箍咒一样逐渐约束地方政府的行为，促使它们朝着市场经济的方向迈进。这样竞争的结果是一种良性竞争（race to top），在某些领域会显著提高政府的行政效率，并显著改善地方公共品的供给问题，如基础设施的发展等等。

第三节　我们的经验与矛盾

中国历史上从来不缺分权治理的经验，即使是在高度集权的计划经济年代，分权治理也是一种常态。新中国在成立初期曾实行过短暂的中央集权，但是很快地方领导开始向中央抱怨，过度的集权束缚了地方发展经济的积极性，这些抱怨逐渐改变了中央决策层的观念，其中以1956年的《论十大关系》最为体现，在这一篇著名的演说中，中央与地方的关系被提升到十大关系之一，并强调要赋予地方政府足够的自由与空间，从根本上否认了中央集权的发展模式。

分权的观念不是仅仅流行于决策层，而是很快被付诸实践。第一次分权是发生在"大跃进"期间，这次分权也被认为是最彻底的一次分权。1958年，政府为了快速推进工业化，发动了为期数年的"大跃进"运动，在工业和农业生产方面都强调高指标，这些高指标仅仅依靠中央政府是无法完成的，需要极大地调动地方的积极性，于是中央政府将行政性的权力下放给地方政府。这次分权主要体现在三个方面：一是行政审批和投资权力的下放，地方政府开始拥有自主决定投资项目的权力。二是财政权力的下放，在1958年之前，大部分的财政收入都归中央政府，地方的财政开支受中央的统一控制，而自1958年开始，地方开始征收大部分的财政收入，并与中央政府之间分成，1958年的地方财政收入占全国财政收入的比重仅为19.6％，1959年急剧上升至75.6％。三是企业的下放，新中国成立初期的企业大多数归中央政府所有，为了配合工业"大跃进"，中央将绝大多数企业都划归地方政府管理，例如纺织部直属的企业全部下放，轻工业部下放96.2％，化工部下放91％，机械部下放81.5％，冶金部下放77.7％等等（薄一波，1997）。

第一次的分权越过了"分权的底限"，由于中央政府几乎将所有与经济发展相关的权力都下放给地方政府，随之而来的是经济建设的混乱，并以"大跃进"的彻底失败告终。不过，虽然"大跃进"是失败了，但分权的经验却保留下来了，这种分权能够产生强烈的激励，并很快出现了第二次的分权。1964 年为了备战的需要，中国开始了"三线建设"，其主要是将投资重点放在军工业和重工业，同时将投资区域转移到内陆地区，不仅如此，为了能够在全国范围内建设三线，中央鼓励每个省都建设自己的"小三线"，为了配合此次三线建设，中央政府再次将企业下放，同时将财政支出的权力留给地方。

在经历了两次分权化改革之后，改革开放之初的中国已经彻底形成一种"块块"经济（M-form），每个省、市，甚至县都有单独的、完整的工业体系。而与此相反的是，转轨初期的俄罗斯是一种"条条"经济，每个地方都是整个国家生产线上的一个组成部分，只负责专业化生产某一种产品。因此，虽然中国前三十年是完全的计划经济，但这种计划经济是有明显分权特征的，而恰恰是这种特征造成了中国和俄罗斯向市场经济转轨时，经济绩效出现天壤之别的根源。

20 世纪 80 年代初，中国开始尝试向市场经济转轨，并将前三十年的分权经验传承下来。第三次分权被称为财政包干制，或者俗称为"分灶吃饭"，其分权的形式与前两次没有本质的区别，同样强调将地方政府的支出与收入直接挂钩，地方负责征收绝大部分的财政收入，然后与中央政府之间进行分成。唯一的不同是要素的流动性更自由了，因而地方之间的竞争效应更加明显，这种竞争在很大程度上改变了地方政府的行为，并维系了几十年的经济高速增长。

而在另一方面，决策层对不同地区的经济政策充分考虑了地方禀赋的差异，优先将稀缺资源（政策优惠）投入到能带来更大产出的地方，效率优先是第一个阶段的主要目标，然后再逐步过渡到效率与公平兼顾。邓小平在改革开放初期提出的"两个大局"的思想正是这一概念的高度提炼，第一个"大局"是"沿海地区要加快对外开放……从而带动内地更好地发展……内地要顾全这个大局"，第二个"大局"是"发展到一定的时候，又要求沿海地区拿出更多力量来帮助内地发展……那时沿海也要服从这个大局"。可以说，中国改革开放的前二十年正是实践第一个"大局"，而最近的十年则开始着手第二个"大局"。正是在第一个"大局"之下非均衡的发展模式,才导致了中国几十年的高速增长,中央在不同时期针对不同地区采取不同的政策,从最早的 5 个经济特区,到首批设立的 14 个沿海开放城市,再到 5 个国家计划单列市等等,都可以看到采取的是非均衡的发展战略。并且这种非均衡的发展战略不是仅仅在中央层面,而是一直贯彻到省、市、县甚至乡镇一级,例如各省及省以下各级政府都自行设立了名目繁多的各类开发区。

中国过去的发展非常好地运用了"两个大局"中的第一个思想,但是对于第二个思想的具体实施却存在争论。随着过去经济快速增长而出现的结构性矛盾越来越严重,地区间、城乡间和行业间的差距越来越大,均衡的发展肯定是未来中国经济发展最主要的方向。然而至少有两点需要在一定的范围内达成共识:首先,需要定义均衡的概念,经济学上至少有总量均衡和人均均衡两种概念,如果是前者,那么相应的政策也非常简单,即在最小化发达地区的机会成本的情况下,尽可能多的将资源(或优惠政策)转移到内陆欠发达地区,如果强调的是人均意义上的均衡,那么首要的改革应该是要素市场改革,即将劳动力从内陆地区迁移到沿海地区,在做大蛋糕的同时分享东部的经济成果,在此之后的地区差距则可以通过适当的财政转移支付进行调节。而不管是历史上的中国,还是其他国家的发展历程,都从来没有出现过总量上的均衡,从社会总福利和效率的角度来看,我们所追求的均衡更应该是人均意义上的,而不是简单的总量均衡。其次,需要明确效率和均衡之间的关系,从静态来看,效率和均衡之间一般都是矛盾的,要追求均衡则必须牺牲效率,差别仅在于效率牺牲的程度,而动态的观点则认为,在某些情况下效率和均衡是统一的,如果能够通过要素市场的改革促进劳动力在区域之间自由流动,这会加快沿海地区的经济发展,即达到了效率的目标,同时劳动力从内陆地区迁出也缓解了这些地区的资源压力,迁出地的人均产出也会提高,如果劳动力能够完全自由流动,不同地区之间的劳动力报酬会趋于一致,即均衡的目标也达到了。

但是目前的地区均衡发展战略还是以政府为主导,通过改革政府间的关系来协调区域之间的发展。1994 年的分税制改革旨在增强中央政府的财政能力,两个比重——财政收入占 GDP 的比重和中央财政收入占总财政收入的比重——得到显著提高,分别从 1993 年的 11.2% 和 22% 上升到 2008 年的 20.4% 和 53.3%,但由于中央过度集中财政收入权力,以及单独设立国税征收机构,使得中央本级的财政收入出现急剧的增长,1993 年至 2008 年年均增长 19.3%,远高于同期 GDP 的增速。而在支出责任的划分上,中国一直遵循大国治理的基本原则:分权,2008 年由地方政府支出的财政资源占全部政府支出的 78.7%,中央和地方政府的支出与收入的不对称意味着每年都有巨额的转移支付,这种转移支付直观上可理解为上级政府对下级政府的垂直转移支付,但实际上是将资源从发达地区转移到欠发达地区。

转移支付是政府间关系变迁最直接的表现。中国自 1994 开始的转移支付历经了巨大的变化,早期的转移支付的主要形式是税收返还,例如 1995 年的税收返还占全部转移支付的 73.7%。这种制度设计是为了使得地方政府能够配合中央的各项改革,保证发达地区的既得利益以换取这些地区的支持,从而也实现各级政府间的激励兼容。在 20 世纪 80 年代实行的渐进式改革,特别是价格的双轨制,在 20 世纪 90 年代中期得到彻底的改革,其中 1994 年开始将官方汇率与调剂汇率并轨,实行"有管理的浮动汇率"制度,同时改革银行体系,将原有的四大国家专业银行转变为国有独资商业银行,1996 年开始对国有企业进行大力度改革,除少数企业由国家垄断经营外,其他企业都要进行股份制改革。这些改革的一个直接结果就是20 世纪 90 年代中期以来,中国经济能够健康、良好地发展,保持长期的"高增长,低通胀"。

20 世纪 90 年代的改革促进了市场化建设,但是并不能有效缓解地区差距问题,内陆和沿海的差距一直在扩大,于是中央政府在 20 世纪 90 年代末再次大力度调整与地方政府间的关系,以促进各地区能够均衡发展。分税制中税收返还的制度设计虽然保证了发达地区的基本利益,但中央在增量上的分享比例更高,因而税收返还占转移支付的比重会越来越小,2004 年仅为 30.5%。而剩余的中央财力除了用于中央本级财政支出和垂直投资外,开始增加其他两项财政转移支付——财力性转移支付和专项转移支付。财力性转移支付主要用来弥补地方政府的财政缺口,专项转移支付则用来支持地方的经济发展和公共支出,因而主要是面向内陆地区。自 1999 年开始实施的"西部大开发"战略以及随后的"振兴东北老工业基地"和"中部崛起",则更加明确要通过财政转移支付援助这些地区的发展,内陆省份(含辽宁)的转移支付占全国转移支付的比重也相应从 1995 年的 68.1% 上升到

2007 年的 82.8％。

　　虽然均衡的经济发展是世界各国都想达到的目标，但目前中国的这种地区发展战略却明显与两大经济学理论相违背。首先是区域经济学中的新经济地理学（new economic geography, NEG），新经济地理学强调由规模报酬递增、贸易成本和要素成本差异导致的经济体内出现"集聚"（Krugman, 1991），按照这一理论，生产活动不是均匀地分散在世界各地，而是集聚在一些国家、地区甚至部分城市，劳动力也会同样随着生产活动而出现集聚，而这种集聚一旦形成，在短期内则会像黑洞一样成长为一个越来越大的增长极。新经济地理学意味着任何违背该理论的政策都可能是低效率的，而世界银行《2009 年世界发展报告》更是将主题定为"重塑世界经济地理"（reshaping economic geography），旗帜鲜明地指出集聚是各国经济发展历程上不可避免的，不均衡的经济增长与和谐发展可以并行不悖，而任何试图通过政策干预实现区域均衡的国家和地区，最终都不得不回归到集聚的老路上。新经济地理学并不反对均衡发展的必要性，在集聚达到一定程度之后，要素成本上升和拥挤效应等都会产生离心力，集聚和离心两种一正一反的力量在某一点达到均衡，此后的发展则会分散到其他地区，均衡的发展只是时间的问题。

　　其次是与中国关系更加紧密的财政分权理论。分权理论强调的是经济激励，任何降低经济激励的改革都可能有损经济发展的潜力，中央将大量的转移支付给予欠发达地区，实际上是将资源从沿海转移到内陆地区，将会同时降低转出地和转入地发展经济的积极性，中央从沿海地区抽调了大量的资源，削弱了地方政府从经济发展中获得的好处。同样，内陆地区在获得中央的转移支付后，其财政收入与当地经济发展之间的关系也随之降低，政府缺乏足够的激励来推动当地经济的发展。即使考虑到转移支付的目标与公共服务的均等化有关，这种转移支付也是值得商榷的。在劳动力没有充分流动之前，这种转移支付实际上是有效率损失的，相当于中央政府通过行政权力利用转移支付的变化来替代劳动力的流动，虽然这种转移支付能够在一定程度上促进公共服务的均等化，但是忽略了居民的偏好差异，其所带来的福利改善值得怀疑，并且转移支付所带来的结构性矛盾不容忽视。

　　基于以上认识，本书将试图回答三个主要的问题。首先，20 世纪 80 年代的分权化改革无疑取得了巨大的成功，向下级政府分权一方面增加了地方政府的经济收益,另一方面也深刻改变了央地之间的关系,从财政收入比重上来看,中央的财力岌岌可危,地方的过度强大导致了一系列的宏观调控难题,同时分权导致过度竞争并产生了巨大的负外部性,因而分权从理论上来说是有一个底线的,本书首先将从理论和实证去探讨分权对经济的促进作用,以及其带来的结构性矛盾。其次,20世纪90年代末开始的地区性发展战略,伴随的巨额转移支付是否达到了预期的目的,特别地,本书将考察的是转移支付是否带来了长期的经济增长,而不是短期增长,是否促使欠发达地区形成了"自生能力"。最后,转移支付的变动带来结构性改变,本书将考察地方政府的行为如何随着转移支付而变化,其中一种是上级政府有意为之,如为了区域市场一体化建设的需要,对那些配合改革的地区给予一定的财政奖励,另一种是地方政府的过度反应,当政府拥有大量的资源时,会使得政府规模出现急剧膨胀,行政效率随之下降,形成长期的"吃饭财政"的困境,这种转移支付会陷入自我强化的恶性循环,最终导致大量的效率损失。

第四节 本书的视角、结构和主要发现

本书在以往理论和实证研究的基础之上,梳理有关的文献,试图在中国式分权的大背景下探讨政府间关系的调整对于地方政府行为和区域经济的影响。首先研究分权可能出现的底线,进而中央政府通过转移支付对这种关系进行微调,转移支付在达到中央政府目标的同时,也会带来一定的成本,而这些成本是进一步改革的依据。本书的主要创新在如下几个方面:

(1)与以往研究不同的是,本书从中央政府的角度来考虑地方发展难题。以往大部分研究政府间关系的文献都是从地方政府的角度考虑,如分权导致的横向竞争、税收竞争、市场分割、公共品提供不足等等,这些研究强调地方政府行为的外溢性,在既定的分权框架下,地方政府出于自身利益的考虑一方面会提高资源利用效率,但另一方面也会有损于本地的长期增长和其他地区的发展。而本书则从中央政府的角度,强调中央政府在调整央地关系方面的主动性,中央政府通过调整财政分权引导地方政府相互竞争,提高经济效益,促进经济增长和市场建设,而面对日益明显的地区差距和公共品提供难题,中央政府又通过转移支付的形式对落后

地区进行补助,激励这些地区增加对教育、医疗、农业等方面的投入,同时通过大型基础设施的建设和产业政策吸引资金和产业转移,促进这些地区的经济增长。因而本书认为不管是分权、地区战略,还是转移支付,都是中央政府调整的手段,这些具体的形式是内生于中央政府的行为,中央政府在利用分权提高地方政府发展经济的积极性的同时,也在利用财政转移支付降低这种分权所带来的负外部性。

(2)本书从全局的视角研究分权化改革的成败,并从实证上检验了分权存在的底线。虽然有大量的文献探讨分权所带来的成本(如王永钦、张晏、章元、陈钊、陆铭,2007),也有很多文献在检验分权与经济增长时发现了反面的证据,并将这种现象解释为分权导致了地方政府行为的扭曲(如 Zhang and Zou, 1998)。但由于方法和数据的局限,并没有文献从实证上去检验向地方政府分权的底线。本书利用以往研究的成果,总结了分权可能导致的几种主要结构性矛盾,形成了一个概念性的分析框架。在方法上,本书利用了非参数的数据包络法(DEA),该方法能够衡量多产出的过程,并且本书还拓展了基本的 CCR 模型,采用了可以囊括负面结构性产出的基于松弛的 SBM 模型,这一方法使得在实证上检验分权的底线变得可行,从而也证明了过度的分权不仅仅会使得政治不稳定,也会有损于长期的经济增长。

(3)本书从长期的角度来考虑向落后地区的转移支付如何影响当地的经济增长潜力。由于经济增长是一系列因素的综合结果,从中央政府的角度来说,向落后地区的转移支付旨在培养这些地区未来的经济增长潜力,而不是当期的经济收益。以往大多数研究地区经济战略和转移支付的文献,强调的都是当期或短期的经济增长,而实际上当年转移支付必然会增加政府的投资,进而使得当期的经济增长速度提高,但这一方面与中央政府的目标不一致,另一方面也无法判断转移支付所带来的效率损失的大小。本书从实证的角度上验证了转移支付能够促进短期经济增长,然而在长期的经济增长方面发现了反面证据,同时本书还利用不同的估计方法得出了一致的结论,并试图从三个方面解释造成这种长期效应与短期效应不一致的可能原因。

(4)本书从正负两方面综合考虑中央向地方政府增加的转移支付的作用。任何一项经济政策都会在一定程度上达到政策制定者的预期目标,同时也会伴随着一定的成本和负面作用,与以往文献不同的是,本书既评估了转移支付政策所达到的目标,也考虑了这种政策带来的负面作用,从而更加全面地评估了该项政策。大部分关于转移支付的文献都是强调转移支付的必要性、转移支付对于缓解地区差距的作用等,而很少去考察转移支付所带来的效率损失,以及其在实施过程中所产生的间接效应。本书一方面评估了转移支付在促进地区经济增长方面的作用,另一方面也考察了转移支付在协调政府行为、建设国内统一市场方面的间接效应,同时还将转移支付与地方政府规模联系起来,转移支付在无形中带来了地方政府规模的膨胀,增加了未来"吃饭财政"的负担,这也在一定程度上减少了转移支付能够带来的效率改善。本书的研究结论能够更加全面地用来评估转移支付对其接受地的长期综合影响。

(5)本书在一个效率与均衡综合考虑的框架下重新评价了地区经济发展战略。本书更加全面地对1999年以来的地区战略的经济效益进行评价。从均衡的角度来说,1999年之后的地区发展战略旨在缩小地区之间的差距,引导地区之间均衡发展,但本书的研究结论表明内陆地区并没有因此而形成长期的内生增长能力,这一系列政策反而彻底改变了这些地区的政府的行为模式,政府的支出规模和人员规模急剧膨胀,为未来的财政负担埋下了隐患。这些地区的政府过度依赖于中央政府的扶持,缺乏发展当地经济的积极性,也没有形成一个发展型的政府。这些政策虽然间接促进了国内市场一体化,在一定程度上提高了其收益。然而本书的结论也表明这种效应已经随时间在快速下降。因而本书实际上认为这种基于均衡考虑的地区发展战略并没有达到预先的目标,反而有损于全国的经济效率,本书的结论也为进一步的有效率的改革提供了可选方案。

全书一共分为9章,其中第一章为导论,主要介绍本书选题的背景、意义,以及内容和创新等;最后一章为全文总结和政策建议,以及未来可以进一步拓展的方向。以下对其余7章的研究作一简述。

第二章是对相关理论和研究的回顾,这一部分首先从政府与市场的边界开始,强调政府在解决公共品提供方面的市场失灵的重要性,但政府的支出同样会挤出原有的公共品市场,而政府过多干预经济则将更加明显导致私人部门投资的不足,均衡性的政策投资将有悖于新经济地理学的理论和证据。接着转向地方政府分权的重要性,分权导致了地区之间的竞争,对于经济增长和公共品的提供都有正向作用,然而分权也是存在底线的,并不是分权越多越好,过度的分权会带来结构性矛盾,并将有损于经济增长本身,更严重的还会使得社会出现不稳定现象,因而从理论上有一个最优的分权设计。最后从地区竞争的不足方面回顾纵向转移支付的必要性,由于各地初始条件存在差异,各地在可动用的财力方面也存在差异,于是单纯的竞争会导致一些地区退出竞争序列,同时公共品的提供又会产生正的外部性,因而需要上级政府进行一定的财政转移支付,转移支付要更多地针对公共服务均等化,而非经济增长本身。

第三章是回顾中国自 1949 年以来的政府间关系和区域政策的调整历程,特别是中央与地方政府间的关系调整。第一个阶段是改革开放之前,其中 1958 年至 1961 年中国开始了第一次向地方政府的分权化改革,将大量的企业和事权交由地方政府负责,但由于随后的产出大滑坡而不得不进行调整,这一时期还是以沿海原有的工业基础为主;而 1964 年开始的"三线建设"则力主逆转之前的地区优势,而将发展重点放在西(南)部地区,为了调动各地建设的积极性,又重新将事权下放到地方政府。第二个阶段是改革开放至分税制之前,这一阶段的主要特征是大力度的财政分权,其中以财政的"包干制"为特征,地方政府的收入与当地的经济增长密切相关,部分地区的边际留存率甚至达到 100%,地区战略的重点也是以沿海地区为主。第三个阶段是从分税制开始至今,这一时期与以往有非常大的差异,首先是财政关系发生了大的变化,彻底改变了 20 世纪 80 年代中央财力薄弱的窘境,央地之间的收入划分以税收分成为主,而不再是财政收入分成;其次地区发展战略开始强调地区之间的均衡,特别是总量均衡,通过各种方式将资源从东部转移到内陆省份;最后是央地之间关系出现了新的变化,在维持原有分权的框架下,中央政府通过财政转移支付来协调地方政府的行为,同时促进地方政府公共品的提供和经济增长。

第四章试图建立一个一般性的分析框架,从实证角度证明中国的分权已经迈向底线。首先从理论上回顾分权在促进经济增长时,也可能带来的负面效应,如城乡分割、地区分割等结构性矛盾,并且负面产出会随着分权的深化而增加,负面产出最终会降低经济增长的潜力,因而在理论上有一个最优的分权。其次,本章从效率的角度来度量分权的底线,利用可以囊括多投入多产出的 DEA 方法,并在基本的 CCR 模型基础之上扩展为基于松弛的 SBM 模型,该模型的主要好处是可以在有负面产出的情况下更准确地计算效率值。最后,基于理论和文献的分析,选取分权过程中的正面产出和负面产出计算综合效率,并将效率值的变化与分权的变化联系起来,发现分权确实带来了效率的改善,但是随着时间的推移其作用越来越小,而 1994 年的分税制改革则在某种程度上降低了政府在经济增长方面的作用。

第五章分析随着央地关系的调整所带来的财政转移支付的变化,以及对内陆省份的经济增长的促进作用。正是原有分权体系的不足,使得中央政府必须通过一定的转移支付来平衡区域经济差异,分税制改革一方面加强了中央的财力,另一方面也使得这种地区战略变得可行,1999 年开始的"西部大开发"和随后的"振兴东北老工业基地"、"中部崛起"战略,都向这些地区转移了大量的财政资源,本章在 Barro(1990) 的框架下,基于经济增长理论,既考虑了传统的增长要素,亦考虑了转移支付的作用,并且区分了短期效应和长期效应。在方法上,既采用普通的添加滞后项的方法计算累积效应,也采用了 Mitchell 和 Speaker(1986) 的方法,避免人为识别滞后项数目和滞后项形式的问题,较为准确地计算每一期的效应和最终的累积效应。两种方法计算的结果基本相似,转移支付确实带来了短期的经济增长,然而却非常显著地降低了内陆省份经济增长的潜力,并且还发现这种负增长到来的时间在西部地区出现得更早。本章还试图对这种作用的机制进行解释,转移支付将通过分工、公共投资的挤出效应和分权的激励作用三个方面影响转入地的长期增长。

第六章分析中央政府利用财政转移支付调整央地关系,促进区域市场一体化建设。本章先从理论上回顾分权本身促进了地方政府之间的竞争,但过度竞争会导致地方保护主义,形成"诸侯经济",一个直接的表现就是市场分割越来越严重,各地都形成了非常类似的产业结构,不利于资源的利用和市场范围的扩大,而"斯密定理"表明市场范围过小会使得分工不够深入,规模经济过小也会延缓技术进步的速度。本章接着建立一个理论模型,描述分权框架下的市场分割是地方政府出于财政收入的理性选择,即地方政府为了最大化本地财政收入采取了"与邻为壑"的政策,而如果上级政府能够采取一定的措施协调政府间的这种不合作行为,这会达到一种"双赢"的过程,如通过转移支付弥补欠发达地区由于加入国内市场分工可能导致的短期损失,同时发达地区又可以获得巨大的规模效应,这种转移支付可作为在分权框架下对央地关系的一次微调。本章最后在实证部分证实了这一作用机制,中国自 1999 年开始大力加大对内陆地区的转移支付,计量回归结果表明转移支付能够显著降低各地的市场分割行为,并且内陆地区的效应比沿海地区要大,在三大转移支付中,专项转移支付的作用最大最显著,而税收返还的作用不显著。

第七章分析央地关系微调进一步带来的负面作用,转移支付的增加会使得那些接受地的政府规模出现膨胀。本章首先分析了专项转移支付的来源和作用机制,理论模型表明在劳动力缺乏流动性时,Tiebout 的"用脚投票"机制无法发挥作用,此时通过中央的条件转移支付是可以提高公共品的供给水平,但是却间接导致了地方政府规模的膨胀,随后的实证研究也证实了上述假说。接着分析了财力性转移支付与政府规模的关系,当上级政府将资源从一个地方转移到其他地方时,转移支付的接受地并不会相应调整自己的行为,根据公共品和私人品的边际价格进行分配,而是将这些转移支付全部用于政府开支,因此转移支付和政府税收两种来源对于政府规模的作用是不相同的,前者要远远大于后者,即所谓的"粘纸效应"(flypaper effects)是存在的,这种效应的来源可能在于地方政府的财政幻觉、对未来的不确定性、调整成本等等。利用中国的数据检验了"粘纸效应"的大小,发现不管是总的财政转移支付,还是剔除了专项转移支付后,财政转移支付都会显著扩大地方政府的规模,这一效应大小远远大于地方经济发展所导致的规模膨胀。本章接着将度量政府规模的指标改为行政人员规模,由于"吃饭财政"的存在,这一指标可作为地方政府的长期规模,人员规模一旦增长则会给财政负担施加长期影响,同样发现"粘纸效应"导致了政府行政人员的显著增加。本章最后解释了这种效应发生的可能机制,由于税收立法权和管理权一直是集中的,使得地方政府操作的空间非常小,而预算外收入比重的下降也进一步压缩了这种空间。

第八章研究转移支付与官员腐败的关系。本章首先梳理了理论上关于腐败的研究,发现在跨国研究中,腐败一般都集中在某几个高发领域,而这些领域的共同特征是信息的不完全和不公开。而在中国,基础设施投资历来都是腐败最多的领域,除了因为信息不公开的原因外,投资额巨大也是另一个主要因素。我们在实证上发现中央给予地方的转移支付增加了地方用于基础设施投资的财源,在水平上增加了腐败发生的案件数,不仅如此,随后的进一步分析表明,转移支付还会增加腐败发生的概率,其原因在于转移支付相对于本地财源更加"廉价",地方政府对上级政府的转移支付的监督力度下降,导致这些资金的使用效率更低,腐败更频发。

第二章

分权与转移支付

　　中国自 1978 年以来的改革重点是一直划分市场与政府的边界,逐渐将由政府管理转为由市场配置,但由于市场本身的不稳定以及在很多方面会出现"市场失灵",一个市场意义上的帕累托最优很可能是一个非常不平等的结果,从这个意义上来说,市场可能带来政治和社会的不安定,因而在市场与政府之间有一个权衡(trade-off)。在开放和自由的市场经济里,政府不可能再像以前那样进行统一的计划,政府唯一可以操作的途径就是通过税收和支出来影响各地的经济行为,即财政政策和税收政策是中央政府用来调控市场经济最主要的方式。

　　一般都认为向市场和下级政府的分权是造成中国和东欧国家经济发展差异的主要因素,因为分权能够硬化地方政府的预算约束(Dewatripont and Maskin,1995)、更有效地提供公共品(Tiebout,1956)、最终形成高效率的市场经济(Qian and Weingast,1997)。而实际上,事权的下放在计划经济年代就开始了,中央强调各地的经济和财政的自主性,以致到改革开放初始,中国更像一个"块块"经济,而东欧国家,包括俄罗斯,更像"条条"经济,因而虽然中国和东欧国家在计划经济时代是类似的,但到了改革开放时,两者的初始状况已经发生了巨大的变化,中国形成了一种"M"形的经济结构,而这种经济结构正是两者在改革成效上出现显著差异的原因(吴敬琏,2004;钱颖一、许成钢、董彦彬,1993)。

　　但财政分权并不是故事的全部,最彻底分权的还仅仅是事权的下放,而财权在中央和地方间的分割一直是反复改革的焦点,特别是 1994 年实行的分税制改革使得财权集中化，中央在各地设立单独的税收征收机构，以此来避免之前系统中存在的激励问题，但事权依然基本维持原来的方案，大部分的支出责任还归属于各地方政府（Ma，1997）。比如 2007 年，地方的财政收入占全国的 45.9%，而同期的地方支出却占 76.9%，两者之差的 31% 则需要依靠中央的转移支付。从另一个角度来说，如果有一个强大的中央政府，其对于地方经济的影响则不仅仅是"给政策"这么简单了，大规模的财政转移支付将产生直接影响。

在 1994 年之前，原有财政体制使得地方的税收激励很低，两个比重——财政收入占 GDP 的比重和中央财政收入占全国财政收入的比重——一直下降，中央政府在完成本级支出之后，已经没有能力进行大规模的转移支付，即使有少量的转移支付，也更多偏向于沿海发达地区（Yang，1997）。转移支付在 1994 年之后才大规模出现的，从历年的分布来看，东部获得的转移支付从 1995 年以来一直下降，而随着西部大开发和中部崛起等政策的实施，分配给中西部的部分则显著上升。虽然东部在资本、技术和地理位置等方面具有优势，但如此巨大规模的转移支付是否能够平衡地区之间的差距，进而促进中西部地区的经济发展，尚有待观瞻。

本章将首先回顾政府与市场之间的关系，一方面经济的良好运行需要政府的作用，另一方面政府又可能阻碍经济发展；其次将回顾政府间的关系如何影响到经济增长，特别是分权以及分权的底线；最后将回顾上下级政府间的关系，特别是中央的财政转移支付如何改变了地方政府的行为。

第一节　政府与市场的边界问题

政府与市场的边界问题一直是经济学理论争论的焦点，正如崇尚混合经济的阿瑟·刘易斯在他的《经济增长理论》中说到"如果没有高瞻远瞩的政府的积极推动，没有一个国家能够在经济上取得进展……另一方面，政府干预经济生活造成不良后果的例子很多……政府可能会由于做得太少或者太多而遭到失败"。在现实世界中，我们既能看到政府支出较多的发达经济体，如北欧的国家，同时也能看到政府活动相对较少的发达国家，如美国，我们似乎很难去找到一个最佳的政府规模。但理论上，一些一般性的原则总是成立的，如随着经济的发展，人们会增加对于公共支出的要求,特别是社会保障支出,即瓦格纳定律总是成立的(Peacock and Scott,2000)。

1997 年的《世界发展报告》将政府职能归纳为五个基本方面:建立法律基础、保持非扭曲性的政策环境、投资于基本的社会服务与基础设施、保护环境和承受能力差的阶层。由此可见政府的目标主要是三个:建立基本制度框架、促进基本服务的公平和消除外部性。公共政策除了要保证公民不受到物质匮乏和人身安全的威胁外,还需要增加具有正外部性方面的投资,如基础设施的投资,同时还降低负外部性的产出,如通过法律规制污染的排放和能源的浪费等。

这一节将主要回顾两个与政府边界相关的理论。第一,是经济增长理论,认为政府支出对于经济增长是至关重要的,政府的首要任务是建设基本的制度框架,其次才是外部性较大的产品的提供。第二,是新经济地理学,强调经济集聚(agglomeration)的作用,该理论实际指出了政府的投资方向应该是用来降低地区间的交易成本,包括交通设施的投资和地区间贸易壁垒的削减等等,以此来扩大经济增长中的规模效应。

一、政府支出与经济增长

经济增长理论一直都强调政府在经济中的作用,政府的存在除了维持游戏规则外,还需要修正"市场失灵",其中主要是六个方面:提供公共品、保持宏观稳定、消除经济的外部性、限制垄断、调节收入分配,以及弥补市场的不完全性和信息的不对称性(王绍光,1997),而这些都能有效促进经济增长(Barro,1990)。实际经验也是如此,20 世纪初,英国和美国的公共支出仅占 GDP 的 10％左右,而 2002 年,则分别达到 42％和 35％(Miles et al.,2003),中国的政府支出占 GDP 的比重也从 1995 年的 11％上升至 2008 年的 21％,20 世纪 70 年代以来世界各国的政府支出水平的上升似乎是一个普遍现象,而目前的支出水平早已远超过经济增长理论所界定的范围(Borcherding et al.,2005)。

早期研究政府支出和经济增长的文献中,都假定政府支出是生产性的,并且是最大化社会福利的,于是消费者的效用被简单划分为私人消费和公共消费,政府支出能够促进效率的改善(Arrow and Kurz,1970)。后来 Barro(1990)在一个内生增长理论的框架下将政府支出纳入考虑,认为政府投资与私人投资是互补的,两者的结合能够带来规模报酬不变,但单一的私人投资呈现规模报酬递减,因而符合内生增长理论的假设,只是这里将"干中学"以及溢出效应归为公共品的外部性;同时他还区分了生产性的支出能够促进经济发展,但是呈现非线性的关系,而政府消费则会显著降低经济增速,因为税收存在扭曲效应。Devarajan 等(1996)则进一步区分了生产性支出和非生产性支出之间的比例对经济的影响,他们论证并不是生产性的支出越多越好,而是两者之间必须有一个合适的比例,模型背后假定了在非生产性支出不足的条件下,生产性支出本身的回报是递减的。

虽然新古典的文献强调了资本回报递减和溢出效应的存在,因而收敛的结论总是可能的(Solow, 1956; Tamura, 1991),然而,经验证据表明,虽然美国不同州之间,以及发达国家之间,特别是 OECD 国家的人均收入水平出现了收敛(Baumol, 1986; Barro and Sala-I-Martin, 2004),但是绝大多数发展中国家却并没有能够缩小与发达国家的人均收入差距(Romer, 1994),收敛也仅仅是在俱乐部的意义上存在,绝对收敛并不成立。经验和理论上的矛盾可能预示着其他因素没有纳入已有研究的考虑之中,溢出效应之所以不存在,则很可能仅仅是因为这些落后地区缺乏必要的物质和社会基础设施,而无法吸收发达地区的先进技术,因而即使潜在的技术溢出是存在的,但落后国家由于缺乏一定的初始禀赋,阻碍了实际的技术溢出(Abramowitz, 1985)。Basu 和 Weil(1998)认为资本存量相对较低是欠发达国家采用发达国家先进技术的一个障碍,他们得出结论,欠发达国家如果能够提高储蓄率来利用先进技术,就有可能经历一个经济迅速增长时期,而这里的储蓄是广义的储蓄,也包括政府储蓄,即可以通过扩大政府投资来增加资本存量,在这个维度上的政府支出是能够促进落后地区的技术进步和经济增长的。

在实证上利用国别数据来检验政府支出与经济增长的关系时,若不详细区分支出结构,一般认为两者之间是负向的关系,更多的政府支出会降低潜在的经济增长水平,特别是消费型的政府支出更会有损于经济增长(Grier and Tullock, 1989; Landau, 1983; Barth and Bradley, 1986)。但正如 Barro(1990)所说,纯粹的政府消费是很难定义的,比如国防和教育,很难说明这些只进入效用函数,而跟具体的生产无关,这些支出实际上往往能影响产权制度的建设,直接影响到生产函数的形式。不过在剔除国防和教育这两种具有明显外部性的支出后,利用 Summers 和 Heston(1988)的数据,纯粹的政府消费和经济增长之间的负相关关系还是成立的(Barro,1991)。然而,如果区分政府支出的类型,大部分的研究都发现生产性的支出是能够带来经济增长的(Aschauer,1989;Barro,1991),但是这也不能表明生产性支出与经济增长是线性的关系,单纯增加生产性支出是不能促进经济增长的,而是要维持生产性支出和非生产性支出之间的一个合理比例(Devarajan et al.,1996)。

在政府支出的领域里,基础设施的投资显得至关重要,基础设施在经济中的作用来源于其与私人资本的不完全替代性,能够解决私人资本无法解决的外部性。基础设施的投资会直接促进经济增长,产生直接效应,同时由于其外部性,加大基础设施也能促进私人资本的回报率,即间接效应,比如南非的电力行业的投资就对经济增长同时具有直接和间接效应。Atack 等(2008)利用美国 1850—1870 年的历史数据,采用倍差法(difference-in-difference)和工具变量(instrument variable),发现 19 世纪铁路的投资极大地促进了生产从家庭作坊升级到工厂生产,进而促进了分工的演化,这也进而证明了斯密定理:分工的演化是需要市场的扩大,反之亦然。基础设施还能促进技术的提高,比如 Aschauer(1989)利用美国 1945—1985 年的数据,发现生产率和政府用于公共设施的投资是高度相关的,尤其是基础设施的作用更加明显,其估计的基础设施的产出弹性达到 0.39,甚至认为基础设施投资增速降低是全要素生产率下降的主要因素。1994 年的《世界发展报告》更是将主题定为"为发展提供基础设施",认为"即便不能称为牵动经济活动的火车头,也是促进其发展的车轮",但该报告同样提倡改革基础设施管理体制的重要性。

基础设施外部性的存在使得私人提供会不足,而理论上,社会最优水平将要求公共投资与私人投资的边际收益相等,并且如果公共投资不仅直接对产出有影响,还能间接增加私人资本的回报率,则政府需要加大对于公共投资的支出,特别是基础设施、产权建设以及其他纯公共品和准公共品的提供。因此,公共品的性质实际上也使得政府与市场的边际更加模糊。

二、公共政策与新经济地理学

在人类历史上,经济增长的分布一直是不均匀的,2000 年全球 3/4 的产值分布在北美洲、西欧和东南亚地区,而这些地区的人口不及世界总人口的1/6,而在越发达的国家,经济活动会越集中,比如加纳、波兰和新加坡三个国家的国土面积非常接近,但其人均年收入分别为600美元、9 000美元和27 000美元,全国5%经济最密集地区的经济总产值占全国总产值的比例分别为27%、31%和39%。而在同一个国家内部,空间上的集聚也是存在的,如韩国的首都地区的国土面积仅为11.8%,却居住着45.3%的人口,其GDP占全国GDP的46.2%。经济集聚同样还形成了不同的城市类型,如美国的一些中等城市偏向于某几个产业的专业化,然而像纽约和东京那样的大都市却高度多样化,容纳了众多毫无关联的产业(Henderson,1974;Fujita and Mori,1996)。

在传统的区域经济学中,完全忽略掉地区之间的差异,特别是在被称为"第一地理"(First Nature)的自然资源和一般性的生产要素,这些都不是均匀地分布在所考察的区域内,假定现实世界只生产一种无差异的产品,同时要素是可以在不同地区自由流动的,加上边际回报递减的规律,资本自然会从富裕的地区流向贫穷的地区。新古典经济学虽然承认地区之间的异质性,但在自由贸易的假定下,还是会导致劳动者报酬趋同的结论(Razin and Sadka,1997)。鉴于规模报酬不变、完全竞争、无交易成本和地区的同质性,经济活动必然会均匀地分布。

而新经济地理学则在多方面对上述理论进行了修正。首先,摒弃了完全竞争的假设,而是采用Dixit—Stigliz垄断竞争模型,解决规模报酬递增的问题。假定消费者偏好于产品多样性,集聚效应一旦产生则会自动加强,规模报酬递增也意味着价格指数会更低,这一方面会吸引更多的劳动力迁入,另一方面也吸引更多的厂商,特别是中间品生产商的迁入,集聚效应接着进一步提高,成本也随着降低,这样累计循环的结果就是将周围地区的资源吸引过来,形成一个单中心模式,而在相距非常远的地区,同样的机制会形成另一个次中心,这就是新经济地理学上有名的中心—外围模型(core-periphery)(Fujita et al.,1999)。

其次,采用了冰山成本(iceberg cost)作为制造品在不同地区之间的运输成本,而不是认为没有运输成本或是运输成本固定。冰山成本的概念是将产品从A地运往B地,到达B地的每1单位产品则需要从A地运出$1/M$个单位,其中$M<1$度量两地之间的运输成本,M越小则运输成本越大(Samuelson,1954)。冰山成本的

引入则不仅仅是承认"第一地理"的作用,还包含了"第二地理"(Second Nature)的影响,如交通设施的改善、贸易壁垒的消除等等(Krugman,1993)。冰山成本的引入产生了本地市场效应(home market effect),即那些接近大市场的地区的制造业会发展得更快,而这种效应的形成可能是一些外生的冲击导致的,并最终锁定在某一些地区(Krugman,1991)。实证上也发现这种效应的存在,例如二战后德国的分离,联邦德国那些更靠近柏林墙的地区由于柏林墙的分割,失去了大量的民主德国地区的本地市场,这些城市规模急剧萎缩,人口和经济总量都大幅度减少,即使1989年柏林墙被拆除,原有的分隔线消失了,但是紧邻柏林墙的城市依旧没能恢复到往日的规模,该冲击造成的影响是持久的(Redding and Sturm,2008)。

新经济地理学中的规模报酬递增主要是三个来源:第一,分享(sharing):在一个集聚的空间里,生产者可以从更大的范围获得广泛的投入品供给,特别是中间投入品的共享,从而发挥生产中的规模经济,在生产规模提高时降低平均的生产成本。最终品生产商对于投入品的分享也使得供应商拥有更大的市场需求,并能够根据客户的需求来提供专业化的产品与服务。第二,匹配(matching):在更大的市场范围里,各种生产要素可以更好地匹配。企业可以更好地选择所需要的投入品和特殊技能的劳动力,满足特定的市场需求;同时,在一个有众多企业的地方,劳动力也更可能找到合适的雇主,改善匹配质量,提高匹配机会。第三,学习(learning):空间集聚可以加速知识的传播,方便职工和企业家之间,以及不同产业之间相互学习,加强知识的生产、信息和知识的溢出以及知识的积累(Gill and Kharas,2007)。

集聚效应并不是无休止进行下去的,新经济地理学上有一个非黑洞条件。可以将上述的价格指数效应和本地市场效应作为两大主要的向心力(centripetal forces),而主要的离心力(centrifugal forces)是工资水平的上升和拥挤效应的扩大,另外一个相对重要的因素是城市的土地租金的提高,特别是当运输成本相对于土地租金非常小的时候,一些产业和劳动力都会向外迁移,形成另一种离心力(Helpman,1999;Tabuchi,1998)。在给定交通运输成本时,集聚最终会成为一种稳定的均衡状态。

新经济地理学在理论上并不强调政策的作用,而是将政策内含于其参数设定中,主要是两方面。首先,新经济地理学强调历史偶然因素和外生冲击的重要作用,这些作用在之后是不容易逆转的,如中国率先开放沿海地区,这些地区的优势短期内很难被削弱,而且会不断增强;其次,新经济地理学中强调冰山成本的作用,而大部分的公共政策都会通过降低运输成本产生影响,在软硬方面都可以改变"第二地理"的状态,如可以通过投资基础设施降低区域之间的运输成本,或者通过降低区域间贸易壁垒降低交易成本,这些都会对经济集聚产生影响。如北美自由贸易协定之后,靠近美国边界的墨西哥城市的工业发展更快,而首都附近的重要性则显著下降(Rodríguez-Pose and Sánchez-Reaza,2003)。

基于新经济地理学方面的实证研究还非常欠缺,其中一个主要的因素是在计量方法上遇到难题,虽然理论非常简单和扎实,但是要估计非线性、非单调的函数是非常困难的,因而从实证衍生的政策建议是很有限的(Brander,1995;Neary and Leahy,2000)。从理论上衍生的政策含义主要是三个:首先,从消费者的福利来看,鼓励劳动者从其他地区迁入中心区域,因为这些地区的产品种类更多,同时产品价格更低,即使考虑到拥挤成本,中心区域的价格也不会高于外围地区的价格,因而要素市场的改革是一个主要的政策方向;其次,理论上有多重均衡的可能性,因而政府可以选择性地决定集聚的区位(picking equilibria),一旦集聚形成,则政府不能随意干预经济活动,以免造成效率损失(Neary,2001);最后,政府的政策要考虑各地区之间的相关性,新经济地理学中的经济活动的分布是内生于政府的各种政策,企业和劳动力随着政府干预政策发生迁移,会远远放大该政策的效应,并同时改变总体福利(Ottaviano,2003)。

第二节　政府间的财政关系

不同层级政府之间最主要的关系就是财税体制,而对于中国而言,对税收立法权和税收政策一直强调税权集中、税法统一,除中央政府外的其他政府对税收的权力非常小,因而本节仅讨论财政政策。以财政分权来解释中国经济增长的研究已经非常成熟,这种理论是从地方政府的角度来考虑,认为给予地方政府经济激励是促进中国经济良好运转的必要条件(Shleifer and Vishny,1998)。我们将首先从理论上探讨分权的必要性,接着开始考虑分权的底线在哪里,最终将有一个最优分权的结论。

一、分权的必要性

由 Tiebout、Musgrave 等开创的第一代财政分权理论认为地方政府在公共品的提供方面更加有效率，于是向下级政府分权的政策也得到提倡。在假定居民可以自由流动时，不同的地方政府可以在税率和公共品之间形成不同的组合，而居民的偏好则以"用脚投票"的方式显示出来，政府间出于对居民竞争的关系，也会以最有效的方式提供公共品，这样相同偏好的居民就会集中在同一个地区，居民偏好和政府公共支出之间达成完美的匹配（Tiebout，1956）。而中央政府之所以无法做到这点，是因为地方政府在获取居民信息方面具有比较优势（Stiglitz and Dasgupta，1971）。因而为了使得公共品的提供具有更高的效率，适当的经济分权是必要的（Musgrave，1959）。

第一代分权理论实际上也暗含了两个重要的假设，使得在运用该理论解释中国问题时有一定的局限。首先要素是充分流动的，虽然中国目前在逐渐放松户籍制度，但还存在隐性的制约，如行业间分割的劳动力市场等，远远没达到自由流动的地步，与户籍直接挂钩的社会保障制度也严重限制了劳动力流动；其次政府是对下负责的，中国目前的政治体制也不符合，因此地方政府的目标函数不是社会效用的最大化（Zhang，2006）。实证方面的研究也确实发现中国的公共品提供与Tiebout 的机制是矛盾的，如傅勇和张晏（2007）发现越是分权的地方，其公共品提供越是不足，大部分的政府支出都是用于生产性投资，向上负责的政治制度是主要原因。

在中国和东欧同样经历改革之后，两者在经济效果方面出现显著的不同，催生了第二代财政分权理论。该理论将关注点放在政府的行为和经济增长上，认为分权能够硬化地方政府的预算约束，增加地方政府援助无效率企业的机会成本，提高政府支出的效率（Dewatripont and Maskin，1995）；分权给予地方政府足够的经济激励，将自身利益最大化作为地方政府的目标函数，地方政府的收益与当地的经济发展呈正相关，于是各地都在"为增长而竞争"（Jin et al.，2005；张军、周黎安，2008）；分权还会引导地方政府积极实施经济转型和改革，地方政府出于对流动性要素的竞争,会降低对市场的干预,放松对行业的管制,最终形成高效率的市场经济(Qian and Weingast,1997)。

无论是第一代分权理论还是第二代分权理论,所强调的都是分权的必要性,而实证方面的研究也基本支持分权与经济增长之间的正向关系。其中 Lin 和 Liu(2000)的研究将地方政府的边际留存作为分权的度量,发现分权能够显著促进当地经济的增长;Ma(1997)以平均留存比例来衡量财政分权,也发现相同的证据;张晏和龚六堂(2005)采用预算内财政支出占中央预算内财政支出的比重作为财政分权的指标,发现 1994 年之后分权与经济增长是显著的正向关系。而反面的证据也是存在的,如胡书东(2001)以省级人均财政支出占全国人均财政支出的比值来衡量财政分权,并没有发现分权与经济增长之间有稳定的关系,而 Zhang 和 Zou(1998)的研究认为财政分权使得地方政府减少了具有外部性的公共品的投入,从而降低了经济增长,他们认为在经济发展早期,中央政府集中有限的财力加大基础设施建设可能更加有利于当地的经济增长。实证上,分权与经济增长的关系之所以会有不同的结论,主要有两个原因:(1)分权的度量,不同的研究所使用的度量方法不完全一致,进而得出完全不同的结论(Bird and Vaillancourt,1998,Akai and Sakata,2002),虽然边际留存可能是一个更加符合理论的度量,但中国自 1994 年开始就没有这方面的数据,由于缺乏合适的度量指标,使得指标本身就包含了经济增长的影响;(2)分权的作用依赖于不同的制度环境,如同样针对美国的研究,1992—1996 年间的数据得出正面的结论,而将数据期限扩大到 1948—1994 年时,却发现反面的证据(Akai and Sakata,2002;Xie et al.,1999),在中国也同样如此,东部地区的分权效应大于西部地区,1994 年之后的效应大于 1994 年之前(张晏、龚六堂,2005)。

分权虽然是必要的,但却不是充分的。虽然中国的分权式改革取得了意想不到的成就,但是同样的改革在俄罗斯实施的结果却不尽如人意,其中一个主要的解释就是两者在改革初期的禀赋相差较大。中国即使在计划经济年代都十分注意中央与地方政府之间的关系,强调分权的重要性,毛泽东著名的《论十大关系》中的第五个关系即"中央与地方的关系",紧接着在 1958 年将大量的企业下放到地方,同时给予地方政府更多的财政自主权,1969 年开始第二轮以"块块"为主的分权,一直持续到改革开放,因而在第三轮分权改革之前,中国的产业结构已经是 M 形,每个省都可作为一个单独的经济体看待;而在苏联,中央对于地方的控制非常严格,经济管理的模式是纵向的"条条"结构,每个地方政府都只负责其中的某一条,类似于产业组织中的 U 形结构。M 形组织相对于 U 形组织的好处在于其可以实施增量改革,而不至于影响到其他部门的利益,即使改革失败了,其损失也是非常有限的,因而 M 形组织鼓励实验,同时有利于将成功的经验推而广之(Xu and Qian, 1993;Xu et al.,2000)。

分权要能够发挥作用还需要一定的政治制度安排,仅有经济分权有可能导致过度的腐败和寻租,政府在经济中扮演"攫取之手"(也称"掠夺之手")的角色,与民争利,而非"援助之手"(Shleifer,1997)。大部分比较中俄改革的研究都认为中国的政治集权是一个重要因素,中国的上级政府可以通过政治晋升对官员进行考核和奖惩,而俄罗斯的中央政府并不具备这样的能力,最终地方政府都是各自为政,形成"市场阻碍型的财政联邦"(Blanchard and Shleifer,2001)。中国的官员晋升模式是一种"政治锦标赛",其中起到关键作用的是各自的相对排序,官员为了晋升而相互竞争,因而中央给定的考核指标必须是单一、同时可度量的,中央政府将 GDP 作为考核指标,引导地方政府从"为晋升而竞争"转变为"为增长而竞争"(周黎安,2004)。在实证上,也确实发现那些能够显著提高当地经济增长的官员更容易得到提升,而官员又是一种内部劳动力市场,其机会成本非常大,一旦无法得到晋升,在其他市场上再次就业的空间非常有限,因而各地的政府官员都想方设法发展当地的经济,以争取在这场锦标赛中胜出(Li and Zhou,2005)。中央政府似乎也有意利用这种机制促进当地的经济增长,将各级政府负责人在不同地区进行交流,官员的任期限制和异地交流总体上对经济增长有正面推动作用,在其他条件相同的情况下,那些曾经有过省长或省委书记流入的地方的经济增长速度会增加 1 个百分点(张军、高远,2007;徐现祥等,2007)。

从理论上来说,分权既是有效提供公共品的必经之路,又是促进当地经济发展的有效手段,而对于中国这样一个在疆域和人口双重意义上的大国而言,分权就显得更加有必要,中央政府对地方政府的监督面临极高的成本,此时,"做对激励"相对于"做对价格"要重要得多,与其通过昂贵的协调成本来促进地方经济发展,还不如放手让各地发展自己的经济,而经济分权和政治集权则恰好保证了中央政府和地方政府的激励兼容(王永钦等,2007)。

二、分权的底线

分权的必要性是显然的,许多国家的问题已不是"要不要"分权,而是"如何更好地"分权(Taillant, 1994),权力的下放使得很多发展中国家取得了大量的收益,如中国、印度、拉丁美洲国家等,它能够提高政府运行的效率,加强地区之间的竞争,从而制定出更有效的发展政策(《1997年世界发展报告》)。分权的优越性并不能说明分权可以无休止进行下去,分权虽然能够促进经济增长,但也会带来结构性矛盾,过度的分权甚至会威胁到宏观稳定(王绍光,1997)。随着分权成本的增加,一个最优的分权就是分权的边际收益(经济增长)和边际成本相等(结构性矛盾)之处,中央政府需要在不同的阶段对分权的界限进行调整。

分权带来的第一个负面结果是城乡收入差距的持续扩大。中国的城乡差距一直很大,在1978年之前的经济发展逻辑是把重点放在工业,奉行的是霍夫曼的重工业优先发展战略,忽略农业的发展甚至以工农产品之间的价格"剪刀差"来补贴工业,这造成了农业发展的滞后(林毅夫等,1994)。改革开放初期,家庭联产承包责任制和价格"剪刀差"的缩小缓解了城乡之间的差距,这是城乡差距唯一出现过缩小的时期,但是这一过程到1985年就结束了。随着财政分权的进行,地方政府的目标逐渐以单一的GDP为核心,加上工业品的增加值要远大于农产品,对工业品进行征税的成本也小很多,因而各地都把大部分的资源用于工业和城市的发展,对农业和农村的投入严重不足,这进一步恶化了原有的城乡差距。改革开放之前的城市倾向政策随着财政分权重新过渡到现阶段,为了扩大工业附加值,各地都充分享受低廉的劳动力成本带来的好处,因而没有动机来放宽户籍制度,至少城乡间隐性的制度障碍始终存在(Yang, 1999；Yao, 2000)。城市倾向的政策还表现为:政府压制农产品价格,农民承受过高的税负,城乡劳动力市场的分割,社会保障的歧视等(李实,2003)。金融系统也有城市倾向,缺乏对农村的融资支持,一些大的国有银行往往将从农村吸收的存款投放到城市,而不是相反;政府在农业公共支出的比重过低,也限制了当地农业的发展,扩大了城乡差距(Yang and Zhou, 1996)。

　　第二个与分权相关的负面作用是地区差距。在分权的框架下,各地为增长而相互竞争,然而有些地区具有其他地区不可赶超的优势。比如在改革开放的初期,各地的经济状况有一定的差异,沿海地区的工业比重较内地省份要高,而对农业进行征税的成本又比工业高,因而各地都更倾向于向工业征税。在财政分权之前,各地的收支与本地的经济状况没有关系,因而各地的基础设施与当地的经济禀赋不存在明显的关联,但财政分权使得各地支出与当地经济状况挂钩,那些工业比重较高的省份的税收总量要比其他省份多,因而有更多的资源可以用于基础设施的建设(张军等,2007),财政分权会带来各地在基础设施的质量和数量上的差异,进而影响各地的投资水平以及吸引 FDI 的能力,最终造成各地经济发展水平的差异。同时由于征税成本的差异,农业禀赋高的省份为了维持当地政府的运转,不得不向当地的工商企业以更高的税率征税,这进一步使得当地的资本流向其他经济发达地区,恶化地区间原有的经济水平差距,而这些与当地的政府努力水平是无关的,仅仅是因为初始条件存在差异,财政分权又进一步扩大了地区间的这种差距(Zhang,2006)。在外向型经济条件下,东部的沿海优势更加明显,特别是,如果集聚效应存在,那么东部地区由于历史、地理和政策的原因,其经济发展相对于其他地区的差距会越来越大(金煜等,2006)。

　　第三个负面作用是分权会导致"诸侯经济"。在分权的情况下,各地会争相通过引资发展当地经济,对于那些紧缺的要素,也会限制其流出,如在 20 世纪 80 年代发生的"资源战",而对于本地产业的扶持则通过限制外地产品的进入,为增长而相互竞争的模式会使得各地以邻为壑(严冀、陆铭,2003)。在考虑政治晋升时,政治锦标赛模式会进一步加强地方保护主义,由于关注的是相对次序,一些地方政府甚至会采取损人不利己的策略来达到目的(周黎安,2004)。正是在这样的背景下,各地的重复建设和产业同构现象十分明显,从形式各样的"开发区"到"机场建设",再到今日众多的汽车制造商等等,地区之间并没有形成协作的关系,而是形成一个个"小而全"的经济体,甚至可以将中国各省看成是相互独立的,而沿海地区更是放弃国内市场,转而利用国际贸易替代国内贸易(黄玖立、李坤望,2006;陆铭、陈钊,2009)。Young(2000)的研究认为中国已经是一个"零碎分割的区域市场",他利用生产法发现近 20 年来,中国的大部分省份的 GDP 结构和制造业的产业结构都存在收敛的趋势,虽然 Young 的结论遭受很多人的质疑,如 Naughton(1999)则认为中国市场是整合的,Xu(2002)也发现类似的证据。但是中国各省之间的边界效应还是非常明显的,甚至大于欧盟内部成员国之间的边界效应,这意味着中国国内市场有分割的趋势(Poncet,2003b)。"诸侯经济"和地方保护主义导致的市场分割,说明中国国内并没有达到应有的规模经济,按照斯密定理,产业分工也无法得到充分的演化,效率也因此在一定的程度上被浪费了(Young,1928)。

第四个负面作用是公共品投资的不足。一般来说政府的任务都是多维度的,但是分权强调的是经济增长,"政治锦标赛"意味着考核标准要尽量低维度,这样一个单维度的考核指标必然会扭曲地方政府对其他方面的投资,加上官员的任期限制,使得政府的投资会倾向于那些见效快的部分,如生产性的投资,而对于见效慢和有外部性的投资则缺乏兴趣,比如从 1992 年以来,预算内教育经费占 GDP 的比重就一直维持在 3%以下(傅勇、张晏,2007),而其他的社会保障支出也一直处于供给不足的状态,地方政府压缩这些有关公民福利方面的投资,通过"甩包袱"的市场化方式,而将资源主要应用于生产性的投资(Keen and Marchand,1997;王永钦等,2007)。在这些具有很大外部性的领域,如本地受教育的居民未来可能流动到其他地区工作,特别是在目前的中国,大量的人才从内陆地区迁移到沿海,内陆的教育投资对沿海地区有正的外部性,即使不考虑"政治锦标赛",内陆地区也缺乏提供教育投资的激励,因而政府通过市场化改革退出这些领域,或是通过向下级政府分权将支出责任下放给地方政府,这些做法本身也值得进一步探讨。

因而,从总体上来看,分权在带来经济增长的同时,也带来了结构性的矛盾,这意味着需要仔细考虑分权的底线;而在具体的部门上应该有所区别对待,地方政府更有效率的支出应该实行分权,具有外部性的支出则要适当的集权;对于不同的地区不能实行"一刀切"的政策,那些非常落后的地区可能看不到发展的希望,转而放弃加入竞争的序列,破罐子破摔(Cai and Treisman,2005),甚至从"援助之手"变为"攫取之手"(陈抗等,2002)。适当的集权可以发挥中央政府的规模效益,建立统一的国内市场,避免同级地方政府竞争的外部性成本(Gordon,1983),一些实证研究也发现目前中国部分地区的分权水平已经超过了底线(王绍光,1997;范子英、张军,2009)。

第三节 财政转移支付

亚瑟·奥肯(Arthur M.Okun)在1962年出版了《平等与效率》,对经济效率与平等做了非常深入的探讨,他指出在市场经济体制下虽然平等与效率之间存在冲突,对效率的追求不可避免地产生出各种不平等,对平等的追求也会对人们的工作积极性、储蓄和投资意向产生消极影响。但两者是可以妥协的,在现实社会中只能达到平等与效率之间的一种妥协,而不可能实现完全的机会平等或者完全的有效率,因而应该两者兼而有之。

在理论上,分权是追求效率的,并产生非均衡和非平等的结果,而任何的逆转分权的改革都可能是有损效率的。虽然政府间的转移支付在一定的程度上提供了机会平等,特别是针对落后地区的教育和医疗的转移支付,能够给予这些地区的劳动力参与竞争的基本能力,但更多针对生产性领域的转移支付则可能严重削弱转出地的经济增长,如果进一步考虑到税收成本和由转移支付诱导的腐败,过多的财政转移支付将造成巨大的浪费。本节将首先回顾转移支付的必要性,接着是转移支付的目标,最后简要回顾中国转移支付的成果。

一、转移支付的必要性

考虑到信息的不对称,一般都会将部分支出责任下放给地方政府,主要缘于地方政府更加清楚当地居民对于公共品的偏好,因而其在公共品的提供上更有效,比如地方的道路、供水、垃圾处理等等,而中央政府则主要负责国防、外交、高速公路等等,但是当某种公共品的提供具有外部性,比如教育和医疗等,在当地受教育的人在未来可能会在另一个地方工作,因而这种提供对其他省份是正的外部性的,使得收益和成本不对称,因而这类公共品也应该由中央政府来提供。政府的抽象职能一般包括资源配置、收入分配、规制和社会稳定(Bailey, 1999),第一和第二项职能主要由地方政府来实施,后两者主要由中央政府来执行,总体原则是,既要实现公共品提供的规模效应并减少外部性,也要满足各地居民不同的偏好,最佳的方式是这两者之间的一个权衡(Oates, 1972)。

虽然理论上关于支出责任在不同政府级别间的划分是清晰的,但收入权力的划分规则往往不一致。Musgrave(1983)曾经用公平和效率两个标准来评价收入在上下级政府间的划分,公平是指地方政府的收入要与支出责任对等,而效率则要求最小化税收的成本,具体来说,他给出了七条规则,分别是:

(1) 累进税需要由中央来控制;

(2) 有利于社会稳定的税收需由中央控制;

(3) 地方政府间税基差异很大的税种由中央控制;

(4) 对可流动要素的征税由中央来控制;

(5) 对居民征税的税,如消费税,需由中央控制;

(6) 完全不可流动的税种由地方控制;

(7) 使用费的征收可由任何一级政府控制。

Shah(1994)则给出了另外的两条规则,分别是:

(1) 对税基拥有最多信息的政府负责该税种,这样税收征收更公平,成本也更低。

(2) 收入与支出应该对等,如果某些特定政策的目标包含更多服务的提供,则也该赋予该级政府相应的税收权限。

Musgrave 的理论更多地强调税收本身的调节作用,对于流动性强或者是有分配功能的税种,由中央来控制比较好,一是税收本身比较公平,二是税收的结果比较公平;而 Shah 的理论则更多强调征收成本的重要性,那些信息不对称更严重的税种,将需要由更低一级的政府来征收,而相反,那些信息比较完善的税种则可以由中央一级政府来控制。当以流动性和再分配效应作为税收征管的规则时,由于这两部分将占据财政收入的绝大部分,因而中央政府将占有全国财政收入的大部分;同时,大部分的支出责任出于效率的考虑归属地方政府,这种纵向的不平衡将会使得中央政府将部分结构剩余转移给地方政府,以弥补其结构性赤字(曾军平,2000)。

由于税基和税率的差异,相同级别的政府之间在财政收入能力方面相差很大,而同时,大部分的支出责任都是类似的,这使得政府提供的服务在各地的价格也相差很大。在经济水平较低的地方,政府需要制定更高的税率,同时服务的数量和质量也不足,这会进一步造成当地居民缺乏必要的社会和经济机会,比如教育和医疗投入的不足会导致未来人力资本的匮乏。地区之间税率的不同也会进一步恶化目前的形势,物质资本和人力资本会逐渐从那些低收入、高税率的地区逃逸,这将进一步恶化目前的经济差距,形成贫困陷阱。因而,在一个联邦制的政府内部,政府间的转移支付能够均等化目前政府的服务,或者至少能够赋予落后地区提供足够公共服务的能力,这样既能够增加未来的人力资本,同时因为税率较低,也能够相对抑制当地资源的流失。另外,地方政府提供的公共品往往会面临供给不足,除非供给公共品的地域与消费公共品的地域是对等的,以及提供公共品的需求和政府所获得的资源对等,否则地方政府很难履行其分配的职能的(Stigler,1965;Olson,1969)。

横向上,政府间在初始禀赋上的差异要求进行必要的转移支付;纵向上,出于宏观经济调控和协调地方政府的目的,中央政府更加倾向于占据更多的税收来源。但同时,过多地分享地方经济的成果将显著降低地方政府发展经济的激励,特别是对转型国家的地方政府而言,如何维持地方政府成为"援助之手",而不是"攫取之手",仅仅拥有政治集权往往不够,地方政府还要能够获得发展经济的边际收益,因而财政收入在央地政府间的划分将是这两者之间的一个权衡(Ma,1997)。

考虑到中央政府的另外一个特殊职能——宏观经济稳定,财政政策和货币政策往往是中央政府用来规避经济周期对就业和经济增长的影响,而政府间转移支付,特别是纵向转移支付,能够用来稳定地方经济,避免就业的波动和经济周期的影响(Bungey et al.,1991)。Muller(1989)甚至认为政府之所以存在,是因为需要其提供公共品、进行收入和财富的重新分配,并且他认为近年来政府规模的膨胀也主要缘于其再分配的功能越来越重要。

因而实施转移支付的主要理由有:(1)政府间纵向上的财力不平衡需要利用转移支付来解决,在大部分的国家里,中央一级政府都掌握了主要的税基,如日本和澳大利亚的中央政府财政收入占全国财政收入的2/3,而地方政府的支出责任又很大,因而要求中央政府将财政资源转移给地方政府。(2)政府间横向的不均衡需要实施转移支付,一些地区由于初始禀赋的差异,即使在相同的税收努力下也无法提供基本的公共服务,在劳动力无法自由流动的情况下,居民无法以"用脚投票"的机制去均等化分享基本公共服务,转移支付是保障公民基本权利的手段。(3)外部性的存在要求进行转移支付,对于一些具有溢出效应的投资,地方政府缺乏动力,需要上级政府给予必要的补助(Shah,1994;Broadway et al.,1993;Rosen,1995)。

Shah(1994)就转移支付体系的有效性给出了六条基本原则:(1)要保证各级政府的财政收支平衡,即不能过度转移支付使得中央政府出现赤字而地方盈余,反之亦然;(2)要使得各地方的基本公共服务均等化,即对那些支出缺口越大的地区补助越多;(3)鼓励地方政府努力征税和降低支出,转移支付要避免降低地方政府的税收努力和支出规模的过度膨胀;(4)转移支付要有一套客观的标准,避免由此产生寻租和腐败问题;(5)转移支付要公开透明、长期稳定,使得地方政府对上级政府的转移支付具有较准确的预期;(6)对于条件性转移支付要有中间过程的监督和事后的评估,使得该项支出达到预期的目的。

转移支付可以按照四个要素来分类,(1)是属于专项转移支付还是一般性转移支付;(2)转移支付是否有固定公式,或是按项目分配;(3)补助是否要求下级政府进行相应配套(资金);(4)补助的规模是否有限制(费雪,2000)。可分为如图 2.1 所示的形式。

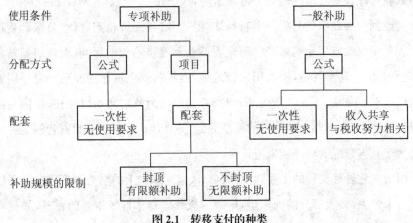

图 2.1　转移支付的种类

我国目前的财政转移支付体制里有三大类转移支付:财力性转移支付、税收返还和专项转移支付。财力性转移支付包含一般性转移支付、民族地区转移支付、农村税费改革转移支付等;税收返还包含消费税和增值税返还、所得税基数返还;专项转移支付包含专项补助和增发国债补助两项,前者包含了中央各部委为数众多的项目。财力性转移支付对应了标准分类中的一般补助下的一次性补助,税收返还对应一般补助中的收入共享,而专项转移支付对应了专项补助,并且我国大部分的专项转移支付都是不封顶的、无限额补助。

二、转移支付:增长还是均衡

转移支付一般会关注两个目标:经济增长和地区均衡。由于公共资本和私人资本的不完全替代性,在某些特定的领域,溢出效应的存在会使得私人资本的投资不足,这时候公共资本的投资不仅没有挤出私人投资,在弥补私人投资不足的同时,甚至还能够提高私人资本的回报率,进而促进经济增长。由于某些地区具有天然的优势,比如矿产、港口以及初始条件等等,这些都会使得各地政府的征税能力相差很大,出于政治稳定和地区均衡的考虑,中央政府会进行一定的转移支付,即使这是有损于总体效率的。DeLa Fuente 和 Vives(1995)通过生产函数的方法,发现欧盟的欧洲地区发展基金(FEDER)对西班牙部分地区的援助,对当地的经济有正的影响,不过效应很小。而 Garcia-Mila 和 McGuire(1996)对欧盟和西班牙中央政府对 17 个地区的转移支付进行研究,并没有发现这些转移支付刺激了私人投资或是促进了地区经济的发展,即直接效应和间接效应都不存在。

而决定转移支付分配的,既有政治因素,也有经济因素。经济因素一般包括收入和城市化水平等,收入越低的地方获得的转移支付越多,而城市化水平代表了必要的公共支出数量,因而城市化率与转移支付是正相关的。但实际上,政治因素比经济因素在决定转移支付的分配中更加重要,比如美国联邦政府对于那些与总统再次当选有关系的州的转移支付更多,而这往往会使得经济因素和政治因素的作用是冲突的,那些政治上重要的州往往是收入较高的地方,因而导致的一个结果是,收入越高,转移支付也越多(Wallis, 1996)。同样的情况也发生在俄罗斯和德国,俄罗斯曾给那些政治不稳定的地区进行大量的转移支付,而这些地区往往并不是经济最差的,这甚至可能是为何俄罗斯没有像其他三个后联邦主义国家那样解体的原因(Treisman, 1998);虽然德国在 1990 年统一,但是之后的每一年,联邦政府都从德国西部转移了 5% 的产出,用于弥补东西部之间的差异(王绍光,2004),早期的研究认为转移支付仅对地方政府的预算平衡有作用,这跟该政府增加财政收入的效果是相同的,即转移支付相当于纯粹增加地方政府的财政收入,因而允许地方政府降低税率,同时增加公共服务的提供(Scott, 1952;Wilde, 1971)。但实证的证据却发现地方政府并不是将转移支付和财政收入等同对待,比如,特定目的的转移支付虽然不会全部被投资到该领域,但是起的作用远远大于理论预测,这被称为"粘纸效应",即转移支付盯住在某个特定的支出方向。粘纸效应的存在可能缘于两个因素,一是转移支付接收方的特征,比如地方政府特殊的制度结构、不确定性、财政幻想等等(Bailey, and Connolly, 1995);另外一个因素则是转移支付的拨付方,即中央政府可能禁止地方政府利用转移支付来提供原有的支出,并且如果能够进行监督的话,"粘纸效应"将更强(Chubb, 1985)。

转移支付的另一个负面效果是地方政府的不对称反应,即当对某个特殊领域的转移支付增加时,地方财政支出用于该领域的部分并不会显著变化,而一旦上级政府出于政策和经济形势的考虑减少该转移支付时,地方政府会用自身的财政支出来填补减少的转移支付。20 世纪 70 年代至 80 年代,美国联邦政府开始考虑降低政府赤字,于是减少对州政府的转移支付,但是同时州政府也相应增加这些特定的开支(Forrester and Spindler, 1990;Stonecash, 1990;Stotsky, 1991)。不对称反应强调上级政府在进行转移支付之前,要充分考虑到地方政府的反馈,并且要考虑到该转移支付对地方支出结构的长期影响。

三、中国的转移支付与地区差距

对中国这样一个大国而言,适度的分权是重要的,但是分权过度则会导致地区割据现象,通过财政的力量可以缓和地方政府的这种"不理性行为",以期建立一个具有外溢性的统一市场;甚至在更多的时候,均衡与增长这对矛盾也是可以兼容的,特别是如果落后地区的财政支出的效率相比发达地区更高的话,更多的转移支付,不仅可以带来更加均衡的经济格局,也能促进整体效率的提高(靳春平,2007)。

中国的转移支付的大量出现仅在 1994 年分税制之后,分税制增加了中央财政在全国财政中的比重,有超过 50% 的财政收入属于中央政府,而同期其支出责任还不到 30%,由于大量的支出责任划分到地方政府,因而地方政府对中央的转移支付依赖程度较高,平均而言,地方政府支出总额的一半以上来源于中央的转移支付,2007 年达到 50.4%,如果加上税收返还的部分,则高达 76.9%。从历年的演化来看,第一个跳跃点是 1994 年,转移支付增加了 2 000 亿元,但主要是税收返还,这是对沿海省份顺利执行分税制的一种妥协；第二个跳跃点是 1999 年，并且之后保持快速上升的趋势，这与"西部大开发"的经济政策是相关联的（王绍光，2004）。

从财政收入来源角度看，除了分税制显著改变了原有的分配格局外，2000 年之后中央又对税收分享和税种做过几次大的调整，调整的结果进一步提高了中央的财政集权，同时削弱了地方的财政来源，这些调整都伴随着对转移支付制度的变更。特别是，如果我们将两税返还也作为转移支付的一种①，那么可以认为这是第一次的财税改革与转移支付改革的匹配。另外值得关注的是原体制中的中央与地方收入的再分配也保留下来，那些在 1994 年之前获得的中央补助依然按照已有的方式分配，而在承包制中需要向中央上缴的省份也继续履行该项职责，并且原体制的补助与上缴一直持续到今天。分税制的实施在一定程度上充盈了中央的财力。中央政府在 1995 年正式引入了针对地区财力差距的一般性转移支付，该类转移支付不仅仅照顾少数民族地区，还给予财力缺口过大的地区一定的补助。由于处于试行阶段，此时的一般性转移支付又称为过渡时期转移支付，但由于规模过小，还不足以扭转财力差距扩大的趋势。不过其占中央收入的比重从 1995 年的 0.64% 上升至 2001 年的 1.61%，也间接说明财力均衡逐渐成为中央政府实行转移支付的主要目标。2000 年开始的税费改革通过常规税取代了行政性收费，将预算外收入并入预算内，同时降低了农业特产税税率和取消了屠宰税，使得基层政府的税收来源大幅度下降，基本公共服务（如教育）的财政投入减少，因而基于本地需求的转移支付就显得紧迫了，如针对教育和医疗等的专项转移支付制度。从 2001 年开始，中央增设了农村税费改革转移支付，针对除北京、天津、上海、江苏、浙江、广东等之外的省份给予补助（Tsui，2005；尹恒等，2007）。2004 年中央开始在部分省份推行农业税减免，自 2006 年开始在全国层面取消农业税的征收，针对基层政府的财力缩减，中央在 2004 年实施了配套的取消农业特产税降低农业税率补助，在 2005 年又进一步实施了缓解县乡财政困难补助，这些财力性补助基本维持了基层政府的运转。与缩减基层财源的改革不同的是，中央在 2002 年实施了所得税分享改革，

① 严格意义上来说，税收返还类似于因素法转移支付，即分配公式依据一定数量的客观因素进行计算，因为共享税是由中央政府全部代征的，然而再按照 1993 年税基和增速的 30% 向地方政府划转，程序上与财力性转移支付是一样的。

将原本全部划归地方政府的所得税按照 50％①进行分成,这一度使得中央的财政收入比重提高了 3 个百分点,新增的中央财力全部用于向地方的一般性转移支付。正是从 2002 年开始,缩小地区间财力差距才逐渐成为中央向地方进行转移支付的主要目标之一。

表 2.1 20 世纪 90 年代以来的收入分享与转移支付改革

	1994 年	2001 年	2002 年	2004 年	
收入改革	分税制	税费改革	所得税分享	农业税减免	
	1994 年前	1994 年	1995 年	2000 年	2001 年	2005 年
新增转移支付项目	专项补助 定额补助	(原体制补助) 税收返还 增发国债补助 增加工资转移支付	一般性转移支付	民族地区转移支付	农村税费改革转移支付	县乡奖补*转移支付

注: * 是指按照县乡精简的情况进行一定的奖励。

我们基本可以按照是否指定用途对转移支付进行分类,财力性转移支付一般都是用来补助地方政府的财力缺口,采用"公式"法计算各地的需求,再按照一定的比例进行分配,相对而言比较客观公正,例如自 1995 年正式引入的旨在平衡地区财力差异的一般性转移支付便是采用如下公式:

某地区一般性转移支付额

= (该地区标准财政支出 — 该地区标准财政收入) × 该地区转移支付系数

其中:标准财政收入为本地的税收加上中央的其他补助,标准财政支出是按各对口单位的支出合计,转移支付系数则视中央当年财力盈余而定。随着中央财政收入的增长,转移支付系数由 1995 年的 4.2％上升至 2005 年的 47.3％(李萍,2006,第 71 页),并且补助力度出现大幅度上升是从 2002 年才开始的。

另一类则是按"项目"进行分配的专项转移支付,与财力性转移支付相比,专项转移支付有三个特点。一是要求地方政府进行一定的配套,例如在 2005 年开始实

----

① 方案规定 2002 年中央分享的比例是 50％,2003 年开始提高到 60％。

施的义务教育"两免一补"中,中央最多承担80％的支出,剩余的部分要求地方政府从预算内分列支出。二是专项转移支付是指定用途的,严格来说是不允许地方政府更改用途的,并且大多数是投向地方政府不愿意介入的领域,如农业、社保、环境、基础教育等等。三是我国的专项转移支付项目分属于不同的系统,项目的设置交叉重叠较多,缺乏明确的拨付规则,例如在2005年中央财政分配的专项转移支付项目高达239个,其中有41项交叉重叠,有65项没有管理办法或管理办法未公开。

从表2.2可以看出,在不考虑税收返还时,财力性转移支付与专项转移支付几乎是相等的。在财力性转移支付中,最主要的是一般性转移支付,其次是调整工资转移支付。可见,缩小地区差距已成为财力性转移支付的主要目标。而在专项转移支付中,最主要的是社会保障和就业,其次是农林水事务和环保,这表明专项转移支付主要立足于激励地方政府增加对地方公共品的供给。

表2.2 2007年中央对地方转移支付

	详细分类	数额(亿元)	比重(％)
财力性转移支付	一般性转移支付	2 505	35.5
	民族地区转移支付	173	2.4
	农村税费改革转移支付	759	10.7
	调整工资转移支付	2 234	31.5
	县乡奖补转移支付	339	4.8
	其他财力性转移支付	1 083	15.3
专项转移支付	教育	391	5.7
	科学技术	75	1.1
	社会保障和就业	1 961	28.4
	医疗卫生	630	9.1
	环境保护	748	10.8
	农林水事务	961	13.9
	其他专项转移支付	2 133	30.9

注:其他财力性转移支付包括农村义务教育转移支付、城市义务教育转移支付、资源枯竭型城市财力性转移支付、农村义务教育化债补助、原体制补助、企事业单位划转补助、年终结算财力补助等;其他专项转移支付包括一般公共服务、国防、公共安全、文化体育与传媒、城乡社区事务、工业商业金融等事务、交通运输等领域的补助。

资料来源:财政部 http://www.mof.gov.cn。

中央和省之间的转移支付相对较透明和规范,但省以下的财政安排和转移支付则是比较模糊,并没有明文规定对省以下采用统一的规则,从而使得省和市级政府拥有较大的操作空间。从图 2.2 可以看出,当把县分为县级市和普通县之后,普通县在很多类的转移支付上都获得了更多的支持,除了专项转移支付、环保和税收返还,由于县级市的经济发展水平是普通县的两倍,更能满足专项转移支付的配套条件,总体上财力性的补助更多地流向了经济较差的县。但是在普通县内部也是存在巨大的分配差异,在经济发展水平较差的那一部分普通县,其所获得的转移支付与自身的财政收入是呈反比的,但是在经济较发达的普通县里,两者却没有明显的关系;而在经济较发达的县级市内部,财政转移支付与本地收入居然是正相关。这一现象也正说明普通县更加可能获得基于平衡财力差距的转移支付,而县级市获得专项转移支付的可能性更大,同时,那些较富裕的普通县和较贫穷的县级市会被中央和省级政府系统性地忽视(Yao,2007)。

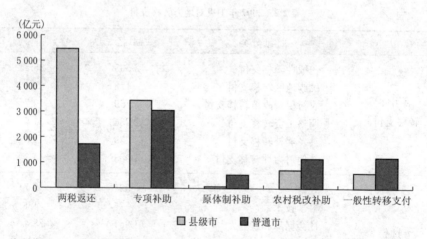

资料来源:《2003 年全国地市县财政统计资料》。

图 2.2　2002 年县与县级市的转移支付

虽然存在纵向上的不均衡和横向上的不均衡,但中央政府的转移支付在一定程度上缓解了这种不均衡,比如在 1997 年中央对地方的转移支付开始产生正面影响,使得人均财政收入的基尼系数和相对差异系数分别降低了 0.03 个和 0.43 个百分点(曾军平,2000)。虽然中国的财政体制逐渐过渡到公共财政,政府加大了对于落后地区的转移支付,但是这并没有缩小地区之间差距。马拴友和于红霞(2003)通过新古典增长理论,利用中国 1995—2000 年分省的数据,得出转移支付并没有促进地区经济收敛的结论,他们认为当时的财政转移支付体制包含太多的税收返还,而这实际上是会进一步加大地区之间的差距。具体分阶段来看,20 世纪 80 年代中期之前,地区差距是缩小的,但是 20 世纪 80 年代中期之后,这种收敛的速度开始下降,特别是中西部之间的差距在扩大,这可能缘于改革的重点开始从农业转移到工业,而东部沿海地区在轻工业方面有优势;但是与此伴随的是,内陆省份之间的差距也在扩大,这部分是因为当时的价格改革还没有完成,双轨制使得富裕省份的价格扭曲更加严重,因而中央政府出于政治的考虑,转移支付流向那些相对富裕的省份,这些省份的投资水平被人为提高,因而扩大了内陆省份之间的差距,同时这种转移支付降低了国家的整体投资效率(Raiser,1998)。

转移支付之所以没有起到缩小地区差距的作用,在很大程度上缘于其操作不具规范性,这跟旧体制是相关联的,在 1980 年之前,在支出责任的划分上不是很明确,很多支出责任既可能归属于中央政府,也可能是地方政府,比如交通、电信、教育等等,而一般大型项目的投资模式是中央和地方共同出资的,其中中央政府负责大部分,因而项目的选址对地方政府是很重要的,特别是有些外部性很大的项目,比如高速公路,这时候很多省份就开始竞争,努力争取选定的地址是在本省的范围内,最终的结果往往反映了各地相对的谈判能力,当然也同时产生了预算软约束问题(Ma,1997)。1994 年之后的分税制虽然硬化了中央和地方的预算,但是如果详细考察,转移支付更多地流向了那些少数民族多的省份,例如有十个省份的人均GDP 低于新疆,但是新疆接收的人均财政转移支付是那十个省份的好几倍。对此的解释是,中央对地方的转移支付里面包含了太多的目标,增长、均衡和政治稳定都在内,而往往这些目标是冲突的,并且中央政府对那些社会问题严重的省份的转移支付更少,这在某种程度上可以说明中央政府有意使用转移支付作为一种奖励手段(王绍光,2004)。

1994 年实行分税制后,在纵向上中央财力得到提升,但横向上的差距依然存在。分税制的设计中维护了地方的既得利益,通过税收返还的形式保证沿海地区的财政收入不因改革而下降。此时用来平衡地区财力差距的是原体制补助,即分税制改革之前的中央向地方的体制补助,但这部分补助数额非常小,有些省份甚至取消了向下级政府的原体制补助,因而对财力差距并未起到遏制作用。1995 年引入过渡时期转移支付,即通过向贫困省份增加转移支付的形式来解决财力差距扩大的问题,但如图 2.3 显示,过渡时期转移支付并没有能够有效缓解已有的财力差距,2000 年的人均财政支出差距相比 1994 年反而拉大了,人均财政支出的洛伦兹曲线显示 2000 年一部分县的支出水平显著高于全国平均水平。

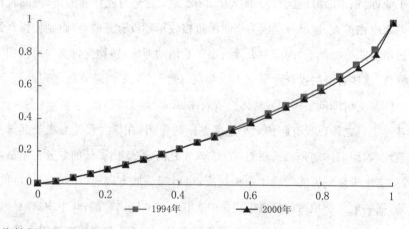

资料来源:Tsui(2005)。

图 2.3 县级层面人均财政支出洛伦兹曲线

针对财力均衡的问题,Tsui(2005)利用中国 2000 多个县级层面的数据,采用 Shorrocks 的分解方法,发现在所有的转移支付项目中,只有原体制补助有利于缓解财力差距,在 2000 年,有超过 21% 的财力差距是由税收返还造成的;另外,过渡时期转移支付制度本是出于财力均等化的目标,按照固定的公式给予那些财力缺口的地区一定的补助,实际结果却拉大了财力差距,有 3% 的财力差距是由过渡时期转移支付造成的。如果区分省内差距和省间差距,通过研究可以发现,随着时间的推移,收入来源对省份之间财力差距的贡献是上升的,对省内差距的贡献则是下降的,但前者超过后者,使得加总意义上的贡献是增长的。西部大开发计划将很多的财政资源向西部倾斜,东部和中部的省份往往仅是因为不是地处西部而无法获得这些转移支付,但实际上地区内部财力差距比地区之间还要大,这也间接说明通过简单划分东、中、西的方式来分配转移支付还存在很大的问题。

在所有的转移支付分类中,专项补助和税收返还的非均等性最强,因为这两项都不是立足于缩小财力差异①(Shih and Zhang,2007)。2003 年,财力最强地区的人均财力是最弱地区的 37.4 倍,专项转移支付解释了其中 17.7% 的差异(尹恒等,2007)。一些研究还发现,专项补助存在讨价还价、人情款和"撒胡椒面"的现象,在上下级政府博弈过程中,欠发达地区往往缺乏发言权和竞争力,以至于大多数补助都流向了富裕地区,因而产生了非均等化(江孝感等,1999),Knight(2002)的研究发现,在项目的分配过程中存在明显的人为因素,在美国高速公路的建设中,那些在该项目委员会中拥有更多委员的州获得项目的可能性更大。我们的研究也发现类似的结论,在十四、十五和十六届中央委员中,曾在某省有过工作经历的委员越多,该省所获得的专项转移支付也越多(范子英、张军,2010a)。另外,转移支付往往要求地方进行资金配套,这排除了贫穷地区获得补助的可能性,反而拉大了财力差距(Ahmad,1998;Park et al.,1996)。即使是立足于解决财力差距的因素法转移支付②也是非均等化的,因为这些转移支付往往是按财政供养人口进行分配的,所以并不一定缩小人均意义上的财力差距。随着国家在均衡性转移支付方面投入的增加和转移支付制度的逐渐规范化,转移支付的均等化作用在 2003 年之后逐渐体现(尹恒、朱虹,2009)。

---

① 专项转移支付由于为指定项目提供资助,也成为上级政府加强对下级政府政治控制的一种有效手段(Wedeman,1999)。

② 包括一般性转移支付、增加工资转移支付、民族地区转移支付、艰苦边远地区津贴、农村税费改革转移支付。

第三章

中国的区域发展与分权改革

中国是一个大国,其治理方针是在"合"与"分"之间不断进行调整,在经济增长乏力时要通过激励的办法促进经济增长,即要通过分权的方式给予地方政府经济激励,使其利用当地的资源来发展经济。然而分权在经过一段时间之后,地区之间会在既得利益的动机下形成所谓的"诸侯经济",各地以邻为壑,割据市场,地区之间交易的成本增加,使得全国层面上的规模经济无法发挥,一些有效益的大企业的发展也会受到市场有限的阻碍,地区之间差距越来越大,那些占据地理优势和先发契机的地区会发展得越来越快,而其他地区则相对落后,同时也使得中央的各项改革"政令不通",无法得到地方政府的有效贯彻,宏观不稳定的现象日益明显。此时则要通过集权的方式来约束那些发达地区,重新调整中央与地方之间的关系,增加中央在经济增长中分享的比例,一方面降低发达地区对政策的抵制,另一方面也可以用来平衡区域差距和促进区域市场整合。

从1953年至今的发展历程基本上都是遵循了这一规律。计划经济年代的重工业化战略要求进行集权,以将资源配置到中央政府所希望的领域,另一方面也要进行适度的放权,以调动地方政府参与到这一过程。改革开放初期则是继续分权,将权利下放到那些具有增长潜力的省份,在沿海地区获得成功之后,这些地区开始通过各种方式维护自身的利益,于是在20世纪90年代中期重新开始集权化改革,加强中央的权威,并将主要关注点放在欠发达地区与发达地区的经济差距上,在保证后者具有一定激励的前提下,试图通过政策扶持和资金援助来缩小两者之间的差距。

第一节　计划经济年代的发展战略与财政体制安排

1949 年新中国成立之后,经过短暂的调整,中国的经济逐渐恢复到战前的水平,1952 年的工业产出和农业产出甚至达到历史最高水平。在这种积极信号下,加上苏联的支持,当时的中央政府决定照搬苏联重工业化的发展模式,提高资本积累率,压缩居民消费。1954 年全社会固定资产投资占 GDP 的比重达到 26%,对于一个还非常落后和贫穷的国家而言,如此高的投资率是不正常的,并且 80% 的投资都是在重工业,例如电力、化肥和机械制造等,而有关民生的轻工业几乎没有得到发展。

"苏联模式"是建立在 Rosenstein—Rodan(1943)提出的"大推进"(big push)理论之上的,该理论认为重工业的优先发展可以带来巨大的外部性,如钢铁行业的发展既可以为下游的机械制造提供优质、低价的投入,又能带动上游的煤炭、铁矿等产业的发展。这种战略性的行业需要政府在初始阶段给予大量的投资,因为该投资具有外部性,投资数额巨大,并且投资期一般都很长。加上当时衡量一国综合国力的主要指标是钢铁产量,基础性和重工业的发展更是各国的不二选择。重工业化优先发展的模式在苏联取得的成功,以及中国经济在 1949—1952 年期间的快速恢复,触动中国开始实施长达二十多年的赶超战略。

然而在一个以小农经济为主体的国家内部,发展重工业并不具有比较优势,一方面缺乏相应的投入,使得生产成本非常高,另一方面也会遇到需求不足的问题,因而在以个体决策为主的经济体内,要大规模发展重工业显得不具有可行性。唯一的途径就是利用国家能力进行干预,通过压缩居民的当期消费,将经济剩余用来投资,此时的生产和交换就不能以市场价格作为中介,而是要由国家统一进行计划和分配。为了能够控制价格,政府在各领域都实施彻底的国有化,城市的私有工商业都收归国有,同时对农产品"统购统销"。在保证资源都流向政府所希望的领域时,为了提高工业产品的利润,政府不得不压低生产的投入成本,将城市职工的工资降到最低水平,但为了使其生活水平不出现下降,便开始对基本必需品实施配置制度,而这些成本则主要转嫁给农民,通过一系列的制度安排将农业剩余从农村转移到城市，以农业来补贴工业，保证重工业化战略的顺利实施。由此形成的计划经济（command economy）人为抬高了工业的回报水平，在一个人口自由流动的国家内部，这势必会诱导大量的人口流入城市，为了避免城市人口过多导致的资源压力过大，将分割城市和农村的户籍政策也在同一时期实施，并一直延续至今。

通过这一系列的制度安排，政府开始有能力动员全国的力量，将各地的资源都集中投资到重工业的生产，我们从图 3.1 中可以看出，除了少数年份之外，环比的投资增长率基本都维持在 20％以上，经过长期的积累和发展，逐渐改变了国家的经济结构。在 1949 年，我国的农业比重还很高，占到 70％，而工业比重很低，重工业比重仅有 7.9％，到 1978 年，工业产出占 GDP 的比重已达到 44％，中国俨然已成为一个以工业生产为主的国家。

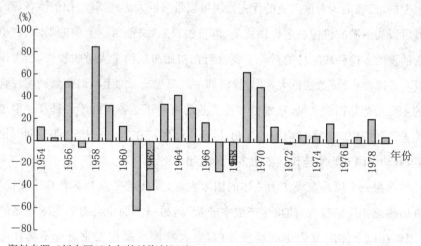

资料来源：《新中国五十年统计资料汇编》。

图 3.1 投资的环比增长率

在计划经济体内，整个国家类似于一个大工厂，财政体制已不是提供公共品那么简单，而是直接参与生产过程，此时的财政体制类似于价格机制，起到配置资源的作用。为了保证国家能够最大限度地调动资源，此时的财政制度是高度集中的，由中央"统收统支"，虽然也历经数次的分权化改革，但地方政府的权力非常有限。同时，作为财政收入的主要部分是非税收入，特别是国营企业的利润实行全额上缴,据统计,在 1956—1978 年间,企业利润占财政收入的 52.5%,而税收收入仅占 46%。而在支出方面,财政则负担了几乎全部的支出,不仅包括经济建设,还包揽了各项社会事业支出,国家财政职能延伸到每一个微观主体,企业和家庭都丧失了基本的独立性(贾康、赵全厚,2008)。集中的财政制度安排是与集中的计划经济并随的,因而财政体制也与国家每个时期相应的发展战略一致。

图 3.1 中,每一个投资高峰都会紧跟一个调整阶段,其中有三个主要阶段:第一个阶段的"一五"计划,特别是"大跃进"期间的过度积累;第二个阶段是 1961—1963 年间的调整阶段;第三个阶段是经过调整之后实施的"三线建设",本章接下来将分别按这三个阶段进行回顾,特别关注其中涉及的地区化倾向,以及随之而来的财政体制安排的变化。

一、1953—1961 年的激进政策与相应的分权化改革

中国的计划经济是从第一个五年计划开始的,并率先从农业领域展开。最早针对农业的计划还没有涉及生产资料的公有化,此时的农业生产是完全私有的,特别是经过土改之后,土地被细分到每一个农民头上,农户是农业生产的决策主体。但是到了 1953 年,城市的粮食供给出现严重的短缺,一方面需求上升了,城市人口在 1949—1953 年间增加了 2 000 多万人,城市化率从 10.6%上升到 13.3%;另一方面,虽然农业产出出现增长,如 1953 年的粮食产出比前一年增长了 10.6%,但是征购率却下降了,因为农户独立的决策行为将增加的粮食首先用来改善自己的生活,1949 年农民人均消费粮食 370 斤,到了 1952 年增加至 440 斤,这使得粮食的供给跟不上需求,很多城市开始出现无粮供应的窘境。

正是在这样的背景下,到了 1953 年,中央开始实行一刀切的"统购统销"政策,对农村的粮食实行"计划收购",对城市的粮食需求进行"计划供应"。①这种统购统销的范围也开始由粮食扩展到其他产品,如 1954 年开始对棉、食用油等进行征购,

---

① 计划收购是指:"生产粮食的农民应按国家规定的收购粮种、收购价格和计划收购的分配数字将余粮售给国家",其中粮种和价格由中央统一规定。计划供应的范围包括县以上城市、农村集镇、缺粮的经济作物产区、一般缺粮户、灾区的灾民。见《关于实行粮食的计划收购和计划供应的命令》(政务院,1953 年 11 月 19 日)。

并且同时将原有的交易市场完全屏蔽了,禁止一切私营粮商的经营活动。从城市角度来看,统购统销使得国家成为粮食市场上的唯一供给者,而从农村角度来说,国家又是唯一的需求者,但该政策不仅仅规定收购价格,还硬性规定了收购任务,并且收购的数目往往是按照前一年的收成制定的①,这种政策必然会遭到农民的抵制,特别1954年长江和淮河流域出现大的自然灾害,但是征购量并没有随之减少,很多地方出现大范围的聚众闹事,使得统购统销的政策无法得到彻底的实行。

为了这一政策能够顺利得到贯彻,政府开始着手组织农户加入高级社。1956年开始规定粮食的征购单位由原来的农户变为合作社②,将原来的1亿多的农户简化为几十万个合作社,这一方面降低了征购成本,同时还提高了征购效率。1957年至1959年,征购率从24.6%一直提高到39.7%。同时,越来越多的农户加入到合作社,1954年仅有2%的农户加入合作社,到1956年加入合作社的占全部农户的98%。而到了1958年,为了配合"大跃进"的开展,农业已不是提供农产品那么简单了,政府开始从农村抽调其他资源,特别是劳动力,加入到城市的工业生产,或

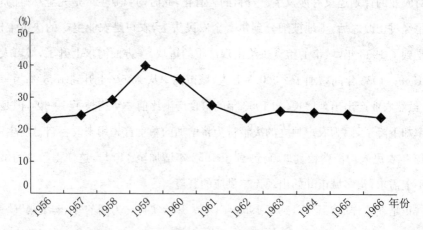

资料来源:《农业经济资料(1949—1983)》。

图3.2　历年的粮食征购率

---

① 即使在1955年实行的"三定"政策中,虽然规定对部分农村进行返销,但是却要求在春耕之前就将粮食产量定下来,即"定产"。见《关于迅速布置粮食收购工作安定农民生产情绪的紧急指示》(国务院,1955年3月3日)。

② 见《关于农业生产合作社统购统销的规定》(国务院,1956年10月6日)。

者就地参加大炼钢铁、兴修水利等。在这种背景下,原来的半自愿的生产合作社已不能满足要求,需要更高级的公有化制度,人民公社由此产生了,到1958年底,几乎所有的农户都参加到人民公社中。在人民公社中,一切生产要素都是公有的,不仅仅包括农业用的畜力,还包括农民自身的劳动力,于是这种"政社合一、一大二公"的组织成为政府从农业抽调资源的最有效方式。

在对农业进行公有化之后,统购统销的覆盖范围越来越大,但是在某些环节开始出现供应不足的现象,于是政府开始对城市的工商业实行彻底的公有化,以保障统购统销的政策覆盖到所有的工农业产品。在过渡时期,除了没收国民党政府的工业企业外,政府对其他的私有企业还进行过一定的扶持,到1952年年底国营企业占全部工业产出的67.3%,此时的政策并没有压制私有企业,而是在增量上增加国营企业的比重。①1952年的"三反"、"五反"运动为后来的改造奠定了基础,1956年年初,全国范围内出现社会主义改造高潮,资本主义工商业实现了全行业公私合营,而到1956年9月则变成彻底的全民所有制。

全民所有制的好处使得国家可以最大限度地增加投资,政府开始替代每一个微观主体做生产决策,在农村通过统购政策压缩农民消费,将资源转移到城市和工业,而在城市,通过统销和配给政策压低工业的投入,维持了工业的高回报。到1957年农业产出的比重下降为33.4%,工业则上升到43.8%,中国开始由以农业为主转变为以工业为主,特别是重工业增长显著,占全部工业产出的45%。

此时的地区战略开始重点照顾内陆地区,不过并没有完全忽略沿海地区的发展。例如1953—1957年的第一个五年计划中,由苏联援助的156②个大型项目,全部建在内陆和东北。其中,106个民用工业企业中,50个在东北,32个在中部;44个国防企业中,35个在中部和西部,仅四川和陕西就占有21个(薄一波,1997,第298页)。1952年内陆地区的投资总额占全国总投资的43.4%,1957年则上升到49.7%,可见沿海地区的工业也得到一定的发展。

---

①　当时的预想是到1962年左右,国营工业占90%,私人工业10%,私人工业在绝对量上还会继续增长。见薄一波,1977,第218页。

②　这156项工程中,实际施工的只有150项,其中军事项目44个,冶金项目20个,化学项目7个,机械加工24个,能源项目52个,轻工业和医疗工业3个。在"一五"期间施工的有146项。见薄一波,1977,第297页。

但是如此规模巨大的工业化建设仅凭中央政府是无法操作的，必须调动各地方的积极性，特别是毛泽东在1956年提出的"十大关系"中，明确指出中央和地方的关系的重要性，"地方的权力过小，对社会主义建设不利"[①]，于是开始了新中国第一次大的分权化改革。在1958年的"大跃进"运动中，中央将权力大幅度下放，在短短十几天的时间内，绝大部分中央企事业单位下放，超过80%的中央企事业单位下放给地方政府管理，其中纺织部直属的企业全部下放，轻工业部下放96.2%，化工部下放91%，机械部下放81.5%，冶金部下放77.7%等（薄一波，1997）。在财政上，将原来的收支两条线改为收支挂钩，由于大部分轻工业和中小型的重工业划归地方管理，其利润也在中央和地方之间分享，地方占20%，中央占80%，地方财政支出占全国财政支出的比重从1957年的29%上升到1958年的56%。

第一次分权化改革在开始阶段还比较谨慎，1958年规定按照各地的实际情况进行差异化处理，要求部分地方将多余收入上缴，而对于缺口较大的地区给予相应的补助。具体的分成按照四种方案确定：（1）地方固定收入能够满足本地支出的地区，不再划拨其他收入，多余部分一律上缴中央；（2）地方固定收入不够本地支出的，将企业收入划拨给地方政府，多余部分仍然上缴；（3）地方固定收入和企业分成收入仍然不能满足需要的地区，划给一定的调剂收入；（4）以上三种收入还不足以覆盖本地支出的，由中央政府给予专款补助（蔡红英，2007）。同时还扩大了地方政府的财政激励，规定地方政府在预算执行过程中，超收和节支的部分可留着地方政府自由支配。

但到了1959年这一改革就变得非常激进，将原来的"以收定支"改为"收支下放，计划包干，地区调剂，总额分成"，这是新中国第一次财政包干制，并且这次的包干制非常彻底，当将大量的企业下放给地方政府后，不仅税收收入划归地方政府管理，其利润收入也归入地方财政，各项支出责任也全部划归地方管理，中央不再规定地方正常支出和专案拨款支出，地方政府拥有全部的支出安排权力。对于地方政府收大于支的部分，中央按照一定的比例共享，这部分收入除用于中央的正常支出外，主要用于补助落后地区和民族地区。

---

① 见薄一波，1997，第489页。

这一阶段的分权充分调动了地方的积极性,对于"大跃进"的各种现象具有重要作用,包括农业的"浮夸风"、工业的过度发展等都与此相关。而在地区之间的发展关系上,特别是沿海工业和内地工业关系,虽然很多项目落实在内陆地区,但沿海地区并没有完全被忽略,认为"甚至只要有五年时间,我们也应当在沿海好好地办四年的工业。办了四年以后,等到第五年打起来了再搬家,也是完全合算的"(薄一波,1997,第 487 页),这一战略也确实在后来的"三线建设"中被执行了。

二、1961—1963 年的调整阶段

1958 年的分权化改革,加上当时中央对于未来过分美好的预期,虽然重工业得到了超常发展,但却带来了灾难性的后果。"大跃进"的基本方针是从农村抽调资源来补贴工业的发展,而在分权的框架下,这一政策被地方政府无限度放大了,但由于剥夺掉全部微观主体的决策权力,对于生产积极性造成了消极的影响,这一点在农村更加明显。1960 年的粮食产量相比于 1957 年下降了 26%,其他的农作物产量都经历了不同程度的下降。而在工业方面的投资,由于过分强调重工业,使得轻重工业比重严重失调,1957 年重工业投资已经占到全部投资总额的 51.6%,而在"大跃进"时期进一步上升至 57%,到了 1960 年棉布、卷烟、糖等轻工业产品均出现商品匮乏。同时财权的过度下放,使得地方政府加大了各地的项目的建设,造成了巨额的赤字,为了弥补赤字又开始增发货币,通货膨胀开始出现,于是政府开始实行凭票供应的配给制,货币几乎完全失去了作用。

"大跃进"以及三年自然灾害导致了一定程度饥荒。由于工业化的战略,城市遭受的影响较小,绝大部分的饥荒都是发生在农村地区,特别是传统的产粮区(范子英、孟令杰,2006,2007)。重工业化的发展战略从农村抽调了过多的资源,使得农业的剩余产出不足以维持基本的生存,再加上将权力下放给地方政府,目标单一化(重工业发展)使各地完全忽视农业的发展,征"过头粮"的现象屡见不鲜。

在这样的背景下,政府不得不对原有的政策进行调整,"八字方针——调整、巩固、充实、提高",压缩工业产出,对于未上的项目暂停投资。其中重点调整了农业政策,即《农业六十条》,规定解散无效率的公共食堂,将核算单位从原来的公社下降为生产队,一切生产资料划归生产队所有,给予农民一定的自留地(3%—5%),

允许农村集贸市场的运行,部分地区甚至还出现了"包产到户"。经过这一系列的改革,饥荒很快结束了,同时农民拥有了一定的生产积极性,到1964年农业生产开始恢复到"大跃进"前的水平。而对于工业也有相应的《工业七十条》,其中特别强调厂长负责制,而国家并不直接干预生产过程,但仍然要求企业对国家要"五保":企业对国家保证产品的品种、数量和质量,保证不超过工资总额,保证完成成本计划,保证完成上缴利润,保证主要设备的使用期限;而国家对企业的投入实行"五定":定产品方向和生产规模,定人员、机构,定主要原材料的供应,定固定资产和流动资金,定协作关系。

而在财政权力方面,由于中央将大量的企业上收,同时限制地方政府的开支,实际上是一次典型的集权过程。要求地方政府不能出现赤字,同时将货币发行权收归中央,整顿预算外的资金收入,压缩企业自身的利润留成,限制企业自身的盲目投资,将基本建设拨款改为由中央的专案拨款,中央政府重新成为投资的主体,财政体制也回到收支两条线的状况,地方政府的权力被削减,而由中央政府在全国范围内进行调配。虽然财权上收了,但是财政体制本身变化不大,还依然采用"总额分成"的方式,只是分成的部分相当有限。

但是这一调整政策实行的时间并不长,到了1963年便开始酝酿一个长期的政策,这时候的重点在于改造沿海的工业,但基于前期错误政策的教训,此时的工业化政策开始强调要保障农业的发展,集中发展化学工业,如化肥等。但是1961年越战爆发,以及1964年的"北部湾事件"导致战事升级,美国开始大规模参战,使得当时的中国政府开始考虑备战的可能性,大幅度调整沿海的工业布局,虽然这对工农业之间关系的影响不大,但却对地区之间的发展产生了深刻的影响。

三、1964—1978年的"三线建设"与第二次分权改革

越南战争对于中国20世纪60年代之后的经济发展政策有着非常重要的影响,中国正是从那时开始了为期近十年的"三线建设",浪费了大量的宝贵资源,并严重削弱了沿海地区原有的工业基础。所谓一线、二线、三线,是按照我国的地理区域划分的:沿海和边疆地区为一线;三线包括两大地区,一个是包括云南、贵州、四川的大部分和湘西、鄂西的西南地区,另一个是包括陕西、甘肃、宁夏、青海的大

部分和豫西、晋西地区;三线和一线之间的腹地为二线。

在经过 1961—1963 年间的休整之后,政策上已经开始避免过于激进的行为,并注重工农业之间和轻重工业之间的比例关系,最初始的"三五"计划也是以重点解决居民的吃穿用为主的,规定吃穿用第一,基础工业第二,国防第三(薄一波,1997,第 1194 页)。但越南战事的升级使得当时的领导人感受到外部的威胁,一方面出于备战的需要,加大了对于军事工业和其他相关的重工业的投资,另一方面沿海的投资面临的威胁更大,原有的工业基础也更可能在战争中遭受严重的损失,于是在 1964 年,政府正式提出"三线建设"。1965 年 8 月的《关于第三个五年计划安排情况的汇报提纲》中,大中型项目 1 475 个,其中国防工业 383 个,重工业项目686 个,基本建设投资的重点是国防和重工业,大部分项目分布在西南、西北三线。第一个阶段的投资主要是在中国的内陆地区建设铁路和工厂,到 1965 年全国铁路里程从 1957 年的 2.65 万公里增加到 3.64 万公里,除西藏外,全国各省都通了铁路,在西南和西部地区新建了多条铁路,如云贵线 1966 年通车,成昆线 1969 年通车。

这一轮的基本建设投资力度非常大,1964 年和 1965 年的投资环比增速分别为42.2%和 30.7%,但这些投资全部用于内陆地区,沿海地区并没有得到同等的重视,虽然是出于备战的考虑,但这一时期政策的方向是要逆转沿海地区原有的优势。当时的工业过于集中在大城市,特别是沿海城市,全国 14 个人口超过百万的大城市集中了 60%的机械工业和 52%的国防工业,一旦遭受袭击,将损失巨大。新的投资偏向于内陆地区,同时对于沿海的工业通过两个途径进行分散,一是将一部分重要的工业由沿海迁入三线城市,据统计,在 1964—1965 年间,共有 49 个工业从沿海地区迁出,二是在沿海地区开展"小三线"建设,即规定一二线城市也要搞军事工业,各省都要有自己的生产,各省内部要建立自己的"小三线",将资源向省内腹地倾斜,在自己的后方部署一批新建和迁建项目,包括军工、民用、交通、电力、通信、文教、卫生等事业的建设。

"小三线"建设调动了地方的积极性,形成了新中国成立以来的第二次大分权。中央政府不再详细规定地方政府的支出项目,而是给予一定的财政资金,具体的安排由地方自己负责,将基本折旧费用从财政收入中分离,交由地方政府和企业支配,"五小企业"也统一划归地方管理(胡书东,2001,第78页),同时在基本建设投资、物质分配权等方面都实行了"大包干",将事权下放给地方政府。

这一发展政策在1966年被暂时搁置了,1969年,"三线建设"的方针重新得到贯彻,并且延续了1964年开始的分权化改革,国家强调"块块"经济的发展,鼓励各地发展自己的工业基础,同时压缩"条条"经济,1970年国务院的直属机构从90个精简为27个,同时中央直属的企业也大量下放给地方政府,部属企业从1965年的10 533个减少到1976年的1 600个。

在将企业大量下放的同时,地方政府获得了经济发展的事权,也对财政体制进行了改革。1971年的《关于实行财政收支包干的通知》规定"定收定支、收支包干、保证上缴、结余留用、一年一定",对于地方上缴的部分开始实行绝对数包干,地方政府拥有上缴之后的结余的支配权,这进一步强调了地方发展经济的激励。但由于过度下放财权,使得中央的财力被削弱,甚至无法对落后地区进行必要的补助,于是1974年又改革为"收入按固定比例留成,超收另定分成比例,支出按指标包干",以提高中央的财政实力,但中央仍然将支出权力留给地方政府。但是,中央此时对地方的支出项目管理的过严,支出与收入关系不大,限制了地方的积极性,于是到1976年又改为"收支挂钩,总额分成",扩大了地方在支出方面的权力,地方财政支出占全国财政支出的比重也从1966年的36.9%提高到1977年的55.3%,因而从分权的角度来看,此时的中国已经是一个以地方政府为主的经济体。

这次的财政分权对于"三线建设"的作用很大,正是给予地方足够的财权和事权,调动了地方积极性,才使得在1963—1971年间出现两次大的投资浪潮,不过随着美国尼克松总统访华,中美关系得到缓和,中国面临的外部战争威胁被解除了,接着针对"三线建设"的投资也被极大地压缩,而重新将资源投资于沿海地区,充分利用当地丰富的劳动力资源、熟练的管理技术,以及良好的基础设施。例如1972年,新投产的47个大型项目中,沿海地区占据了24个,剩下的分布在中部和西部地区(陆大道,1990)。但"三线建设"所造成的影响和损失却是巨大的,据估计,仅"三线建设"就浪费了300亿元,剩下的一些项目也是需要国家的补贴才可以生存(Naughton, 1988)。而长达30年的重工业化建设改变了整个中国的经济结构,经济活动中心从沿海向内陆移动了395千米,而同样的变化在美国则花了90年(陆大道,1990, 2007)。

经过 1958—1961 年的第一次分权和 1969 年的第二次分权,中央与地方的关系已经从一个高度集中的经济向一个分权的经济转型。第一次分权使得地方财政支出比重从 1957 年的 29％上升到 1958 年的 55.7％,虽然后来经历多次的调整,但央地之间的关系并没有完全回到之前的集权状态,即使在 1962—1964 年,地方的支出比重也达到 40％,而到"三线建设"的后期,该比重重新超过 50％。从收入比重来看,向地方分权的模式更加明显,1958 年的地方财政收入占全国财政收入的比重仅为 19.6％,1959 年急剧上升至 75.6％,这与当时将大量的中央企业下放地方管理是相关的,这些企业的管理权和收入权都由地方政府负责,同样在调整阶段,中央并没有将这些企业完全上收。第二次分权则在第一次分权的基础之上,继续扩大地方的财政收入比重,1970—1975 年间,地方政府财政收入比重持续上升,到 1975 年上升至历史上的最高点,当年有 88.2% 的财政收入由地方政府征收。中央和地方在收入和支出比重上的差异也说明计划经济年代财政体制的另一个特点,当时的地方政府每年都要向中央上缴一定的财政收入,这一现象在"大包干"时期更加明显,有超过 80％的财政收入是划归地方政府,但中央的财政支出依然超过50％,也就是说中央的财政支出中有超过 30％要依靠地方的收入上缴,其中很大一部分支出是用于欠发达地区的财政补给。

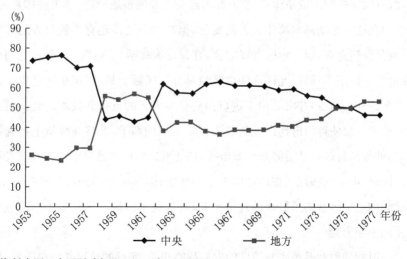

资料来源:《中国财政年鉴》(2000 年)。

图 3.3　改革开放前中央和地方的财政支出比重

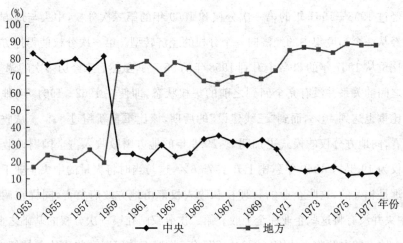

资料来源:《中国财政年鉴》(2000 年)。

图 3.4 改革开放前中央和地方财政收入比重

第二节 20 世纪 80 年代至 90 年代过渡时期的发展战略与财政安排

    1978 年至 1992 年间的改革是增量改革,在不触动原有计划经济的前提下,允许在体制外发展其他形式的经济。双轨制是这一时期最主要的形式,在价格体系方面,既有国家控制的价格体系,也有私有经济主导的市场价格,在工业体系方面,国有企业在这一时期基本没什么大的变化,但在国企之外还有为数众多的私有企业,特别是乡镇企业,而在地区发展方面,在保证大多数地区经济形态不变的前提下,在沿海地区逐步开放,允许这些地区最早开展国际贸易,国家在这过程中也获得了很多的外汇储备,并将之用于进口国有企业需要的设备和技术。而正是这种增量的改革开放使得沿海地区重新成为经济发展的前沿,并且在政策上得到很多的优惠,如经济特区以及沿海开放城市等,都使得这些地区最早获得了经济发展的先机。同时,由于这些地区在地理位置上的优越性,使得在相同的政策条件下,沿海地区较内陆地区获得了更快的经济增长,并成为中国接下来几十年的区域经济发展中的主导力量。

    这一时期的财政政策也与地区的发展战略相关,实行的是财政的包干制,即俗称的"分灶吃饭",将中央和地方的收支分开,各自在自己的经济范围内自求财政平衡。包干制一方面调动了各地的积极性,地方可以留存很大比例的财政收入,并且在支出方面拥有相当大的权限;另一方面,这一制度实际上是倾向于沿海地区,这些地区的经济发展较快,自然留存的收益较多,例如最早开放的广东和福建,1983—1993 年间财政收入的边际留存都为 100%,即增加的部分全部归当地政府支配,而沿海的其他省份在 1988 年之后的边际留存也达到 100%(Lin and Liu,2000),正是在财权上的经济激励促进了各地的经济建设,地方政府都积极地通过各种政策增加本地的经济总量,进而增加当级政府的财政收入。

一、改革开放初期的地区发展战略

中国的改革开放是逐步推进的,正是计划经济的诸多缺陷使得当时的中国不得不开始从开放的角度来获得更多资源。1975 年,当时的政府延续了之前的重工业化战略,提出要在 10 年内建设 120 个大型的重工业项目,其中有 10 个是特大型的综合钢铁厂,而这些大型项目的关键设备都需要从国外进口,1977 年至 1978 年,以技术为主体的进口量增加了一倍多。但是中国当时的出口所换得的外汇不足以支付这些进口,很多合同不得不暂时搁浅。在计划经济年代,将重点放在了重工业的生产上,但重工业的产成品基本是无法出口的,于是出口换汇只能依靠原材料和农产品,比如棉花和石油等等。同时,国家为了保证珍贵的外汇所进口的资源被用到指定的领域,不得不对进出口进行严格的控制,所有的进出口都必须经过 12 家国营外贸公司,只有指定的产品才能进口和出口,在汇率的管理上人为提高人民币的币值,并对外汇进行严格的管理,私人和企业都不允许持有外汇,也不能自由兑换外汇,以保证国家能够最大限度地利用这些外汇换取所需的设备。当时也不允许外国的企业在中国投资和生产,因为这些企业一方面会跟国内的企业在产品市场上竞争,使得国内企业无法维持高利润,另一方面也会争夺原材料。在贸易政策方面,计划经济年代的中国实行的是典型的"进口替代"①政策。

---

① 进口替代是发展经济学中的一个概念,限制某些外国工业品进口,促进国内有关工业品的生产,逐渐在国内市场上以本国产品替代进口品,通过税收和其他政策扶持本国的幼稚产业,为本国工业发展创造有利条件,实现工业化。具体的可采取多种形式,可以对特定类型产品完全禁止,甚至对国内的特定商品生产者给以优惠待遇。一般来说有三个相关政策:对进口品不平等待遇,进行关税保护和配额,汇率扭曲。(德布拉吉,2002,第 621 页)

　　为了缓解外汇短缺的困境,政府决定通过一些变通的方式增加国内的出口。广东和福建成为首选,这两个省份主要基于三个优势:首先,是地理优势,两者毗邻香港和台湾,这些地区的经济都比较发达,可以将它们作为窗口;其次,广东和福建历史上都是对外贸易相对较多的地区,有一定的基础,比如最早的"五口通商"里面就包括福建的厦门、福州和广东的广州;最后,这两个省份相对较偏远,可以相对容易地与其他省份分隔开,即使失败也不至于影响到广大地区。于是在1978年,广东和福建开放了对外贸易,不过为了不影响国内其他工业的正常发展,最早的外贸合同都是出口加工,特别是"三来一补"①,利用中国内地廉价的劳动力,香港和台湾将原材料运到广东,由当地的企业加工成半成品或者成品,再交由香港的企业负责出口,而这两个省份则获得了加工费用,由于原材料和产品都归对方所有,所以避开了当时严格的贸易政策的管制。

　　这一实验的成功经验很快得到推广,为了扩大加工贸易的好处,同时又不与现存的政策产生正面的冲突,中央决定划出一些区域实行有针对性的出口贸易政策,因为有别于省内和国内其他地区,因而被称为"经济特区"②。1979年,四个经济特区正式成立——深圳、珠海、汕头和厦门。特区在很多方面享有"特权",如税收、外汇制度、土地使用、项目审批等等,特区内企业的税收采用"两免三减半",即前两年所得税免征,第三至第五年减半,在人事制度上也给予企业更多的自主权,第一次引入了合同制,企业可以按照自身的要求招聘和辞退工人。同时,中央给予广东和福建两省份很多优惠政策,以保证当地可以充分发挥特区的好处,比如可以留存贸易中的外汇,同时可以不受当时的贸易管制。

　　在特区的政策上还有两个特点。一是要以出口为主,这与20世纪70年代末外汇短缺有关,例如1979年国务院颁发的《关于大力发展对外贸易增加外汇收入若干问题的决定》,就非常明确地指出,对外开放的一个主要目标是为了缓解国家外汇的不足。当年成立了国家外汇管理局,专门负责贸易外汇的内部结算,企业和个人依然不能自由持有外汇;另外一个特点是规定特区与非特区要严格分离,这一

---

①　即来料加工、来样加工、来件装配及补偿贸易。

②　关于特区的名称的来源,最早有过出口加工区和贸易加工区,后来邓小平定下"特区"的称谓。见张军:《不为公众所知的改革》,中信出版社2010年版,第82页。

规定并不是为了要保证特区的既得利益,而是为了限制该制度实验可能失败对其他地区的负面影响,但后来的发展已经超过了这一限制,如与香港的合作企业分布在整个广东境内,而非仅限制在特区内部。经济特区的成就是显著的,在经济意义上,特区为当地创造了大量的就业岗位和外汇储备,极大地解决了商品短缺的问题,同时其制度创新也为后来的开放政策提供了一个标准,企业可以自由决定的人事制度,以及延续至今的土地批租制度等都是从特区开始的。

随着特区的成功,特区经验慢慢成为中央决策层的一种共识。1979 年,政府决定将这种经验率先在北京、天津和上海推广,认为这三市在对外开放和发展对外贸易方面要先行一步,不过此时的政策还仅限于赋予地方政府更多的外贸自主权,鼓励三市以地方政府为主导成立进出口公司,产品的进出口主要由地方政府负责管理,因而其权限相对于四大经济特区而言要小很多。到了 1984 年,中央决定对沿海的 14 个港口城市(天津、上海、大连、秦皇岛、烟台、青岛、连云港、南通、宁波、温州、福州、广州、湛江和北海)对外开放,继续扩大地方的权限和税收优惠政策,将大量的生产性项目的审批权下放地方政府,在税收政策上给予优惠,批准这些地区设立经济开发区,在外汇的使用权限上也给予照顾。虽然 14 个沿海开放城市不再被称为“经济特区”,但所获得的优惠政策与经济特区相差不大,如这些地区内部设立的经济开发区,其税收优惠政策与经济特区一致,享有 15% 的所得税税率,同时也享受“两免三减半”政策。

这一政策在 20 世纪 90 年代开始扩展到内陆省份。基于沿海运输条件的优势,及其开放策略所取得的成功,1992 年中央决定将这一方案应用到长江沿岸的城市,同时将优惠政策也赋予各省的省会城市,由于长江中上游和这里涉及的省会城市大多数在内陆地区,如中部和西部都有 11 个城市,而东部仅有 1 个城市,因而可以认为,中国的开放政策已经从珠三角扩大到主要的交通枢纽城市。之后又在边疆地区设立经济合作区,同时允许那些内陆省份在省内设立经济技术开发区。到 2003 年,被中央政府许可的各种类型的经济特区和经济开发区超过 100 个,其中有 6 个经济特区(深圳、珠海、汕头、厦门、海南和上海浦东),54 个国家级经济技术开发区,53 个国家级高科技产业产业开发区,15 个保税区;由各级地方政府设立的开发区则超过 6 000 个。

从经济开发区设立的时间维度来看,中国的开放政策有很明显的地区性考虑,即珠三角——长三角——沿海城市——沿江城市——内陆其他地区,而经济特区之所以成功,很大一部分是中央的优惠政策,因而特区在各地设立的时间也是中央对地区发展战略的一种表现。沿海地区具有优越的地理位置,在以出口为导向的经济发展模式中,运输成本会成为厂商考虑的一个主要因素,而沿海地区临海的优势使得这些地区相对于内陆省份更具发展潜力,加上政策上也对这些地区进行倾斜,于是沿海成为先富起来的地区。因而整个20世纪80年代的地区发展战略是以效率优先作为准则,即将资源(优惠政策)配给到那些最有效率的地区。

表3.1 对外开放区域的演变

时间段	开放类型	年份	所在位置			个数小计
			东部	中部	西部	
1978—1988年	经济特区	1980 1988	4城市 1省	—	—	5
	沿海开放城市	1984	14城市			14
	国家级经济技术开发区	1984 1985 1986	10城市 1城市 上海3个开发区		—	14
	沿海经济开放区	1985/1988	7省,2直辖市	—	1省	10
1988—1998年	省会城市、长江沿岸城市	1992	1城市	11城市	11城市	23
	国家级边境经济合作区	1992	1城市	4城市	9城市	14
	国家级经济技术开发区	1992 1993 1994	4城市 福建2个开发区 3城市 广东2个开发区 1城市	4城市	1城市 1城市	18
	国家级高科技产业开发区	1988 1991	北京1个开发区 10城市	5城市	5城市	53

（续表）

时间段	开放类型	年份	所在位置			个数小计
			东部	中部	西部	
1988—1998年			山东、福建、广东各1个开发区	湖北1个开发区		
			11城市	7城市	6城市	
		1992	上海1个开发区		内蒙古1个开发区	
		1996	1城市	—	—	
		1997			陕西1个开发区	
	国家级工业园区	1989—1994	江苏、上海、浙江、福建、海南各1个园区	—	—	5
	国家级保税区	1990—2000	10城市 上海、天津、福建各1个园区			13
1998—2008年	国家级经济技术开发区	2000	—	4城市	7城市	17
		2001		1城市	3城市	
		2002	1城市	—	1城市	
	国家级高科技产业开发区	2007	1城市			1

注：东部包括：北京、天津、上海、河北、辽宁、江苏、浙江、福建、山东、广东、海南等11个省区市；中部包括：山西、吉林、黑龙江、安徽、江西、河南、湖北、湖南等8个省区市；西部包括：重庆、四川、贵州、云南、西藏、陕西、甘肃、青海、宁夏、新疆、内蒙古、广西等12个省区市。

资料来源：中国开发区网，http://www.cadz.org.cn/。

二、第三次分权与相应的财政体制改革

伴随着地区战略的是中央财政上的"放权让利"。首先，在农业领域里面将生产决策由集体改为个体农户，实行了家庭联产承包责任制，在不改变土地所有制的前提下，将土地的使用权进行承包，由村集体进行发包，而由个体农户承包，这一制度改革极大地调动了农民的生产积极性。虽然土地的所有权仍然不属于个人，但

土地上的产品全部归农民所有,在上缴一定的税收之后,农民对剩余的产品拥有完全的处理权,农民个人的投入与收入直接相关,农民成为整个农业生产的决策人,实际投入也随之提高,到1982年这一政策的覆盖面超过了90%的农户。随着农户激励的提高,农业产出持续增长,粮食产出在1984年达到4亿吨,远超过历史最高水平3亿吨,而1985年,中国自"大跃进"以来首次成为粮食的净出口国。其他农产品的增长也非常显著,棉花和油籽年均增长15%和16%,农民收入也有了大幅度增长,1984年农村居民人均纯收入达到355元,比1980年增长85.5%。除此之外,家庭联产承包责任制还解放了大量的剩余劳动力,单个劳动力的产出上升使得同样面积的土地上不再需要那么多的农业劳动力,这些剩余的劳动力开始从事非农业生产,促进了后来乡镇企业的发展。

在看到承包制在农村取得的成功之后,政府开始将这一经验应用到城市的国有企业。1981年初,国有企业的承包经营责任制首先在山东试点,当年10月正式下发的《关于实行工业生产经济责任制若干问题的意见》中,规定具体的承包制可以采取利润留成、盈亏包干和以税代利、自负盈亏三种形式,同时对全国的36 000多家国有企业实行"定额上缴、超收归己"的改革,不过由于这项改革导致经济持续的混乱和物价的上涨,并严重侵蚀了国家的财力,改革并没有在全国层面上全部推开。1983年,承包制改为"利改税",将原来上缴的利润改为税收,对国有大中型企业的盈利按照55%征收所得税,税后利润再按一定的比例上缴,剩余部分则留给企业自身,这在一定程度上改变了原来的收支分离的制度,使得企业的收入与支出挂钩。1984年则将全部的利润上缴改为税收,通过增加税种来代替以前的利润上缴。但"利改税"之后,国有企业出现大面积的利润亏损,针对国有企业的改革重新回到承包制,规定"包死基数、确保上交、超收多留、歉收自补",将企业经营的收益和风险挂钩,企业也成为独立经营的主体,1987年这一制度在全国范围内展开,到该年年底全国预算内全民所有制企业有78%实行承包制,国有大中型工业企业实行承包制的有80%,大中型商业企业达60%以上(吴敬琏,1999,第167页)。

农业承包制的经验同样也被应用到财政体制,将原来的"条条"收支体系改为"块块"体系。1980年,国务院颁发了《关于实行"划分收支、分级包干"财政管理体制的暂行规定》,建立了俗称"分灶吃饭"的财政体制,改变了计划经济年代财政统收统支的特征。中央和地方的财政收入按分类分成,一共四种类型:中央固定收入、地方固定收入,固定比例分成收入、中央和地方的调剂收入。同时,针对不同地区按照 1979 年的数据为基数实行包干,地方的财政支出按企事业单位的隶属关系进行划分,首先利用地方固定收入和分成收入,多余的部分上缴中央,不足部分用调剂收入弥补,在此基础之上仍然不足的,中央按照差额给予补助。其中,中央财政的固定收入包括中央企业收入和关税收入,地方财政固定收入包括地方企业收入、盐税、农牧业税、工商所得税、地方税和地方其他收入,上划给中央部门直接管理的企业收入作为固定比例分成收入,中央分享 80%,地方 20%。

但在具体的实行过程中,仅有四川等 15 个省份①是严格执行这一政策。北京、天津和上海还延续之前的"总额分成,一年一定"政策,江苏实行的是固定比例包干的试点,对于民族地区的补助保证每年增长 10%;而为了鼓动特区政府发展经济的积极性,广东和福建两省份实行的是"划分收支、定额上缴",这些地区拥有更大的财政盈余处理权。这一包干制在不同程度上给予各地发展经济的激励,那些发达地区在完成包干之后,还有大量的财政盈余,即使按照一定的比例上缴,地方政府可操作的资源也非常可观。但是该制度使得中央的财力出现困难,原因在于该制度会使地方政府出现道德风险,隐瞒实际的财政收入,或是将预算内的收入转到预算外,再加上此后该制度在具体的实施过程中变动过于频繁,使得中央的政策陷入一个时间不一致的困境。例如 1980 年中央由于财政困难向地方借款 70 亿元,1982 年借款 40 亿元,1983 年则直接将中央向地方借款数改为调减地方财政的支出包干基数,并相应调整地方财政收入的分成比例和补助数额(贾康、赵全厚,2008,第 29 页)。包干制规定地方政府多收的年份可以多支,少收的年份则要节支,各地自求财政平衡,这样虽然能够促进各地发展经济,但同时也导致各自为政、重复建设。

而随着国有企业"利改税"的推进,国有企业原来的利润上缴变为征收所得税,同时国家对公司税制进行了改革,财政体制也随之进行了相应的改革。1985 年,我国开始实行"划分税种、核定收支、分级包干",将原来的按收入分享改为按税收分享,同时在上缴的比例中实行总额分成,即将地方的全部财政收入(地方固定收

---

① 这 15 个省份分别为四川、陕西、甘肃、河南、湖北、湖南、安徽、江西、山东、陕西、河北、辽宁、黑龙江、吉林、浙江。

入和地方分享收入)与支出挂钩,盈余部分与中央进行一定比例的分享。由于地方的留存比例过小,出现"鞭打快牛"现象,那些经济越发达的地区上缴的越多,挫伤了地方政府发展经济的积极性。于是,在1988年中央政府针对不同的地区实行不同的包干制度安排:针对北京等10省市实行收入递增包干,即在1987年的财政收支基数上确定各地收入递增率、留存和上缴比例;对天津、山西和安徽实行总额分成,根据前两年地方支出占收入的比重,确定地方的留存和上缴比例;对大连、青岛和武汉三个计划单列市实行总额分成加增长分成,即在总额分成基础之上,收入增长部分按比例分成;广东和湖南实行上解额递增包干,以1987年上解数量为基数,按照一定的比例递增上缴;上海、山东和黑龙江实行定额上解,按照原来核定的收支基数,收大于支的部分实行固定数额的上缴;吉林等16省实行定额补助,按照原来核定的基数,支大于收的部分按固定数额进行补助。

表3.2   1988年财政包干体制

包干方式	内　　　容
收入递增包干	以1987年决算收入和地方应得的支出财力为基数,参照各地近几年的收入增长情况,确定地方收入递增率和留成、上解比例:北京4%和50%;河北4.5%和70%;辽宁3.5%和58.25%;沈阳4%和30.29%;哈尔滨5%和45%;江苏5%和41%;浙江6.5%和61.47%;宁波5.3%和27.93%;河南5%和80%;重庆4%和33.5%
总额分成	根据前两年的财政收支情况,核定收支基数,以地方支出占总收入的比重,确定地方的留成和上解中央比例:天津46.5%;山西87.55%;安徽77.5%
总额分成加增长分成	在总额分成的基础上,收入比上年增长的部分,另定分成比例,即每年以上年实际收入为基数,基数部分按总额分成,增长部分另定比例分成:大连27.74%和27.26%;青岛16%和34%;武汉17%和25%
上解额递增包干	以1987年上解中央的收入为基数,每年按一定比例递增上交:广东14.13亿元和9%;湖南8亿元和7%
定额上解	按原来核定的收支基数,收大于支的部分,确定固定上解数额:上海105亿元;山东289亿元;黑龙江2.99亿元
定额补助	按原来核定的收支基数,支大于收的部分,实行固定数额补助:吉林1.07亿元;江西0.45亿元;福建0.5亿元;陕西1.2亿元;甘肃1.25亿元;海南1.38亿元;内蒙古18.42亿元;广西6.08亿元;贵州7.42亿元;云南6.73亿元;西藏8.98亿元;青海6.56亿元;宁夏5.33亿元;新疆15.29亿元;湖北由武汉上交4.78%;四川由重庆上交10.7%

资料来源:贾康、赵全厚:《中国经济改革30年:财政税收卷》,重庆大学出版社2008年版,第61—62页。

　　大包干的财政体制安排改变了中央政府和地方政府之间的关系。在 1980 年实施的分成体制中,对于那些经济发展较快的地区,中央分成的比例也更大,因而一直到 1984 年中央政府预算内财政收入占全国预算收入的比重维持了一个上升的趋势,不过这种"鞭打快牛"的现象很快被地方政府抵制,于是在 1985 年不得不对分成体制进行调整,降低发达地区的上解份额,这直接导致中央的财力被削弱,到 1993 年中央收入比重降到改革开放以来的最低点。除此之外,中央政策的不一致性导致了地方的机会主义行为,各地都将预算内的收入转到预算外,使得用来与中央分享的基数下降,虽然中央屡次调整分成比例,但其财力规模并没有得到显著提高,1980 年至 1988 年,预算外收入占预算内收入的比重从 48% 提高到 100%,这说明在包干制的初始阶段,政府的预算外收入不到预算内的一半,而到 1988 年预算外收入已经超过预算内收入,并且绝大部分的预算外收入是地方政府所有,到了 1992 年,该比重达到 120%,当年的预算外收入甚至超过预算内收入 20%。这一变化的结果就是名义上由全国政府控制的资源急剧减少,财政收入占 GDP 的比重从 1980 年的 23% 下降到 1993 年的 10.7%,而实际上财力真正下降的是中央政府,地方政府实际掌握的资源并没有减少,于是经过包干制之后地方政府变得相对强势,而中央政府则极大地被削弱了。

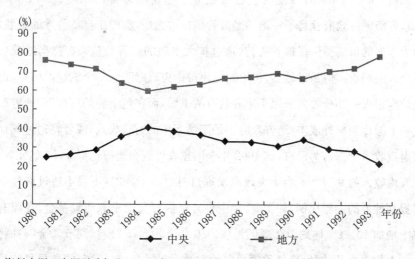

资料来源:《中国财政年鉴》(2000 年)。

图 3.5　1980—1993 年中央和地方财政收入比重

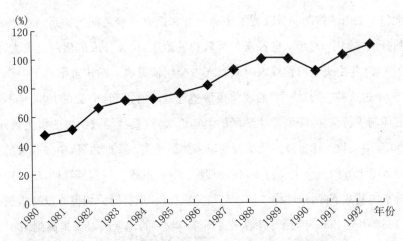

资料来源:《中国财政年鉴》(2000 年)。

图3.6 预算外收入占预算内收入的比重

在改革开放的初期,财政包干制对于促进沿海地区发展本地经济有着正面作用,这一方面是给予这些地区与事权相配套的财权,各地都可以根据本地的实际情况来配给资源,中央政府并不直接干涉地方政府的行为,形成了真正意义上的分权,于是省、市,甚至县级地区都成为具有独立经济利益的主体,中国经济也由一个单一系统(unitary-form)转变为包含多独立子系统的多部门系统(multi-division form),各级地方政府获得了一地的经济管理权力之后,类似于自负盈亏的企业,有动力为本地的市场提供保护和支持,通过扩大本地的经济总量来提高当地政府和官员个人的利益。但是很显然,包干制也使得中央政府陷入一个尴尬的困境,由于中央政府很大一部分收入来源于地方政府的上缴,而在包干制的安排下,地方政府将这一上缴作为额外成本,地方政府于是隐瞒当年的财政收入,或者将通过其他渠道将财政收入全部占为己有,如1992 年全国预算外资金规模达到3 588 亿元,占当年预算内收入的97.7%。当中央政府发现自身财力下降时,不得不通过调整制度安排提高地方的上缴比例,如1983 年中央开征能源交通重点建设基金,在原有的基础上增加10%(整体约100 多亿元),1989 年又出台了"预算调节基金",并将骨干企业上收中央,同时发行各种债券向地方政府借款。这一政策的结果是使得地方政府更进一步隐瞒收入,1988—1989 年间,地方财政收入增加的部分,中央实际分得的不足 5％,而地方政府实际占有了增加收入中的 90％。另外,地方政府为了本地的税源考虑,重复投资,并限制本地的资源流出,同时限制外地产品进入本地市场,各地产业同构现象严重,地区分割日益明显。正是在这一背景下,中央决定实施分税制改革,在财权方面实行一定的集权化改革,以缓解中央财力面临的困境。

第三节　1994 年的分税制改革和地区战略的转变

大包干的制度下地方政府为了增加本级的财政收入,通过各种方式来发展本地经济,一方面营造全国层面上的经济繁荣,另一方面这种发展的动机也带来了外部性,各地都有非常强烈的投资冲动,并且在那些具有高回报的行业上投资过多,使得宏观经济极度不稳定,数次出现恶性通货膨胀,同时地方政府隐瞒财政收入也侵蚀了中央的财力,在出现危机时,中央政府缺乏足够的能力来进行宏观调控。为了扭转中央政府财力的不足和维持宏观经济的稳定,中央政府在 1994 年实行了分税制改革,而为了保证改革能够得到地方政府的支持,改革方案也较多照顾了发达地区的利益,通过税收返还保证了这些地区的既得利益。而分税制改革的一个主要成果是中央财力的膨胀,到了分税制后期,中央在本级政府支出后还有大量的财政盈余,在财力的保障下,中央开始了新一轮的调整地方经济格局的战略,在 1999年实行了针对西部省份的"西部大开发"战略,2003 年和 2004 年针对东北老工业基地和中部地区实施了"振兴东北老工业基地"和"中部崛起"政策,伴随着这些地区战略的不仅仅是优惠政策,还有直接的垂直财政转移支付,到 2006 年财政转移支付占当年中央财政支出的比重达到 54.1％,这些转移支付政策试图扭转地区经济不平衡的格局。

一、分税制改革:背景、政策和成就

早在 1980 年的财政包干制度改革中,就开始酝酿分税制的改革,1986 年的"价税财金贸"配套改革中也曾设想以分税制代替分灶吃饭(吴敬琏,2004,第 252 页),不过由于条件不成熟而没有实施。而到了 20 世纪 90 年代初,中央的财力甚至已

不足以支付本级政府的正常支出,对欠发达地区的财政补助也不得不随之减少,加上宏观经济的不稳定,分税制的改革势在必行。地方政府的投资冲动在带来宏观经济不稳定的同时,也使得各地方的"诸侯经济"日益明显,各地为了能够增加本地的财政收益,重复上马雷同的项目,同时为了扶持本地企业的发展,对本地的市场进行保护,限制外地商品的流入,全国分割成为一个个零碎的市场(Young,2000),地方政府的税收努力很低,"藏富于民"的现象非常严重,再通过摊派收费的办法将预算内的收入转为预算外,供本级政府支出需要。在注重财政激励条件下的经济建设,地方政府过度投资于生产性的建设,如基础设施,忽视了公共服务的建设,特别是对教育和医疗的投资不足。中央的多项改革无法得到实施,凡是涉及地方既得利益的都遭受到地方政府的强烈抵制,如何协调地方政府的行为是当时的中央政府面临的难题。

1993年12月国务院颁布了《关于实行分税制财政管理体制的决定》,其中主要是三方面的规定:中央与地方税收的划分,事权的划分和税收返还的数额。中央税种主要是一些大的税种,同时又与国家的宏观调控相关,地方税种则是不具有外部性的税种,共享收入是与地方经济发展激励密切相关的税种,如增值税中央分享75%,地方25%。而对于支出的划分,基本上涉及地方政府正常支出和经济建设支出的都归地方政府负责,分税制改革对于事权的调整并不大,绝大部分的支出责任还是划归地方政府。分税制方案中最主要的是税收返还的确定,分税制改革触动了发达地区的经济利益,势必会受到这些地区的阻碍,为了使得改革能够顺利推行,一些必要的妥协政策也囊括在改革方案中,其中为了保证发达地区政府收入不至于降低,规定对这些地区进行税收返还,返还的标准以1993年的实际数额为基数,同时确定一个递增的返还比例,增值税和消费税的平均增长率的返还比例为1∶0.3,即增值税和消费税每增长1%,中央对该地方的税收返还增加0.3%,这样发展更快的省份获得的税收返还也会越多,以保证这些地区的积极性,但这一方案实际也使得中央在增量上获得的更多,长远来看中央的财政收入将比地方政府增长更快。而对原包干体制下的补助和上解依然延续,即实行递增上解的地区继续按此方案上解,这一规定是为了解决改革当年中央财力的困境,但却一直持续至今。

1994 年之后,共享税收入进行了一些调整,其中证券交易印花税的分享比例从 50％提高到 1997 年的 88％,2002 年进一步调整至 97％。另一项大的调整是所得税分享改革,从 2002 年起,原有的按隶属关系的所得税改为分享税,当年的分享比例是 50％,2003 年调整至 60％,这些调整实际上是增加中央的财政收入,同时在一定的程度上削弱发达地区的财政收入。

表 3.3　分税制的分享机制

中央固定收入	关税,海关代征消费税和增值税,消费税,铁道部门、各银行总行、各保险公司总公司等集中交纳的收入(包括营业税、利润和城市维护建设税),未纳入共享范围的中央企业所得税、中央企业上缴的利润等
中央与地方共享收入	增值税,中央分享 75％,地方分享 25％;纳入共享范围的企业所得税和个人所得,中央分享 60％,地方分享 40％;资源税按不同的资源品种划分,海洋石油资源税为中央收入,其余资源税为地方收入;证券交易印花税,中央分享 97％,地方(上海、深圳)分享 3％
地方固定收入	营业税(不含铁道部门、各银行总行、各保险公司总公司集中交纳的营业税),地方企业上缴利润,城镇土地使用税,城市维护建设税(不含铁道部门、各银行总行、各保险公司总公司集中交纳的部分),房产税,车船使用税,印花税,耕地占用税,契税,遗产和赠予税,烟叶税,土地增值税,国有土地有偿使用收入等

分税制的另一个重大的变革是国税局的设立。1994 年的分税制方案中,将原来的税务局分设为国税局和地税局,并延伸至省、市、县。国家税务局不仅征收中央税,还负责征收中央与地方的共享税,地方税务局只负责征收地方税。并且为了减少地方政府对国税局的干预,国税局实行的是垂直管理模式,如图 3.7 所示,国税局系统在机构、人员编制、经费、领导干部职务等方面采取下管一级的原则,其中,地方各级国家税务局正、副局长由上一级国家税务局直接任免;①但地方税务局的管理权限则划归地方政府,其机构设置、人员编制和管理体制等都由地方政府负责。②国税局与地方政府之间不存在直属管理关系,因此受到地方政府干预较

---

① 在国家税务总局的官方网站上,可以找到很多有关人事任免的信息,http://www.chinatax.gov.cn/n8136506/n8136593/n8137585/n8138637/index.html。

② 参见《国务院办公厅转发国家税务总局关于组建在各地的直属税务机构和地方税务局实施意见的通知》(国办发〔1993〕87 号)。

少,与此相反,每个地方的地税局都是当地的一个直属政府部门,而与上下级的地税局不存在直属关系,因此,省国税局可以直接管理市国税局,而省地税局却不直接管理市地税局。此外,两个税务机构的公务员招录程序也能说明两者之间的区别,国家税务总局以及各省、市、县国税局的公务员统一通过"国考"选拔,而各省地税局的公务员招录则与省内其他政府直属机构相同。

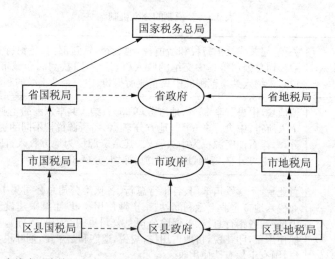

注:其中实线表示直接的隶属关系,虚线表示间接关系。

图3.7 中国的国税局系统和地税局系统

在财政包干时期,地方政府的一个主要行为是隐瞒收入,而同时中央政府又缺乏有效的监督,使得中央政府陷于被动的局面。而在分税制改革中,中央最主要的收入是与地方共享的增值税,以 2007 年为例,中央的增值税收入为 11 602.61 亿元,占当年中央全部财政收入的 42%,但由于所有的共享税收入都由国税局征收,地方经济增长的同时也会直接扩大中央的税基,而增值税又与地方的经济建设直接相关,那些生产活动更活跃的地区的增值税税基也更大,而地方政府一方面无法对此税基进行隐瞒,另一方面也可以从该税基的扩大中获得属于自身的增值税分享收入,如果算上税收返还,地方政府更没有隐瞒税基的激励。因而,国税局的设立协调了中央政府与地方政府在扩大税基方面的一致性。

分税制使得中央和地方政府的激励兼容,其中一个主要的现象是预算外收入减少。由于地方政府隐瞒收入的激励下降,同时增值税的增收也使得地方政府可操作的空间有限。1993 年,预算外收入仅为 1 432.5 亿元,相比于 1992 年下降了63%,这主要是因为分税制改革中的税收返还机制是按 1993 年的预算内收入确定基数,各地纷纷将预算外收入转入预算内,以获得更多的税收返还。而到 1997 年预算外收入有一定的增加,当年预算外收入占预算内收入的比重达到 52.6%。而从 1997 年开始,预算外收入增长缓慢,其占预算内收入比重一直下降到 2007 年的13.3%,预算外收入已不构成地方政府财政收入的主要组成部分,对中央财力的影响也相对较小。

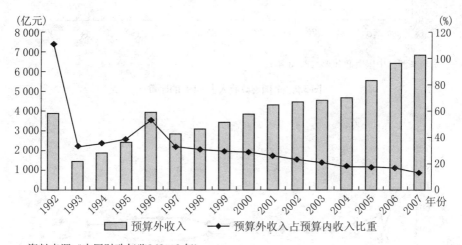

资料来源:《中国财政年鉴》(2008 年)。

图3.8 分税制之后的预算外收入变化

预算外收入的缓慢增长,加上中央在全国财政收入中的分享比例,中央本级财政收入增长迅速,两个比重——财政收入占 GDP 的比重和中央财政收入占全国财政收入的比重——都得到提高,其中财政收入占 GDP 的比重从 1994 年的 10.8%上升至 2007 年的 20.6%,如果算上其他的政府收入,这一比重将超过 25%,这也说明政府在进行宏观调控上有足够的空间。另外,中央财政收入的比重在 1994 年有一个大的跳跃,从之前的 22%上升至 55.7%,之后基本维持在 50%的水平,2002 年的所得税分享改革使得中央财政收入比重从 2001 年的 52.4%上升至 55%,中央财力的增长也使得中央在本级政府支出外还有一定的财政盈余,并且随着经济的增长,盈余的部分越来越多,这也成为后来针对内陆地区倾向性政策的保障。

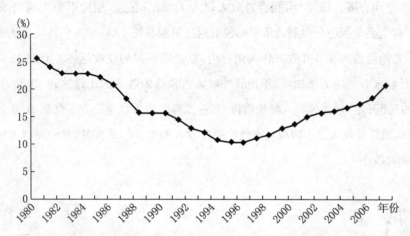

资料来源:《中国财政年鉴》(2008年)。

图3.9 全国财政收入占GDP的比重

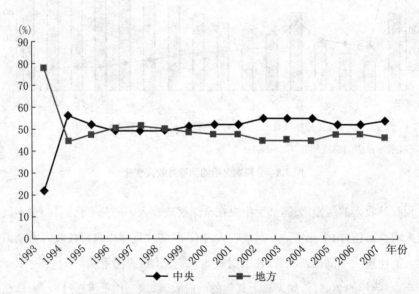

资料来源:《中国财政年鉴》(2008年)。

图3.10 分税制之后的中央和地方财政收入比重

财政体制改革的成功理顺了中央和地方政府间的关系,这也是后来各项改革顺利推行的前提条件。20世纪90年代中后期的各项改革是非常激进的,党的十四届三中全会《关于建立社会主义市场经济体制若干问题的决定》中，规定将原有四大国家专业银行转变为国有独资商业银行，同时增加其他非国有的股份制银行，并且对其他非金融机构也进行了相应的改革，由于政策性的专业银行转变为商业银行，不能再以行政手段来控制贷款规模，割断了银行与国有企业、银行与地方政府之间的关系，地方政府不能利用原有的银行体系为当地的国有企业融资，地方的预算软约束得到一定程度的控制。另外一项与地方政府密切相关的改革也在进行，1993 年决定在国有企业中建立"产权清晰、权责明确、政企分开、管理科学"的现代企业制度，1997 年中共十五大开始着手对国有企业进行股份制改造，除极少数垄断行业外，其他所有企业都在此改革之列。而随着国有企业的改革，原来富余的劳动力问题显现出来，据估计有 1/3 的国企职工要进行下岗分流，借鉴上海市 1996 年"再就业中心"的经验，1997 年在全国推行国企职工下岗分流改革，减轻国有企业的负担，但却增加了地方政府的负担，例如下岗人员所需的最低生活保障由各地方政府的财政负责，列入当地的财政预算，到 1998 年地方政府负担了全国 235 万人的最低生活保障支出（吴敬琏，1999，第 255 页）。国有企业股份制改革和金融系统的改革都使得地方政府可控制的资源减少，原本划归地方政府管理的国有企业在经过改革之后，成为独立的经济决策主体，同时大量的富余劳动力下岗分流也增加了地方政府的负担，然而这一改革并没有遭受地方政府的强烈抵制，反而非常顺利地在全国范围内展开，这是因为 1994 年分税制调整了央地之间关系，地方很大一块财政收入要依赖于中央的转移支付（税收返还），中央政府可以利用该资源对那些支持改革的地方给予奖励。

二、新一轮的地区战略的调整

改革开放初期针对沿海地区的倾斜性政策不可避免地使得地区之间的差距扩大，增量改革使得这些地区在国际贸易和私有企业的发展方面都领先于内陆其他地区，在 1994 年至 1998 年间珠三角的三省出口量占全国的 46％，而东北和北部沿海地区的七省市则相对落后了，其出口份额从 1978 年的 39％下降到 1994—1998 年间的 23％，2005 年进一步下降至 19％，而长三角的三省市在改革开放初期就是出口的重要组成部分，到 2005 年重新获得了这一优势，其出口份额是这些地区最多的。

表 3.4　各地区的出口份额

	1978 年	1994—1998 年	2005 年
珠三角	16	46	36
长三角	34	21	38
东北和北部沿海	39	23	19
其他地区	11	10	7

注：珠三角包括广东、福建和海南；长三角包括上海、浙江和江苏；东北和北部沿海包括辽宁、吉林、黑龙江、北京、天津、河北和山东。

资料来源：Naughton，2007，p.397。

地区之间的差异在 GDP 总量上反映得非常明显。在沿海制造业飞速发展的同时，工业衰退最明显的是传统的东北老工业基地，其工业份额从 1980 年的 16.1％下降至 2002 年的 8.6％（Naughton，2007，p.333），如果我们将全国分为东中西三大地区，自改革开放以来东部的 GDP 份额一直在扩大，从 1980 年的 50.15％增加到 2006 年的 59.68％，而同期中部和西部的份额均保持下降趋势，西部的 GDP 份额从 1980 年的 20.24％下降到 2006 年的 17.14％，而中部的下降幅度最大，相应从 1980 年的 29.62％下降到 2006 年的 23.19％，"中部陷落"成为典型事实。这一趋势在 2006—2007 年间有所缓和，2007 年中西部的 GDP 份额都有小幅度上升。

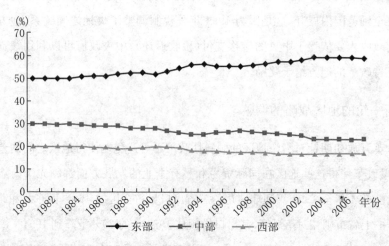

资料来源：《中国统计年鉴》(1981—2007 年)。

图 3.11　地区间的 GDP 份额

如果要素市场充分发达的话,地区之间在总量经济上的差距不会成为一个大的问题,在人口可以自由流动时,那些经济发展较快的地区的人口流入会更多,而落后地区的人口总量将下降,这样人均意义上的经济差距将随着人口的自由流动而极大地缓和。中国20世纪80年代的改革是增量改革,传统的领域并没有涉及。20世纪90年代的改革虽然开始涉及传统部门,如贸易、财税和金融等等,但是要素市场的改革并没有随之推行。虽然显性的劳动力户籍限制不存在,即户籍不会限制劳动力的流动,但隐性限制一直存在,特别是与户籍相关的社会保障体系是严重的地区分割,不同地区的社会保障不可以随着劳动力的流动而转移。这也严重限制了劳动力的流动,特别是农村劳动力向城市的转移。到目前为止从内陆农村成功移民到东部沿海城市的劳动力非常有限,因而也无法实际分享东部的经济增长。另外,土地要素市场的改革也没有彻底推行,在土地的所有制上依然保持公有性质,同时地区间的土地配置也没有展开,东部地区的土地收益比内陆地区要高很多,但其土地供给指标也越来越受限制。正是由于要素无法自由流动,使得总量上的经济差距直接反映到人均意义上的差别,例如以2004年为例,最富裕的上海的人均GDP是最贫穷的贵州的10.8倍,而前者的GDP总量仅为后者的4.8倍,因而可以设想如果在人口可以自由流动时,两者在人均意义上的差距应该比总量上的差距要小。

经济发展的差异也直接反映在政府的财力差异上,即使在分税制的框架下,地方的财政收入也是与当地的经济发展密切相关,因而那些欠发达地区的财力基础十分薄弱,2004年开始在吉林等8省份试行农业税免征,2005年推广到22个省份,到2006年在全国范围内取消农业税,农业税的减免对于内陆地区,特别是欠发达地区的影响巨大,进一步削弱了欠发达地区的财力基础。同时,分税制中强调事权下放,大部分的地方性支出都由地方政府负担,这样的结果是发达地区在完成本级支出后还有大量的盈余用来进行经济建设,而落后地区的财力则无法保证本地正常的开支。另一方面,分税制改革使得中央的财力大增,1994年之后的数次调整也是朝着增加中央财力的方向迈进,而中央本级政府支出仅负责一些全国范围内的公共开支,如国防、外交等。因而从1994年开始中央的财力就有大量的盈余,不过为了能够使得财税改革得到地方政府的支持,在改革的初始阶段,中央将大量向下级政府的转移支付以税收返还的形式给予了发达地区,因而早期的欠发达地区的财政窘境并没有得到缓解。

分税制的初始方案中曾规定建立按公式进行中央对地方的财政转移支付,将约占中央财政收入的20%转移给欠发达地区,以便缩小地区间政府服务水平的差距。这一方案的真正实施是从1999年才开始的,虽然中央在递增的分享税中占有更大的比重(70%),但要经过一定时间之后,中央的财力才会出现真正的盈余,1999年中央全部财政支出为8 238.94亿元,其中本级政府支出4 152.33亿元,两税返还2 120.56亿元,剩余的1 966亿元用来对欠发达地区进行补助,占当年中央财政支出的23.9%。中央对落后地区的转移支付主要是要解决这些地区的财力困难,以使得不同地区的基本公共服务均等化,促使落后地区增加在教育、医疗等具有外部性方面的投资,从普通转移支付系数(中央对地方普通转移支付①资金总量/地方标准收支差额)来看,1995年中央财力对于缓解地方基本财政困难的力度非常小,仅为4.2%,而到2005年地方财政缺口有一半已经由中央补齐,这也说明就基本公共服务均等化而言,中央是有足够的财力达到这一目标的,并且我们从图3.12也发现,中央真正大力补助落后地区是从2001年开始的,在1995—2001年间地方的入不敷出的现象依然严重。

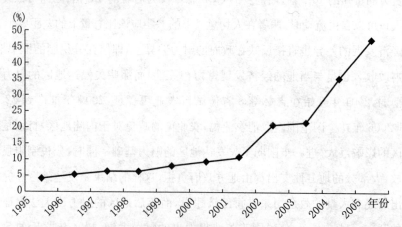

资料来源:李萍:《中国政府间财政关系图解》,中国财政经济出版社2006年版,第71页。

图3.12 普通转移支付系数

---

① 普通转移支付是一般性转移支付的主体,按照各地区的收支缺口来计算,再乘以转移支付系数,即(标准支出-标准收入)×转移支付系数=普通转移支付量,而标准支出是指地方的经常性支出,主要是政府部门的公检法、教育、离退休、卫生、农林水利等部门。

而随着 1999 年"西部大开发"战略的实施,中央对内陆地区的转移支付已不仅仅停留在公共服务均等化的目标上,而是希望通过转移支付直接促进内陆地区的经济增长。2000 年国务院正式颁发的《关于实施西部大开发若干政策措施通知》,针对重庆、四川、贵州、云南、西藏、陕西、甘肃、宁夏、青海、新疆、内蒙古、广西 12 个省、市、自治区进行重点扶持,加大对西部地区的基础设施建设的投资力度,同时大型的重点项目也向西部倾斜,在原有的基础之上增加对西部地区的财政转移支付,特别是在专项转移支付方面向这些地区倾斜。通过改善基础设施和实行税收优惠政策,鼓励企业进驻西部地区,例如所得税按 15％的税率和"两免三减半"政策,对外资企业免征关税和进口增值税,同时对于公共设施占用的耕地免征耕地占用税,鼓励西部地区开展出口贸易。

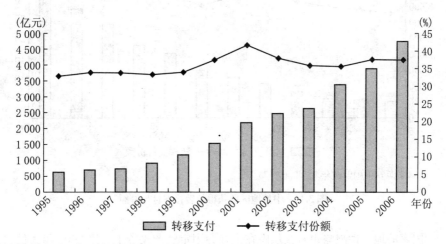

资料来源:《中国财政年鉴》(2007 年)。

图3.13　西部地区所获得的转移支付与份额

可见,中央对于"西部大开发"与 20 世纪 80 年代针对东部的发展策略是不一样的,20 世纪 80 年代沿海地区优先发展,中央的支持是"给政策",而中央在西部不仅仅是"给政策",还直接给"资金",重大的基础设施由中央直接投资,同时在财力上给予这些地区更多的照顾。1995 年,西部省份所获得的转移支付占全国转移支付的 32.9％,2001 年这一比重上升至 41.6％。

到 2003 年,这一地区性战略演绎成为中央政策的重点,"振兴东北老工业基地"和"中部崛起"等战略相继出台。这些战略的具体措施与"西部大开发"类似,目标主要是为了促进这些地区的经济发展,以实现区域经济的均衡发展,中央同样将大量的财力转移给这些地区。其中,中部地区所获得的转移支付从 1995 年的 26.2% 上升至 2006 年的 34.5%,同期东部地区不再是中央重点考虑的对象,虽然税收返还的数额没有下降,但是东部所获得的份额急剧减少,从 1995 年的 40.8% 下降到 1996 年的 28.2%。地区之间在转移支付上的份额变化,也直接说明中央的财政政策已经从过渡时期的妥协转变为现阶段的自主决策。

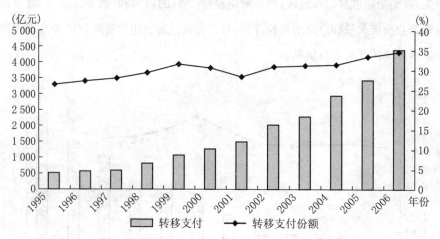

资料来源:《中国财政年鉴》(2007 年)。

图 3.14 中部地区所获得的转移支付与份额

国家的地区性战略也直接反映在全社会固定资产投资上。以 2007 年为例,各省固定资产投资中由国家预算资金安排的部分,西部地区普遍高于东部地区,国家预算资金占当地投资比重西藏最高为 75.4%、青海为 12.8%、新疆为 12.2%,其余地区也接近 10% 的水平,而东部地区基本在 1%—2% 的水平,东三省和中部省份介于两者之间,为 5%—10%。

第四节 分权与发展战略随行

在计划经济年代,中国在 1953—1964 年间基本还是保持了之前的地区性战略,虽然加大了对内陆地区的投资,但沿海地区的投资也在增长,大部分的工业基础还是以东部地区为主;而从1964年开始,出于备战的考虑开展了十几年的"三线建设",这一时期的投资几乎全部在内陆地区,特别是大西北和大西南省份,甚至将沿海的很多工业企业搬迁到内陆省份,剩下的企业则在省内向腹地分散,因而该阶段的地区性发展战略在一定的程度上削弱了沿海的比较优势,起到了地区均衡的作用。而到了改革开放时期,中国的经济形态与苏联有很大的差异,中国各省形成了相对独立和完善的工业体系,即整个国家是一种M形的组织形态,而苏联是"条条"的U形组织,相比于苏联,中国的集权不是那么严重,中央只负责大约600种商品的计划,而苏联有近60 000种商品的生产计划。在生产组织方面,最高层(中央政府)和最底层(企业)的权力不大,主要的决策权在省和地方政府。

之所以中国的组织形态与苏联产生差异,主要原因还是两者在实行计划经济初期就不同。新中国建立初期,中国还是一个以小农经济为主国家,除了沿海地区之外,其他内陆省份的工业基础非常薄弱,并且交通和通信不发达,这种情况下中央无法控制所有的企业,不得不将权力下放给各地方政府,通过激励的方法促使这些地区进行工业化建设。经过1958—1961年的第一次分权和1969—1978年的第二次分权,中央鼓励各地方政府发展自己的经济体系,于是在同样经历渐进式改革的过程中,中国与苏联的改革成效也随之出现差异,在M形的组织框架内,进行试验性的改革不至于遭受巨大的阻力,因而相对而言行之有效,而在U形组织内部,各地方都是该组织的一个环节,各地区之间相互依赖,无法进行增量改革,渐进式的改革也就无法在这一体系内部开展。

1978年开始的改革开放首先惠及沿海地区,这些地区拥有良好的地理优势,并且也有进行海外贸易的传统,在增量改革的大背景下,利用当地的廉价资源(劳动力、土地和税率等)和全球产业转移的机遇,沿海地区的经济开始快速增长。在这种增量改革取得成功之后,中央将优惠政策推广到全国,从珠三角到沿海,再到沿江和省会城市,再到全国所有省份,于是在产业结构上也形成了以沿海地区作为领先的"雁阵模式"。由于经济增长具有典型的规模报酬递增规律,沿海与内陆的经济差异也随之扩大,区域均衡发展是中央政府面临的难题,到了1999年开始实行针对落后地区的"西部大开发",2003年和2004年又分别实施了"振兴东北老工业基地"和"中部崛起"战略，以通过政策上的优惠条件和中央的财力扶持，促进这些地区的经济快速增长，以起到平衡区域经济发展的作用。

地区性战略的数次调整都与当时实施的财政政策密切相关。财政政策是中央和地方政府之间的一个主要关系，既要保证地方政府有充分的积极性配合中央的各项战略调整，又要保持基本的预算平衡。在计划经济年代的两次大的分权时期，为了能够使得地方政府建立完备的工业体系，配合当时的重工业化战略，中央将大量的企业下放给地方政府，其中很大一部分收入也划归当地支配，同时将各项事权也交给地方政府，但这一时期的财政政策还是以统收统支为主要特点的。到了20世纪80年代，为了能够使得地方政府积极开展国际贸易和发展本地经济，中央开始实施财政的包干制。这一政策意味着地方政府将从经济发展中获得更多的财政收入，在按照规定上缴中央之后的财政收入可以留作本地的经济建设，但由于过度放权和设计的不合理，地方政府通过各种途径隐瞒自身的实际收入，以减少上缴中央的部分。中央的财力在这一时期被严重侵蚀，同时各项改革也开始遭受地方的抵制，地方政府出于财政收入动机重复建设、分割区域市场，使得宏观经济不稳定，屡次出现恶性通货膨胀。

于是1994年开始了分税制改革，重新划分中央和地方的收入，将原来的收入共享改为税收共享，并且将主要税种在中央和地方之间共享，降低了地方政府隐瞒收入的激励，同时分设了国税局，用以征收属于中央的固定收入和共享收入，经过一系列改革，两个比重——财政收入占GDP的比重和中央财政收入占全国财政收入的比重——都提高了，其中增长迅速的是中央的财政收入。分税制改革调整了央地之间的关系，在这种财力的约束之下，地方政府不再像以前那样抵制中央的政策，央地之间达成了某种激励兼容，于是在20世纪90年代中后期开展了一系列非常激进的改革，涉及国企、金融、外贸等等，而这些改革本身也牵涉到地方政府的利益，但却非常顺利地得到地方政府的配合和支持。

1999年开始的倾斜于内陆地区的战略调整，不再是20世纪80年代简单的"给政策"，而是中央直接参与当地的经济建设，通过垂直投资改善内陆地区的基础设施，通过一系列的财政转移支付增加欠发达地区政府的财力，缓解这些地区的财政困境，同时通过针对性的转移支付项目来达到中央的目标，在一定的程度上缓解地区之间的经济差距。

　　本书在接下来的几个部分将首先考察中央和地方的放权与集权的综合效果，分权一方面带来了经济增长，另一方面也产生了结构性矛盾，地区差距、城乡差距急剧扩大，市场分割严重等等；接着将考察在 1994 年以后财权集中之后，中央通过转移支付来平衡地区经济差距的效果如何，特别是这种转移支付是否使得欠发达地区获得了经济增长的潜力，以及转移支付在促进市场整合上的外部性和其导致的负面作用。

第四章

向地方分权的底线

第一节　分权理论与实证的矛盾

如果以 1978 年作为改革开放的起点,到 2008 年刚好经历了整整 30 年的改革开放历程,这一历程带来的成果是显而易见的,GDP 增长了 14 倍,年均增长速度接近 10%;城镇居民可支配收入和农村居民纯收入增长了 6.7 倍;贫困人口从 1978 年的 2.5 亿减少到 2006 年的 2 148 万(吴敬琏,2008)。但是伴随着经济开放过程的还有负面产出①的增加,比如城乡收入差距和中西部地区间差距的持续扩大、公共服务供给不足、国内市场分割严重、重复建设和效率损失(Zhang and Zou, 1998;周黎安,2004;王永钦等,2007)。国家"十一五"规划明确提出要构建和谐社会,从而经济发展的目标就不仅仅是片面地追求 GDP 的最大化,而是在保证 GDP 快速增长的同时降低经济增长带来的负面产出。

改革开放初期的经济增长绝大部分归功于制度上的改革,农业部门的改革使得家庭重新作为最基本的生产单位,制造业部门引入了物质激励和真实价格,以及民营经济的出现等等,政府在这一阶段逐渐从经济生产中退出,给予经济发展主体充分的激励(Lin, 1992;Perkins, 1988)。后来的研究发现地方政府在经济中发挥了很大的作用,比如各地都加大了对基础设施的投入和外资的引入,这些直接促进

---

① 这里的负面产出是指我们不需要的产出,这些产出的增加会降低国民福利,比如环境污染等。

了当地的经济发展,以往的理论无法解释地方政府的这种激励,特别是无法解释为何中国的地方政府有如此高的热情来参与经济活动。

早期用来解释地方政府介入基础设施投入的理论,大部分都认为向地方政府分权能够提高公共品的提供效率,比如 Oates(1985)认为财政分权使得地方政府更有激励加大对基础设施的投入,这直接促进了各地的经济增长;特别是考虑到公共品的供给,地方政府具有更准确的信息,居民的"用脚投票"的机制使得地方政府能够提供优质的公共品(Tiebout, 1956)。各地居民对公共品的偏好和需求量是有差异的,中央政府提供的公共品无法满足这种异质性,地方政府提供公共品的效率更高(Stigler, 1965)。因而为了使得公共品的提供具有更高的效率,适当的经济分权是必要的(Musgrave, 1959)。但是分权也是有成本的,分权越彻底,地区之间在公共品提供以及经济发展上的规模经济就越低,反之,如果越集中,则中央政府无法协调满足各地的差异性,因而适宜的分权应该是在规模经济和满足差异性之间进行权衡(Oates, 1972)。

但是上述的分权理论并不适用于发展中国家(Bardhan, 2002),因为发展中国家的地方政府往往并不是以公共福利作为目标的,地方政府的官员有其自利的动机(Qian and Weingast, 1997;Garzarelli, 2004),与上述理论的激励基础完全不同。中国从 20 世纪 80 年代正式开始的经济分权是伴随着政治考核的集中化,经济的发展成了考核地方官员的唯一指标,因而传统的对地方政府的说教行为就转换成为了"标尺竞争"(张军等,2007),甚至是一种"政治锦标赛"(周黎安,2004)。政绩考核的标尺使得地方政府有激励发展经济,加上经济分权,中国逐渐形成了"市场维持型的财政联邦主义"(Jin et al., 2005),各地争相通过改善投资环境来吸引外资,如加大对基础设施的投入,地区间的竞争也加大了各地援助国有企业的成本,因而硬化了地方政府的预算约束。

实证方面关于财政分权和经济增长的研究还处于起步阶段(Bardhan, 2002),大部分的研究都支持中国的财政分权促进了经济发展(Ma, 1997;Lin and Liu, 2000;乔宝云,2002),反面的证据也是存在的,Zhang 和 Zou(1998)认为财政分权使得地方政府减少了具有外部性的公共品的投入,从而降低了经济增长,陈抗等(2002)则认为 1994 年的分税制改革使地方政府从"援助之手"变为"攫取之手",进而损害经济效率,而胡书东(2001)的研究则没有发现财政分权和经济增长之间有必然的关系。

但是以往的大部分研究仅在论证财政分权是否能够带来 GDP 的增长,没有实证文献来关注财政分权的负面作用,虽然有一些理论性的探讨,但没有研究试图把财政分权的正面产出和负面产出放入同一个框架下衡量。史宇鹏和周黎安(2007)利用计划单列市的数据来计算财政分权的效率,但是他们也没有将负面产出放入同一个框架;陈诗一和张军(2008)利用西方政治学的逻辑认为政府的目的是公共服务的最大化,不过这一假设过于强硬,中国地方政府的目标是产出的最大化而不是公共服务的最大化;郑毓盛和李崇高(2003)利用 DEA 的方法计算了一个效率值,并进行分解,以此来解释市场分割带来的效率损失,不过同样在计算效率的时候仅考虑正的产出,并没有把负面产出纳入考虑范围之内。学术界希望能够构建一个指标可在和谐社会的背景下,对各地的经济发展提供一个客观、综合的评价。

本章试图在以下几个方面进行拓展:(1)在同一个框架下面去考虑财政分权的正面产出和负面产出,在此框架下面对每一年的每一个省份赋予了一个综合的效率指数,该指数反映了该省在这一年相对于最有效的省份的产出效率;由于在指数的计算时已综合考虑了经济体的正面产出和负面产出,这里的效率值相对于郑毓盛和李崇高(2003)计算的效率值更具有无偏性,因而效率值的大小也表示各地分权的效率程度;(2)相对于传统的 DEA 方法,这里采用的方法克服了径向(radial)的缺点,所有的效率值本身包含了该决策单元(省)的松弛量(slacks)的大小,这使得本方法的效率值在方法论上更加科学;(3)从计算结果来看,效率前沿的地区呈现动态变化,特别是沿海地区越来越重要,而传统的老工业地区(如东北)则逐渐滑为没有效率的部分;同时,还发现分税制降低了财政分权的作用,不过对外开放可以减少政府在经济中的作用,这给今后的发展提供政策建议。

第二节　分权到底带来了什么

中国的财政体制基本可以划分为三个阶段:改革开放前、1983—1993 年的过渡阶段和 1994 年后的稳定阶段(Jin et al.,2005)。1979 年之前的财政体制被称为"统收统支",所有的财政收入和支出都由中央政府控制,各级地方政府没有自己的财政预算,这一体制被延伸到国有企业和集体企业,比如有超过 80% 的财政收入由地方政府从辖区内的国有企业征收,这一时期的财政体制只是整体的计划经济体制的一个组成部分。1980 年后出现的乡镇企业和私营企业开始改变原有的财政体制,这一时期的财政体制又被称为"财政承包制",地方政府和中央政府之间是一种合同关系,即所有的收入分为中央享有、地方享有、中央和地方共同享有三类,虽然初始规定的合同期限为 5 年,但由于处在实验阶段,早期的合同条款经常变更,特别是在 1982—1983 年期间,这一体制从 1985 年开始逐渐稳定,引入了收入税来代替原有的上缴利润,因而新体制是基于税收类别而不是所有制类别。1994 年的"分税制"替代了"财政承包制",地方政府的财政收入只跟地方税收有关,在最大税种的增值税分成比例上,"分税制"规定各地都享有 25% 的比例,这一规定使得各地在分享比例上不存在大的差异。

不论是早期的"分灶吃饭"还是后来的划分税种,财政体制的改革都是逐渐向地方政府进行分权,给予地方政府一定的经济激励使其变为"援助之手"而不是"攫取之手"(Shleifer and Vishny, 1998)。但是仅有经济激励并不构成地方政府发展经济的全部激励,垂直型的政治考核机制才是最主要的激励,20 世纪 80 年代初的财政分权改变了以往对官员进行的政治考核,而以地方的经济指标作为唯一标准(Li and Zhou, 2004),各地政府官员都以 GDP 作为主要目标,以此来达到政治晋升的可能。上级政府也有意利用这种政治机制促进各地的经济发展,比如改变任期和异地交流(徐现祥等,2007;张军、高远,2007)。

政治上的"标尺竞争"最终还是通过 GDP 的竞争来达到的,因而如果以 GDP 来衡量中国的政治改革和财政分权,无疑是取得了巨大的成功,但是这种有偏的激励必然会带来有偏的结果。比如在改革开放的初期,各地的经济状况有巨大差异,沿海地区的工业比重较内地省份要高,而对农业进行征税的成本又比工业高,因而各地都更倾向于向工业征税。在财政分权之前,各地的收支与本地的经济状况没有关系,因而各地的基础设施与当地的经济禀赋不存在明显的关联,但财政分权使得各地支出与当地经济状况挂钩,那些工业比重较高的省份的税收总量要比其他省份多,因而有更多的资源可以用于基础设施的建设(张军等,2007)。财政分权会带来各地在基础设施的质量和数量上的差异,进而影响各地的投资水平以及吸引

FDI 的能力,最终造成各地经济发展水平的差异。同时由于征税成本的差异,农业禀赋高的省份为了维持当地政府的运转,不得不向当地的工商企业以更高的税率征税,这进一步使得当地的资本流向其他经济发达地区,恶化地区间原有的经济水平差距,而这些与当地的政府努力水平是无关的,仅仅是因为初始条件的存在差异,而财政分权进一步扩大了地区间的这种差距(Zhang,2006)。

经济指标考核的唯一性使得各地都争相投入那些回报较高的行业,1994 年开始的分税制改革又使得各地的财政收入主要取决于增值税,而该税收与工业的发展水平直接相关,这进一步加剧了地区间的竞争(Jin et al.,2005)。经济竞争在带来各地经济飞速发展的同时,本来可以通过区域合作避免地方保护主义,但是由于政治竞争更像"锦标赛"(周黎安,2004),这使得各地政府不愿意与其他省份合作,重复建设和地方保护主义在双重竞争条件下反而是地方政府的最优反应[①](陆铭等,2004),但是很明显的是,这种个体的最优选择造成了集体的效率损失。比如国内市场的分割程度甚至大于欧盟内部的分割程度,各省与外国的贸易流甚至大于与临近省份的贸易往来(Poncet,2003b),这使得中国的国内市场呈现一种"零碎分割"的状态(Young,2000)。

1978 年之前的经济发展逻辑基本是把重点放在工业,奉行的是霍夫曼的重工业优先发展战略,忽略农业的发展甚至以工农产品之间的价格"剪刀差"来补贴工业,这造成了农业的滞后(林毅夫等,1994)。改革开放初期,家庭联产承包责任制和价格"剪刀差"的缩小缓解了城乡之间的差距,但是这一过程到 1985 年就结束了。随着财政分权的进行,地方政府的目标逐渐以单一的 GDP 为核心,加上工业品的增加值要远大于农产品,各地都把大部分的资源用于工业和城市的发展,对农业和农村的投入严重不足,这进一步恶化了原有的城乡差距。改革开放之前的城市倾向政策随着财政分权重新过渡到现在,为了扩大工业附加值,各地都充分享受低廉的劳动力成本带来的好处,因而没有动机来放宽户籍制度,至少城乡间隐性的

---

① 当然这种反应还可能是地方保护的主要是未来能够带来巨大收益的行业,比如高科技产业(陆铭等,2004),但是很明显的是,中国的地方保护主义是从原材料到产品的整个生产链,比如典型的烟草行业,其地方保护主义很大,因为该行业能够给地方财税做出巨大贡献(Zhou,2001),有时候即使是亏损的行业也存在过度投资(周黎安,2004)。

制度障碍始终存在(Yang, 1999；Yao, 2000)；城市倾向的政策还使得地方对农村的公共投入严重不足，特别是在国家把教育类的支出下放到县甚至县以下，这些公共投入的不足又进一步扩大未来的城乡差距(陆铭、陈钊，2004)；同时，金融系统也存在城市倾向，限制了当地农业的发展，扩大了城乡差距(Yang, 1999)。

即使是在城市内部，由于财政分权导致地方政府更加倾向于生产性的支出，而不是公共品的支出。虽然从长期来看，公共品支出能够促进经济的发展，但是这种效应在官员本身的任期之内是无法体现的，至少没有生产性投入的边际回报大。财政分权赋予各地政府对支出的控制权，加上以 GDP 为核心的考核体系，地方政府都有充分的激励来投资生产性的基础设施，以此来吸引投资，促进当地经济的发展。因而 1985 年之后中国基础设施的整体水平和增速都明显提高了(张军等，2007)。随着基础设施投入的增大，公共服务性投入的比重开始下降，比如从 1992 年以来，预算内教育经费占 GDP 的比重一直维持在 3% 以下(傅勇、张晏，2007)，公共医疗类的支出也明显偏低，造成了"看病贵"和"看病难"的问题。

财政分权带来的效果是明显的，但同时很多的负面产出也开始出现。财政分权放大地区之间初始禀赋的差异，再加上地理优势，沿海地区和内陆地区的区域经济差距随之扩大；政治"锦标赛"的竞争模式使得各地各自为政，区域之间缺乏合作，国内市场被分割成零碎的"诸侯经济"；财政分权还强化了城市倾向的经济政策，包括公共品的投资、金融体系以及分割的劳动力市场，而这些都在加剧城乡之间的收入差距；即使在城市内部，大部分的财政资源被用于生产性的投入，公共品的投入也严重不足。因而，财政分权的作用就不能仅通过经济增长来衡量，如何综合来衡量财政分权给各地带来的效率改善是一个亟待解决的难题，分权的作用会随着地区和经济发展产生变化，一些地区的分权还不够，但另一些地区则可能越过了分权的底线。

第三节 分权效率的测算

一、效率测度的方法

在涉及多投入多产出的项目评价时，传统的计量方法无法胜任，这时候就需要采用 DEA(data envelopment analysis)的方法,有时也称为包络分析或前沿分析,如这里,政府的行为不仅仅对当地的 GDP 产生影响,还将对公共投资以及其他的结构性产出有作用,因而需要用到 DEA。该方法最早由 Farrell(1957)提出,后来由 Charnes、Cooper 和 Rhodes(1978)扩展得到基本的 CCR 模型,用来评价决策单元的相对效率(relative efficiency),该方法通过线性规划构造一个前沿面,再将决策单元与此前沿面进行对比,得到各单元的相对效率,相对效率小于 1 的部分则是该单元可以进行改进的余地。由于不需要事先设定模型的具体形式,因而避免了计量方法的主观性偏误,更适用于对多投入多产出的效率评价。

该方法假定有 n 个决策单元,每个单元有 s 种产出和 m 种投入,用 y_{rj}/x_{ij} 代表第 j 个单元的 r 产出和 i 投入。由于多投入和多产出,人们便用"价格"作为度量因素,并对每一投入产出指标加以适当的权重,最后计算出一种加权形式的综合投入产出比。定义 $h_j = \dfrac{\sum\limits_{r=1}^{s} u_r y_{rj}}{\sum\limits_{i=1}^{m} v_i x_{ij}}$ 为 j 单元的产出效率,即产出的加权平均除以投入的加权平均,其中 $u_r > 0$, $v_i > 0$ 是未知的参数,也即一般意义上的权重,不过由于价格体系和评价者的价值倾向可能不合理,往往使评价的客观真实性受到很大影响,DEA 方法的产生为我们在解决这一类问题,即在进行多投入多产出的效率评价时,提供了一种较为客观而科学的方法。决策单元 j_0 的相对效率可以通过求解式(4.1)得到:

$$\max_{u,\,v} h_{j_0} = \frac{\sum\limits_{r=1}^{s} u_r y_{rj_0}}{\sum\limits_{i=1}^{m} v_i x_{ij_0}}$$

$$\text{s.t.} \quad \frac{\sum\limits_{r=1}^{s} u_r y_{rj}}{\sum\limits_{i=1}^{m} v_i x_{ij}} \leqslant 1 \tag{4.1}$$

$$v \geqslant 0,\ u \geqslant 0$$

$$j = 1, 2, \cdots, n$$

其中：约束条件保证了效率值不大于 1，不过通过式(4.1)求解的 u 和 v 可能有多个解，为了保证解的唯一性，通过 Charnes-Cooper 转换因子，式(4.1)可以转换成一个线性规划以及其对偶式：

$$
\begin{aligned}
&\max_{u,v} u^T y_0 = v_p \\
&\text{s.t.} \quad v^T x_j - u^T y_j \geqslant 0 \\
&v^T x_0 = 1 \\
&v \geqslant 0,\ u \geqslant 0 \\
&j = 1,\ 2,\ \cdots,\ n
\end{aligned}
\qquad 和 \qquad
\begin{aligned}
&\min_{\theta,\lambda} \theta = v_D \\
&\text{s.t.} \quad \sum_{j=1}^{n} \lambda_j x_j \leqslant \theta x_{j0} \\
&\sum_{j=1}^{n} \lambda_j y_j \geqslant y_{j0} \\
&\lambda_j \geqslant 0,\ \theta \leqslant 1 \\
&j = 1,\ 2,\ \cdots,\ n
\end{aligned}
\qquad (4.2)
$$

当式(4.2)中的 $\theta = 1$，同时 $\lambda_j x_j = \theta x_{j0}$，$\lambda_j y_j = y_{j0}$，该单元是有效的。式(4.2)同时还要求产出的个数要小于决策单元的个数。由于求解上的方便，后来的 CCR 模型基本是这种模式或者其变形。

CCR 模型是 DEA 的第一个模型，假定了规模报酬不变(CRS)以及从投入角度(input orientation)进行计算，后来很多研究逐步放松了这两个假设，得到可变规模报酬(VRS)和产出角度(output orientation)的模型，比如 BCC 模型等。

不过基于 Farrell(1957)年效率测度思想的 CCR 模型和 BCC 模型都是径向的，即从原点出发的射线，这种度量的致命问题是它的强可处置性，即前沿面有时会平行于 x 轴或者 y 轴，这确保了效率边界的凸性，但却造成了投入要素的拥挤(congestion)或松弛。

举例来说，图 4.1 给出了两投入一产出的生产，其中点 C 和点 D 是生产有效点，这两点的效率为 1，由这两点构成了这个生产的前沿面，而点 A 和点 B 是无效率的点。按照径向算法的思想，A 和 B 的效率分别是 OA'/OA 和 OB'/OB，其中 A' 和 B' 分别是对应 A 和 B 的技术有效点，即 A' 和 B' 的生产效率都为 1，当我们将点 A' 与点 C 进行对比时，可以在保证效率为 1 的前提下减少 x_2 的投入量，同样的情况也存在于点 B'，这就是投入松弛(input slacks)，当扩展到多产出时，产出松弛(output slacks)也会存在。

为了解决上述的松弛问题,Tone(2001)提出一个基于松弛测度的模型,该方法有两个优点:(1)投入和产出的单位不影响效率值,即为一个无量纲;(2)该效率值随着投入和产出的松弛严格单调递减。假设有 n 个决策单元,$X = \{x_{ij}\} \in R^{m \times n}$ 和 $Y = \{y_{ij}\} \in R^{s \times n}$ 分别代表投入和产出,两者都为正数,则其生产可能性集为:

$$P = \{(x, y) \mid x \geqslant X\lambda, \ y \leqslant Y\lambda, \ \lambda \geqslant 0\}$$

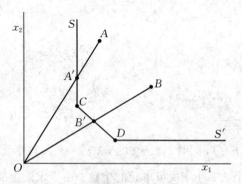

图 4.1 传统测度中的投入松弛问题

对某一特定的 DMU(x_0, y_0) 可表达成:$x_0 = X\lambda + s^-$ 和 $y_0 = Y\lambda - s^+$,其中 $\lambda \geqslant 0$,$s^- \geqslant 0$ 以及 $s^+ \geqslant 0$;s^- 和 s^+ 分别为投入过剩和产出不足,都称为松弛。基于这些松弛变量,Tone(2001)构造了一个指数:

$$\min_{\lambda, \, s^-, \, s^+} \rho = \frac{1 - \dfrac{1}{m} \displaystyle\sum_{i=1}^{m} s_i^- / x_{i0}}{1 + \dfrac{1}{s} \displaystyle\sum_{i=1}^{s} s_i^+ / y_{i0}}$$

$$\text{s.t.} \quad x_0 = X\lambda + s^-$$

$$y_0 = Y\lambda - s^+$$

$$\lambda \geqslant 0, \ s^- \geqslant 0, \ s^+ \geqslant 0.$$

(4.3)

其中:指数 ρ 是一个介于 0 和 1 之间的数,这就是基于松弛的 SBM 模型。目标规划的 ρ 的分子、分母分别测度了生产单元实际投入、产出与生产前沿的平均距离,即投入无效率和产出无效率程度。它与传统 CCR 和 BCC 模型的不同之处在于,SBM 把松弛变量直接放入了目标函数中,以此办法解决投入松弛性的问题。当上述线性规划中的,$\rho = 1$、$s^- = 0$ 和 $s^+ = 0$ 时,该决策单元是有效率的;当 $\rho < 1$、$s^- > 0$

和 $s^+ > 0$ 时，则为无效率。

上述的方法都认为更多的产出和更少的投入会带来效率的提高，考虑到本章研究的实际情况，当产出种类中有非期望产出，即增长这些产出会降低总效用，那么更多的产出可能并不代表效率更高。为了解决这类问题，我们把上述 SBM 模型扩展到区分好产出和坏产出，假设有 m 种投入，产出有 s 种，其中有 s_1 种好产出和 s_2 种坏产出①：

$$\min_{\lambda, s^-, s^+} \rho = \frac{1 - \dfrac{1}{m} \sum_{i=1}^{m} s_i^- / x_{i0}}{1 + \dfrac{1}{s_1 + s_2} \left(\sum_{i=1}^{s_1} s_i^g / y_{i0}^g + \sum_{i=1}^{s_2} s_i^b / y_{i0}^b \right)}$$

$$\text{s.t.} \quad x_0 = X\lambda + s^- \tag{4.4}$$

$$y_0^g = Y^g \lambda - s^g$$

$$y_0^b = Y^b \lambda + s^b$$

$$\lambda \geqslant 0, \ s^- \geqslant 0, \ s^g \geqslant 0, \ s^b \geqslant 0.$$

其中：向量 s^- 和 s^b 分别对应投入和坏产出的过剩，s^g 则是好产出的不足，该目标方程同样满足对 s^-、s^b 和 s^g 单调递减，目标值满足 $0 < \rho \leqslant 1$。按照前面相似的推论，当 $\rho = 1$，s^-、s^b 和 s^g 都为 0 时，该决策单元是有效的。

另一个传统的方法是将非期望产出转换成投入来处理（Scheel，2001），这在方法上是可行的，即将坏产出按照投入最小化的原则进行规划。于是，模型（4.2）扩展为：

$$\min_{\theta, \lambda} \theta = v_D$$

$$\text{s.t.} \quad \sum_{j=1}^{n} \lambda_j x_j \leqslant \theta x_{j0}$$

$$\sum_{j=1}^{n} \lambda_j y_j^b \leqslant \theta y_{j0}^b \tag{4.5}$$

$$\sum_{j=1}^{n} \lambda_j y_j^g \geqslant y_{j0}^g$$

$$\lambda_j \geqslant 0, \ \theta \leqslant 1$$

$$j = 1, 2, \cdots, n$$

---

① 该方法在环境效率的测度方面应用很广泛，比如 Zhou 等（2006）就采用该方法来衡量 1998 年至 2002 年间 30 个 OECD 国家的 CO_2 排放对环境的影响。

当 $\theta = 1$，同时 $\lambda_j x_j = \theta x_{j0}$，$\lambda_j y_j^b = \theta y_{j0}^b$，$\lambda_j y_j^g = y_{j0}^g$，该单元是有效的。

大部分的 DEA 模型都可以归结为四类:(1)径向和有测度角度的(oriented)，(2)径向和无测度角度的,(3)非径向和有测度角度的,(4)非径向和无测度角度的。这里的"径向"是指效率测度中主要关注固定比例增加或者减少产出(投入)，测度角度是指投入最小化或产出最大化。径向模型忽略了松弛的影响,因而在处理非期望产出时,非期望产出的松弛是不在效率测度中的。而投入或者产出角度则仅关注某一特定目标,因而只有非径向和无测度角度的模型才能考虑效率的所有方面,模型(4.4)就是非径向和无测度角度模型的一种(Cooper et al.，2007)。

将模型(4.4)和模型(4.5)进行对比是有必要的,直接的结论是模型(4.4)中的效率一般都小于模型(4.5),仅当前者的效率为1(即有效率)时,两者才相等。这说明模型(4.4)考虑了所有的无效率测度,而模型(4.5)仅考虑了纯粹的技术无效率。

二、指标的选取与基本的计算结果

当 GDP 成为政府考核的唯一"最优福利指标"时,中央政府的政治选拔不会有任何扭曲(钱颖一,2005),但是当地方政府的目标应该是多样化时,这种考核机制会直接带来地方政府努力配置的扭曲(Holmstrom and Milgrom，1991)。因而在1994年分税制之后,地方政府已经从"援助之手"转变为"攫取之手"了(陈抗等,2002)。具体来说,可以把中国财政分权的负面作用归结为三类:(1)城乡收入差距的持续扩大;(2)地区之间的市场分割;(3)公共事业的公平缺失[①](王永钦等,2007)。

由于农业增长普遍比工业增长慢,地方政府往往优先发展城市经济,加大对城市生产型基础设施的投入,压缩对农业的投入,这进一步扩大了原有的城乡差距。城市化倾向的经济政策还包括对农产品的价格"剪刀差"、限制劳动力的流动以及金融系统的歧视(李实,2003；Yang and Zhou，1996),如果再加上医疗、住房、教育等方面的城市倾向,城乡之间实际的收入差距更大。

财政分权会导致地方保护主义和重复建设,进而导致市场分割(周黎安,

---

① 按照前面的阐述,这里还需要考虑地区差距,但由于这里测度效率是将每一个省作为一个单独的单元,因而单元之间的差距无法在模型中考虑,所以这里我们舍弃掉地区差距。

2004)。中国国内市场到底是趋于整合还是分割起源于 Young(2000)的研究，Young 基于"生产法"认为中国国内市场是"零碎分割的"；Poncet(2002，2003b)基于贸易法得出各省的"边界效应"是上升的，认为中国的国内市场是分割的。后来有很多学者对此进行了研究，比如都阳和 Park(2005)认为 Young 利用价格差别的扩大来衡量市场一体化是不合适的，因为价格差别的增加也可能反映了贸易增加带来的拥挤成本，最后的结论是 Young 所提供的证据并不能支持他的结论。同样"边界效应"也不是一个稳健的度量，当两地间的商品有很大的替代弹性时，极小的价格变化都会引起贸易流的显著变化，但这些变化与市场分割无关(Parsley and Wei，2001a，2001b)。桂琦寒等(2006)利用各地商品价格指数构建了一个度量国内市场整合的指标，他们认为即使要素市场是分割的，只要商品是自由流动的，最终的产品价格将会收敛，同样，当商品市场是分割的，只要要素是可自由流动的，也能使得产品价格趋同，基于"贸易法"的度量难以控制规模经济和商品替代弹性的影响，而基于修正的价格法能够直接反映市场的整合程度。

分权使得地方政府追求单一目标，盲目扩大基础设施的投资，这必然会压缩对公共事业的投资(Démurger et al.，2002)，地方政府的这种非合作的纳什均衡可能是破坏性的，在资本自由流动而劳动力无法自由流动的情况下，对公共服务的支出将严重不足，而在劳动力主体能够充分流动时，就不存在对政府的锁定，他们不关注保护性的公共品，而是关注生产性的公共品(Heine，2006)。傅勇和张晏(2007)的实证研究发现中国的财政分权会带来对人力资本和公共服务的投资不足，有43.26%的省份的财政分权的加剧会导致科教文卫支出的减少。

由上所述，我们分别选取三个指标来代表财政分权的三个负面作用：

(1) 城乡收入比，该指标用来代表由于财政分权带来的城乡收入差距的扩大，城市收入是城镇居民可支配收入，农村收入是农村居民家庭平均每人纯收入，两者的比值即城乡收入差距。

(2) 市场分割，我们这里选取桂琦寒等(2006)构造的市场分割指数。虽然目前关于市场分割测度的方法和数据很多，但"价格法"所得到的数据是唯一具有一致性和面板数据性质的，因此才能满足本章研究的需要。

(3) 公共事业投资不足，这里的公共事业主要是指公共服务，而我国目前的主

要公共服务是教育和医疗等社会保障,我们用 1 减去各省财政支出中用于教育和医疗的支出比例,即:

$$公共投资不足 = 1 - \frac{教育医疗支出}{总财政支出}$$

我们可以简单将整个国家的生产设定为一个投入—产出过程,以上是效率测度中的坏产出(bad output),正面的产出即各省的 GDP。投入指标我们沿用郑毓盛和李崇高(2003)的方法,将资本和劳动作为投入品①,前者采用张军等(2004)计算的各省资本存量,后者利用各地的从业人员数。我们的样本是从 1985 年到 2001 年期间中国内地 28 个②省市的数据,之所以从 1985 年开始,是因为在 1985 年之前地方政府对其财政支出没有决定权(Qiao et al., 2008);由于这里基于 SBM 的非期望产出模型衡量的是一个相对效率,而每一年的前沿面(最有效的生产)都会改变,因而在测算跨年的效率值时,效率值已经包含了技术进步的因素,为了使得效率值跨年具有可比性,在具体的计算中,我们分年计算相对效率值的大小。

表 4.1 给出了本章的投入—产出指标的统计学描述。很多研究都指出 1994 年的分税制改变了中央政府和地方政府的依存关系,因而我们选取初始的 1985 年和之后的 1993 年,以及最近的 2001 年来考察;可以看出资本的投入一直是快速上升的,同时其横向差异也是扩大的;而劳动力历年来变化不大;GDP 平均水平是逐年增大的,从 1985 年到 1993 年扩大了 4 倍,而从 1993 年到 2001 年扩大了 3.12 倍,如果以变异系数(标准差/均值)来衡量绝对变化程度③,GDP 有趋同的迹象。城乡收入差距平均水平从 1985 年到 2001 年一直持续恶化。市场分割指数从 1985 年到 1993 年是扩大的,而 1994 年到 2001 年是缩小的,这说明国内市场在分税制后是趋于整合的,同时地方之间的分割程度趋同。公共投入方面的平均水平变化令人担忧,投入不足的现象持续恶化,1994 年的分税制加剧了这一趋势。这里得出的一个基本结论是:经济增长的同时伴随着负面作用的增大。

---

① 这里的投入指标只考虑决策单元可控的因素,对于不可控因素,如地理位置等则不在考虑范围之内,同样,那些不构成直接投入的因素也不作为投入要素,比如各地的利用资本的能力等。

② 其中重庆、海南和西藏由于数据不全而没有包括在内,这里是 28 个省市的数据。

③ 计算得到的 1985 年变异系数为 1.68,1993 年为 1.43,2001 年为 1.35。

表 4.1　投入产出指标的统计学描述

	变量	描　述	1985 年	1993 年	2001 年
投入	K	资本 （亿元）	321.13 （210.00）	755.73 （558.00）	2 146.33 （1 815.75）
	L	劳动力 （万人）	1 708.68 （1 049.48）	2 077.81 （1 280.33）	2 288.43 （1 493.04）
好产出	GDP	国内生产总值 （亿元）	299.95 （178.36）	1 195.81 （839.63）	3 726.14 （2 752.35）
坏产出	Ine	城乡居民收入比	1.83 （0.33）	2.72 （0.66）	2.82 （0.64）
	Seg	市场分割指数	0.12 （0.07）	0.33 （0.18）	0.10 （0.05）
	Edu	公共投入不足	0.74 （0.03）	0.74 （0.03）	0.78 （0.03）

注:括号中的为相应的标准差。

资料来源:资本数据来自张军等(2004),市场分割指数来自桂琦寒等(2006),其他数据来自《新中国五十五年统计资料汇编》。

利用表 4.1 中的数据,计算了 28 个省市 1985—2001 年间的效率值,从图 4.2 可以看出,全国平均的效率值历年基本维持在 0.6 左右,其中东部地区明显高于中

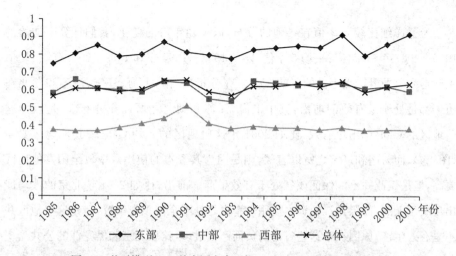

图 4.2　基于模型(4.4)的全国东中西部 1985—2001 年的平均效率值

西部地区,中部地区接近全国平均水平,西部地区的效率值最低。三大地区的差距随着时间的推移并没有出现明显的变化,由于这里每一年的效率值都是相对效率,因而可能说明了地区间的差距并没有随着改革开放的推进而缩小。当比较模型(4.4)和模型(4.5)的计算结果时,发现时间趋势上两者都相同,不管是基于非期望产出的计算还是传统的 CCR 模型,两者都表明三大地区间存在明显的差异,不过从图 4.3 可以看出,由 CCR 计算的结果整体上要高于模型(4.5)的结果,并且前者的地区差异要小于后者。

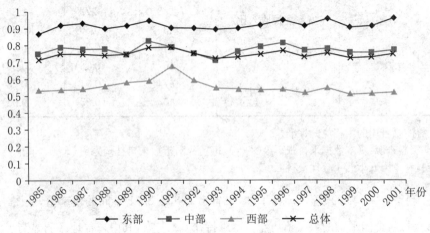

图 4.3　基于模型(4.5)的全国东中西部 1985—2001 年的平均效率值

为了详细比较效率值在各地的分布,以及随年份的变化,我们计算了初始的 1985—1987 年三年各省平均效率值,以及 1992—1994 年和 1999—2001 年,平均值主要是为了平滑特殊年份的影响。据研究分析,云南、上海、辽宁、江苏和湖北在历年都是处于最有效的前沿,其中上海、江苏和湖北之所以充分有效,是因为这些地区的 GDP 产出更有效,比如 2001 年这些地区的人均 GDP 较其他地区要高(图 4.4),而云南和辽宁之所以有效,则是因为其资本的使用效率较全国其他地区要高,但是仅此并不能保证该省处于有效生产的前沿,比如 2001 年北京的人均产出仅次于上海,而黑龙江的资本使用效率也是处于全国领先位置,但是这些地区并不是有效生产,原因在于这些省份的负面产出过多,比如北京和黑龙江的公共品支出比重过低。

可以看出,改革初期的效率分布还基本沿袭了计划经济的影响,除了南边由于较早享受改革开放好处的广东省和西部的云南省,有效的省份基本集中在长江三角洲—京津唐—东北,东北和京津唐主要还是计划经济下的重工业投资带来的好处;到了分税制前夕,随着改革开放的进一步推进,有效省份开始从京津唐—东北向东南沿海地方转移,这些地区有地理和政策上的优势,随着市场经济的确立,其生产更加有效;分税制并没有使得地区差距有明显的变化,不过广西原有的地理优势开始被临近的湖南替代,同时安徽的资本使用效率的进一步提高使得其跃居最有效的前沿。

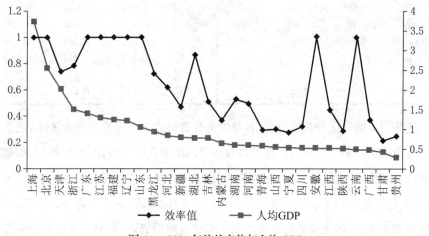

图 4.4　2001 年的效率值与人均 GDP

有效省份的原因基本是正面产出较大同时负面产出较小,但是我们依然无法确定无效生产的省份的具体原因,这些地区到底是因为生产过程中产出不够大,还仅仅是因为这些地区的负面产出太多了。在模型(4.4)中,我们假定对负面产出和正面产出同等对待,即两者的权重为1:1,如果改变权重,则会改变效率值的大小,如果权重变大即赋予负面产出更大的权重,则那些由于负面产出过多导致无效的省份,其效率值将降低,反之,如果赋予正面产出更大的权重,则那些由于正面产出过少的省份的值将降低,因而可以通过权重的变化来观察导致无效的具体因素。以2001年为例,我们按照0.3:1、1:1和3:1三种比例重新计算了效率值,从表4.2中可以明显看出,随着权重的变大,所有的省份的效率值都是变小的,这说明所有无效的原因并不是这些省份的产出不够有效率,而是负面产出过多导致的。

表 4.2　2001 年不同权重下的效率变化(权重为坏产出/好产出)

省　份	0.3 : 1	1 : 1	3 : 1	省　份	0.3 : 1	1 : 1	3 : 1
北　京	1.000	1.000	1.000	山　东	1.000	1.000	1.000
天　津	0.816	0.735	0.668	河　南	0.507	0.497	0.459
河　北	0.661	0.618	0.583	湖　北	0.866	0.863	0.861
山　西	0.341	0.299	0.268	湖　南	0.571	0.529	0.490
内蒙古	0.420	0.365	0.325	广　东	1.000	1.000	1.000
辽　宁	1.000	1.000	1.000	广　西	0.422	0.370	0.333
吉　林	0.576	0.509	0.459	四　川	0.341	0.321	0.301
黑龙江	0.766	0.721	0.683	贵　州	0.294	0.248	0.217
上　海	1.000	1.000	1.000	云　南	1.000	1.000	1.000
江　苏	1.000	1.000	1.000	陕　西	0.329	0.288	0.256
浙　江	0.836	0.785	0.742	甘　肃	0.251	0.216	0.190
安　徽	1.000	1.000	1.000	青　海	0.352	0.292	0.253
福　建	1.000	1.000	1.000	宁　夏	0.333	0.276	0.238
江　西	0.505	0.446	0.401	新　疆	0.542	0.472	0.421

这些简单的对比分析可以看出,绝大部分省份之所以出现生产无效率,主要是因为负面产出过多。由于我们这里将负面产出限制在三个方面:城乡差距、市场分割和公共品供给不足,因此生产的无效率也说明一些省份在单纯追求 GDP 最大化的同时,过度地忽略了农村的发展,与周围地区相比采取了以邻为壑的政策,并且在政府支出方面,将主要的财政支出用于基础设施投资,而忽视了在教育和医疗等有关民生方面的支出。如果我们将分权的作用分解为一正一负两个方面,在经济发展的早期,分权在促进经济增长方面的正作用要大于其带来的负作用,但是随着经济发展水平的提高,边际上分权的负作用会逐渐增加,而分权的正作用会逐渐下降,因此会出现一个临界点使得分权的加总作用是负的,这一点即是分权的底线。

第四节　什么决定了分权的底线

一、数据、指标与模型

财政分权会直接影响一省的支出结构,分权能够使得地方政府的预算约束变紧,减少对国有企业的扶持,因而产出更有效;但与此同时,分权的强化会使得地方政府更加倾向于那些生产性基础设施的投入,而忽视公共性产品的投入(傅勇、张晏,2007),如医疗和教育等,而这些会使得收入差距持续扩大,同时由于地方性的重复建设过多,市场分割也会进一步加剧(周黎安,2004;王永钦等,2007;桂琦寒等,2006),因而伴随着分权的是负面产出的增加。所以我们可以预期,在经济发展的早期阶段,分权能够带来经济产出的增大,同时负面产出的增加幅度也很小,因而综合效率会上升;但是随着经济的进一步发展,正面的边际产出下降,而负面产出急剧增加,因而综合效率开始下降;所以分权能够带来效率的改善,但是边际效率是下降的。

开放程度会影响一省的效率,经济开放在短期会加剧市场分割,而从长期来看会促进市场整合(桂琦寒等,2006);经济开放还能降低收入差距,加快城乡融合速度,促进农村劳动力向城市的转移。

城市化水平对经济效率的影响是明显的,该指标可以间接反映自然资源和地理条件等因素对经济的影响(Lin and Liu, 2000;史宇鹏、周黎安,2007),东部沿海地区的地理条件更加优越,同时又较早享受了各种优惠政策,得以更早融入全球经济(Démurger et al., 2002),并且获得了更多的FDI(杨开忠,1994;魏后凯,2002;武剑,2002),早期的乡镇企业也偏向于东部而不是中西部(万广华,1998),甚至财政的转移也更加偏向于东部地区(马拴友、于红霞,2003),基础设施在东部地区也比中西部地区要好(张军等,2007)。

为此,我们建立如下的 Tobit 模型[①]来估计这些因素对综合效率的影响:

$$Y_{it} = \alpha_0 + \alpha_1 FD_{it} + \alpha_2 Open_{it} + \alpha_3 Urban_{it} + \varepsilon_{it}$$
$$Eff_{it} = \min(1, Y_{it})$$

其中:Eff 是各省基于非期望产出模型的效率值,FD 代表了各地的分权程度,不过对此指标的构造往往有一定的争议(Martinez-Vazquez and McNab, 2003),比如 Lin 和 Liu(2000)采用财政收入中地方政府的边际留存来度量分权,而 Zhang 和 Zou(1998)采用传统的财政收支指标,不同的分权指标其结论也相差很大。为了稳

①　由于 Tobit 模型的估计采用的是极大似然法,因而这里的结果都是随机效应,无法得到固定效应。

健性考虑，本章同时选择了收入和支出两个指标来度量财政分权，即：地方政府预算内人均财政支出占全国预算内人均财政总支出的比重，以及地方政府预算内人均财政收入占全国预算内人均财政总收入的比重。$Open$ 代表的是经济开放度，这里采用人均进出口，之所以没有采用传统的外贸依存度是因为 GDP 已经在我们计算的效率里；$Urban$ 代表了是城镇人口的比重。

经济开放会降低政府在经济中的作用，进而降低分权的作用，因而我们引入分权与经济开放的交叉项；同时，很多研究都指出分税制改变了政府间的关系，财政分权在 1994 年前后的作用相差很大（陈抗等，2002；傅勇、张晏，2007），所以引入1994 年的虚拟变量（1994 年前取 0，之后取 1）与财政分权的交叉项；同时，控制了年度变化的影响。因而，我们将上述基本模型扩展为：

$$Eff_{it} = \alpha_0 + \alpha_1 FD_{it} + \alpha_2 Open_{it} + \alpha_3 Urban_{it} + \alpha_4 FD_{it} * Open_{it}$$
$$+ \alpha_5 FD_{it} * D94 + \sum_{j=1}^{16} \beta_j H_j + \varepsilon_{it}$$

其中：$D94$ 是分税制的虚拟变量，H 分别代表的是 1986—2001 年各年的虚拟变量，其他变量的定义与上式相同。财政分权的指标来自于各年的《中国财政年鉴》，其他指标来自《中国统计年鉴》。

二、计量结果及解释

我们首先基于基本模型计算了财政分权对效率的影响，见表 4.3。基于稳健性考虑，我们考虑了按照收入法和支出法度量的财政分权指标，结果显示两者之间并不存在很大的差异性，因而在随后的分析中仅报告支出法的结果。在不控制年度虚拟变量时，财政分权每增加 1 个单位（即比全国人均财政支出增加 1 倍），会使得效率值增加 0.08，同时经济开放和城市化水平的提高都会显著改善效率；在控制了年度影响后，财政分权的影响略微变小，同时经济开放仍然显著影响效率值，不过城市化不再重要，这很可能是因为在没有控制年度之前，城市化的差别主要体现在跨年而不是跨省。这里基本的结论是，财政分权能够带来经济效率的改善，这种改善也说明财政分权所带来的经济增长效应要超过其带来的负面效应。

表 4.3　基本模型的结果

	全部样本	全部样本	全部样本	全部样本
IFD	—	0.108***	—	0.128***
	—	(4.91)	—	(6.28)
SFD	0.081***	—	0.052*	—
	(3.04)	—	(1.77)	—
Open	0.000***	0.000***	0.000***	0.000***
	(3.72)	(5.42)	(2.93)	(4.97)
Urban	0.355***	−0.372***	−0.023	−0.522***
	(3.50)	(−2.82)	(0.22)	(−5.32)
时间的作用	no	no	yes	yes
对数似然值	99.88	111.41	100.46	128.59
样本量	476	476	476	476

注：***、** 和 * 分别表示显著性水平为 1％、5％和 10％,括号中为 z 值。

在扩展模型中我们感兴趣的是经济开放是否会削弱政府的作用,以及 1994 年的分税制改革到底起到了什么作用。从表 4.4 可以看出,在不引入分税制和年度差异时(第 1 列),财政分权和经济开放能够促进效率改善,两者的交互项显著为负(系数值在小数点 3 位之后),说明经济开放能够部分抵消政府在经济中的作为,经济体越开放,财政分权对效率改善的作用越弱,这与陈敏等(2007)的结论一致,经济开放将会提高政府实行地方保护主义的成本,因而将弱化地方政府主动发展经济的激励,强迫政府扮演"看不见的手",而不是"援助之手"。即使在考虑年份差异后(第 2 列),结果也基本没有差异。第 3 列的结果表明分税制的改革本身并没有对经济效率产生影响,1994 年前后经济体并没有出现本质性的差别;不过依据陈抗等(2002)的研究,分税制使得政府有从"援助之后"转变到"攫取之手"的趋势,这将在一定程度上抵消财政分权的正面作用,所以在第 4 列中引入 1994 年虚拟变量与财政分权的交叉项,交叉项的系数显著为负,表明分税制会降低财政分权对效率改善的作用,将 SFD 和其与分税制交叉项的系数联系起来,我们发现 1994 年之后,财政分权实际上可能对经济产生负面作用,这在一定程度上支持了陈抗等(2002)的结论。[1]

---

① 我们以 1994 年作为分界来看效率值的前后变化,发现 28 个省市中有 14 个的效率是下降的,而只有 9 个省市是上升的,其余 5 个保持不变。

表4.4 扩展模型的结果

	(1)	(2)	(3)	(4)
SFD * *Open*	−0.000 ***	−0.000 ***	−0.000 ***	−0.000
	(−3.64)	(−3.42)	(−3.42)	(−1.34)
SFD	0.099 ***	0.103 ***	0.103 ***	0.084 **
	(3.16)	(3.09)	(3.09)	(2.27)
Open	0.000 ***	0.000 ***	0.000 ***	0.000 ***
	(4.52)	(4.38)	(4.38)	(5.45)
Urban	−0.188	−0.157	−0.157	−0.407 ***
	(−1.55)	(−1.27)	(−1.27)	(−3.44)
Year94	—	—	0.043	—
			(1.20)	
SFD * *Year94*	—	—	—	−0.106 ***
				(−3.31)
时间的作用	no	yes	yes	yes
对数似然值	103.93	120.20	120.20	121.31
样本量	476	476	476	476

注:*** 、** 和 * 分别表示显著性水平为1%、5%和10%,括号中为 z 值。

　　地区①之间的差异也是我们关注的重点,从表4.5可以看出,地区间的差异是明显的,财政分权在东部和西部都有显著影响,说明分权是造成地区内部效率差异的重要因素,并且财政分权在东部的作用远比西部要大,而经济开放仅在东部地区内部有影响,西部则没发现显著影响,这很可能是因为西部地区内部整体的开放度都较小导致的;②财政分权在中部地区对经济效率的改善不显著,这主要是缘于中部省份的财政分权程度要低于全国平均水平,同时其内部同质性更强,中西部之间的比较也说明,财政转移支付对于地区效率的改善是有正面作用。另外,中西部地区的城市化水平呈现负的显著性,城市化水平越高,经济效率反而越低,这主要是因为中西部地区的城市化水平的差异还延续了计划经济的模式,比如黑龙江和吉

① 关于东中西部的划分,我们遵循张军和高远(2007)的做法,东部包括北京、天津、河北、辽宁、上海、山东、江苏、浙江、福建和广东10省;中部包括河南、山西、安徽、江西、黑龙江、吉林、湖北和湖南8省;西部包括内蒙古、广西、四川、贵州、云南、陕西、甘肃、青海、宁夏和新疆10省。
② 东部地区的人均进出口是西部地区的15倍,而其标准差为29倍。

林的城市化水平在中部的 8 个省中最高,但是其资本的使用效率却很低,导致其经济效率低于中部其他省份;另外一个可能性是,城市化水平越大的地区说明政府需要对城市进行更多的投资,相应可用于农村的投资就减少了,进而从长期来看,会扩大当地的城乡收入差距,同时城市化水平越高的地区的集聚效应也越大,这会提高要素的边际回报,这对经济体一正一负的作用综合反映在回归系数的正负上,这里的结果表明负面的作用要大于正面的作用,城市的集聚效应还偏小。

表 4.5 地区间的差异

	东 部		中 部		西 部	
SFD * Open	—	−0.000*	—	−0.003		−0.000
	—	(−1.81)	—	(−0.85)		(−0.27)
SFD	0.066	0.147*	0.144	0.199	0.097***	0.067*
	(1.14)	(1.74)	(0.84)	(1.08)	(3.41)	(1.82)
Open	0.000*	0.000*	0.002**	0.005	0.000	0.001
	(1.68)	(1.69)	(2.32)	(1.54)	(1.05)	(0.83)
Urban	0.397*	−0.235	−0.768**	−0.751**	−0.198	−0.441***
	(1.67)	(−0.99)	(−2.35)	(−2.29)	(−1.47)	(−2.90)
时间的作用	yes	yes	yes	yes	yes	yes
对数似然值	−25.00	−23.84	45.56	45.93	178.77	177.40
样本量	170	170	136	136	170	170

注:***、** 和 * 分别表示显著性水平为 1%、5% 和 10%,括号中为 z 值。

第五节 小结

本章构建了一个包含非期望产出的模型,能够在既考虑好产出也考虑坏产出的情况下综合给出一个客观评价,并且还比较了其与传统的衡量多产出的 CCR 模型之间的差异。我们应用该模型来评价中国各省的经济产出,通过对指标的选择和计算,我们发现,传统 CCR 模型的效率值要大于基于非期望产出模型的值,而前者的差异却更小。随着改革的推进,我们发现有效的省份也在变化,开始由京津唐—东北地区向东南沿海转移,这些地区较早享受了改革开放的优势,其产出也较其他省份更加有效。在该框架下,仅有经济产出的扩大并不能保证生产的充分有效性,负面产出的降低也对效率值的提高有重要影响,这使得安徽和云南的充分有效,而北京和黑龙江却不是有效的。这也说明分权的效率在不同地区是有差异的,一些地区可能已经跨过了分权的底线,而逐渐进入分权无效率的阶段。

我们还检验了各省经济效率产生差异的原因,财政分权导致了各地竞争,促进了经济发展,但同时带来了负面产出的增加,我们的结果显示,财政分权和开放能够带来经济的增长,但随着经济的进一步开放,将限制政府在经济中的作用,使得财政分权的影响降低。分税制前后并没有出现系统性的差异,不过分税制改变了政府的行为,分税制急剧降低了分权对经济的正面作用,使得政府有从"援助之手"滑向"攫取之手"的趋势。另外,地区之间的差异也是明显的,财政分权在东部和西部显著促进了当地效率的改善,但在中部省份却没有明显作用。

开放与财政分权的交互影响显著,说明经济的进一步开放将有利于使得政府从经济行为中退出,特别是在 1994 年之后,分税制改变了地方政府的行为,国内市场的开放将会限制政府的这种掠夺行为。中西部之间的比较说明财政转移支付在改善地区效率方面有积极作用,这可以用来平衡地区之间的差距,不过未来的主要对象可能是如何对中部的省份进行补贴,以改善其财政上的不利地位。

第五章

转移支付与增长

第一节　引言

第四章的结论表明分权是存在底线的,而一旦跨过该底线,分权不仅仅有损于经济增长,还可能对政治和社会稳定产生不利影响,分权还会放大地区之间原有的禀赋差异,那些有着优良经济基础和地理条件的地区会在分权过程中获益更多,而这些地区差异会进一步威胁经济稳定,于是在宏观上,中央政府可以通过财政转移支付的形式将资源从发达地区转移到欠发达地区,以缓解地区之间的差异。本章将分析这种转移支付是否从总量上实现了地区之间的平衡增长。

中国经济在过去 30 年中的增长取得了令人骄傲的成绩,但同时收入差距也随之上升,基尼系数从 1983 年的 0.28 上升到 2001 年的 0.447,中国已经从一个最平衡的国家变为最不平衡的国家之一(Naughton,2007)。如果将这种差距进一步细分,我们将发现城乡之间和地区之间的差距占据主要地位,而城市内部和农村内部的收入差距并不明显,并且由于非农收入造成了农村内部差距的扩大,使得农村收入差距一直高于城市(Knight and Song,1993;Rozelle et al.,1998;Yang and Zhou,1996;Yao and Zhang,2001);而地区之间的收入差距则逐渐演化为东部和中西部地区之间的差距,中国的地区经济慢慢收敛于这两个俱乐部,俱乐部内部差距缩小的同时,地区之间的差距却在急速扩大(Yao,2000;Yao and Zhang,2001)。并且从动态上看,地区差距相对于城乡差距增长更快,其在总体差距的增量中将占据更大的比重(王洪亮、徐翔,2006)。

另外,1994 年实行的分税制显著地提高了中央政府的收入份额,然而出于效率的考虑,大部分的支出责任还依然由地方政府来负责(Tiebout,1956),比如 2007 年国家财政收入达到 5.13 万亿,占当年 GDP 的 21%,其中地方政府的财政收入仅占有 45.9%,而在支出项目中,地方政府的支出占全国财政支出的 76.9%,也就是说,有近 1/3 的地方政府支出要依赖于中央政府的转移支付。我们从图 5.1 可以看出,在 1995 年之前,以人均财政收入基尼系数表示的税收差距一直在扩大,但是以支出基尼系数反映的财政能力却基本维持在一个固定的水平,这表明中央对地方的转移支付有着平衡地方财政能力的考虑。

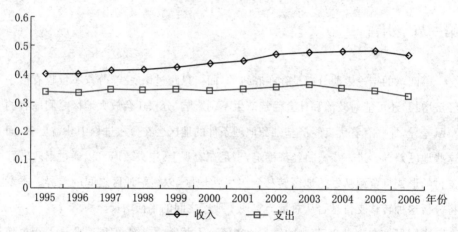

资料来源:作者根据历年资料计算。

图 5.1　人均财政收支的基尼系数

随着中央政府财力的进一步加强,中国在 1999 年实行了旨在缩小地区差距的"西部大开发"战略①,这一战略通过两个方面的财政政策对西部地区进行支持,首先是垂直的重点项目投资,比如 2000 年 6 月开始的青藏铁路建设、西电东输、西气东输以及大规模的退耕还林;其次就是在财政上加大对西部省份的转移支付,中央

---

① 邓小平早在 20 世纪 80 年代初就提出了要顾全"两个大局":"沿海地区要加快对外开放……从而带动内地更好地发展……反过来,发展到一定程度,又要求沿海地区拿出更多力量来帮助内地发展……。"《邓小平文选》第 3 卷,第 277—278 页。

对西部 12 省份①的转移支付比重,从 1995 年的 32.9% 上升到 2001 年的 41.6%。这种平衡区域经济差距的政策,在 2000 年后演化出中央政策的核心,比如在 2003 年提出了"振兴东北老工业基地"战略,2004 年又提出"中部崛起",随之而来的是中部地区财政支持的力度加大,从图 5.1 可以看出在 2000 年之后,地方政府的财政能力的差异有一定程度的上升,中央政府的转移支付开始偏好于这些特定的地区。

然而这种旨在缩小地区差距的战略需要进一步地讨论。从理论上来说有如下几个方面值得考虑,首先,新经济地理学的理论指出集聚效应会提高整体经济的产出,从发达国家的经济发展史来看,集聚也是经济发展过程中不可避免的现象(2009 年世界银行发展报告);研究中国城市和区域经济的文献也指出,中国的城市规模和集聚效应还偏小,中国的经济密度应该进一步向东部大城市集中(Fujita et al., 2004;Au and Henderson, 2006;陆铭、陈钊,2008),政府的转移支付使得资源从东部向内陆地区转移,将会降低集聚的程度,因而有可能是逆这个过程的。其次,财政分权理论认为将权力下放给地方政府能够改善经济效率,因为地方政府在每一单位的经济发展中获得的好处增加了,于是更加积极地发展地方经济。分权也被认为是中国跟俄罗斯经济发展差异的主要因素(Shleifer and Vishny, 1998),目前政府间的转移支付实施的前提是财政的集权,以保障中央政府有富余的财力,因而也可能是逆这个过程。

从实证上来说,即使我们将立足点放在转移支付的接收地,转移支付是否真的带来了当地经济的长期增长仍然不明确。已有的关于中国财政转移支付的文献都强调需要更多平衡性的转移支付(曾军平,2000;马拴友、于红霞,2003),这一倾斜性政策在 2000 年之后开始实现。从正面途径来看,转移支付能够促进当地的基础设施的建设,使得技术能够溢出到欠发达地区(Abramowitz, 1985);然而负面效果也是存在的,政府支出过大对私人投资产生"挤出效应",欠发达地区由于能够获得大量的转移支付,地方政府缺乏发展地方经济的动机,如果中央政府更多地是以无条件转移支付援助欠发达地区的话,反而会形成一个低水平的均衡。

---

① 《国务院关于实施西部大开发若干政策措施通知》中指出西部大开发将主要集中在重庆、四川、贵州、云南、西藏、陕西、甘肃、宁夏、青海、新疆、内蒙古、广西 12 个省市自治区,为了行文方便,后文将统一用省代表该级行政区。

本章主要做如下几个方面的工作:首先,从理论角度来说,转移支付是否能够带来效率[1]的改善是不明确的,本章的实证研究能够回答央地之间的转移支付是否与新经济地理学和分权的理论冲突;其次,从实证角度来说,我们还没有发现有文献研究转移支付和地方经济增长之间的关系,特别是考虑到转移支付产生的滞后效应,因而需要较长的时间样本来区分短期和长期效应,这里的样本和所采用的分析框架能够计算两种效应的大小;最后,我们还将梳理转移支付与经济增长之间的作用机制,并为进一步的改革提供建议。

第二节 转移支付和地方政府支出结构的演化

1980—1993 年这段时间,中国实行的是财政承包制,这一制度赋予地方政府充分的发展经济的激励,但由于上级政府承诺的不可信,使得地方政府刻意隐瞒财政收入,或者将预算内收入转为预算外收入,中央政府在这段时间内经常入不敷出,很多年份甚至还要地方政府"作贡献",因而也没有多余的财力来进行转移支付。为了扭转中央财力下降的趋势,1994 年实行的分税制开始从法律上统一规定中央分享的部分,将原有的收入分享改革为税收分享,分税制从三个方面改变了中央与地方政府之间的关系:首先,统一的税率和税收分享机制保证了中央承诺的可信度;其次,国税与地税分开征收降低了地方政府隐瞒收入的动机;最后,大规模的垂直转移支付使得中央政府有能力进行宏观调控,以及有目的地平衡地区经济差异[2](Ma,1997)。真正意义上的转移支付也是在 1994 年之后才出现的,中央给予地方的净转移支付从 1994 年的 1 819 亿元增加到 2006 年的 12 714 亿元,年均增长17.6%,超过了同一时期中央财政收入的增长幅度;财政转移占当年中央财政支出

---

[1] 本章所讲到的效率是卡尔多—希克斯效率,即从总量上来说,如果一项政策能够带来总体产出(福利)的增加,则认为是有效率的,即使其中某一部分人或地区在短期内会因此遭受损失(Kaldor,1939;Hicks,1939)。平均意义上,如果转移支付能够提高长期的经济增长率,那么就是有效的;在转移支付量给定的情况下,如果改变支出结构,比如给予西部地区更大的份额,能够带来更多的经济增长时,则也是有效率的。

[2] 在实行分税制的规定中,曾明确指出分税制的一个目的就是为了平衡各地的财力,通过财政转移支付,扶持经济不发达地区的发展和老工业基地的改造。见《国务院关于实行分税制财政管理体制的决定》(国发[1993]85 号)。

的比重也从 43.9% 上升到 54.1%；从图 5.2 看出，在 2000 年之前，虽然转移支付总额一直在增加，但所占比重并没有变化，说明财政支出安排在这段时间内并没有大的调整，转移支付的增加仅仅是因为中央财政收入的增加，而 2000 年之后，转移支付以更快的速度增加，并且其占当年中央支出的比重也在显著提高，转移支付的这种变化是伴随着经济战略调整而出现的。

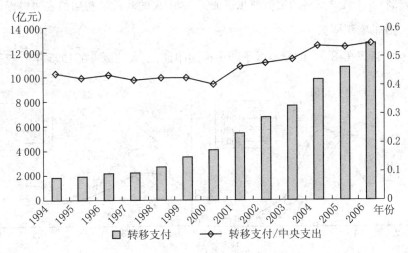

资料来源：《中国财政年鉴》(2007 年)。

图 5.2 历年的转移支付和所占份额

然而，转移支付的增加在地区之间并不是均衡的。图 5.3 表示的是各省所获得的转移支付占其财政收入的比重，这个比重剔除了各自经济实力的差异，表示纯粹的转移支付强度。1995 年的平均转移支付力度为 44.5%，这其中很大一部分是给予东部发达地区的两税返还，以保证这些地区的财政收入不低于之前年份的水平。1998 年的平均转移支付力度为 41.6%，相比于 1995 年略有下降，但同时省份之间的差异更加明显。这种对比说明分税制初期的转移支付与地区的财政收入是正相关的，那些财政收入低的省份所获得的转移支付也较少，因为名义上贡献给中央的部分也少，反之亦然，所以初期的转移支付更像是为了推行改革的折中方式。但在分税制的设计中，中央将会从未来的增长中拿走大部分。因而长期来看，中央的收入比重会持续上升，虽然 1998 年的平均转移支付力度有所下降，但是开始出现结构性差异。1999 年的转移支付力度随着"西部大开发"而增加,但同时这种针对性的转移支付也使得地区之间差异扩大。2003 年,随着"振兴东北老工业基地"战略的提出,转移支付的力度进一步提高,地方政府越来越依赖于上级政府的财力支持。然而,有意思的是 2003 年的分布图开始出现两个波峰,这意味着一部分地区获得了相当多的转移支付,而另一部分地区几乎没有获得转移支付。因而1995—2003 年转移支付力度的演化也证实了,中央的政策从初期的妥协慢慢转变为自主性的宏观调控。

这一猜想在图 5.3 的分地区子图中得到印证,三大地区①在 1995 年所获得的

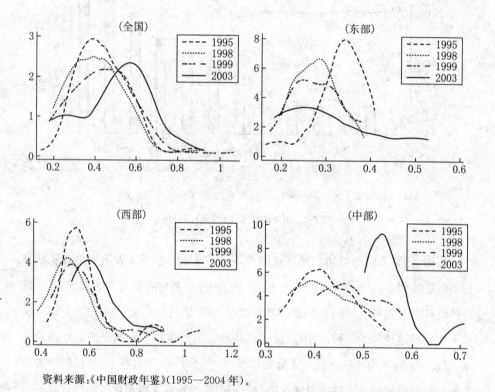

资料来源:《中国财政年鉴》(1995—2004 年)。

图 5.3 全国和三大地区的财政转移力度的核密度图

---

① 西部地区包含广西、四川、贵州、云南、西藏、陕西、甘肃、青海、宁夏、新疆和内蒙古 11 个省份,由于重庆在 1997 年才独立为直辖市,所以我们的数据没有包含重庆,因而这与国家关于"西部大开发"的定义是一致的;中部包含山西、吉林、黑龙江、安徽、江西、河南、湖北和湖南 8 个省份;东部则有北京、天津、河北、辽宁、上海、江苏、浙江、福建、山东、广东和海南 11 个省份。

转移支付比重在地区内部以及地区之间都没有很大的差异,基本都在 40%—50%之间;东部地区所获得的转移支付力度自 1995 年以来一直在下降,2003 年的分布之所以右倾,是因为我们这里就将辽宁也作为东部省份,而辽宁是 2003 年"振兴东北老工业基地"战略的重点支持对象。有意思的是,西部省份在 1999 年之前所获得的转移支付居然也是下降的。如果结合中部省份这一趋势的存在来看,说明这段时间中央的垂直转移支付的比重在下降,而是代之以大型项目的直接投资。这一趋势在 1999 年开始扭转,2003 年的平均转移支付力度是最高的。然而我们也观察到,相比 1995 年,2003 年的西部省份之间所获得的转移支付差异也更大。这是因为更多的转移支付给予了民族省份,比如西藏、宁夏、新疆等(王绍光,2004)。而中部地区在 1999 年之后所获得的转移支付力度也在上升,在 2003 年达到 55.8%,但同时地区内部差异在扩大,并且出现两个波峰。这是因为将吉林和黑龙江也包含在中部,这两个省份享有振兴老工业基地战略的政策倾斜。

转移支付相当于增加地方政府的财政收入,因而允许地方政府降低税率,同时增加公共服务的提供(Scott,1952;Wilde,1971),所以转移支付会改变地方政府的支出结构。我们这里依据贾俊雪和郭庆旺(2008)的做法,将政府支出划分为经济性、社会性和维持性支出,分别用基本建设支出、科教文卫支出和行政管理支出占当地总支出的比重来表示。经济性的支出与转移支付之间是 U 形的关系,从图 5.4 的散点图来看,大部分的省份还处于 U 形线的左边,表明大部分的省份的经济性支出随着转移支付的增加而减少,经济性支出较多的省份处于 U 形线的两头,即获得极少转移支付的省份(如沿海地区)和获得大量转移支付的省份(如西部地区)的经济性支出的比例是很高的。就西部地区来看,转移支付将带来这些地区的基础设施的改善。

就更长远的经济增长来说,教育和医疗等社会性支出将更加重要,这些会提高人力资本的水平,进而带来内生的经济增长(Romer,1986;Lucas,1988)。然而从图 5.5 来看,没有证据表明转移支付有利于缓解社会性支出的不足,以教科文卫表示的社会性支出比例反而会随着转移支付的增加而减少,并且就西部地区而言,这种负向的关系更加明显,这表明西部大开发等经济战略的实施提高了对这些地区的财政支出力度,然而社会性的支出并没有同步增加。从图 5.5(b)来看,以行政管理支出比例表示的维持性支出与转移支付呈明显的正相关关系,虽然西部的拟合线稍稍平坦,但依然是明显的正向关系,这说明转移支付每增加一个百分点,政府维持性支出的增加幅度将超过 1 个百分点。

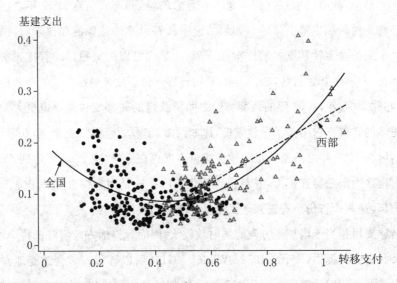

资料来源:《中国财政年鉴》(1995—2004 年)。

图 5.4　基建支出与转移支付

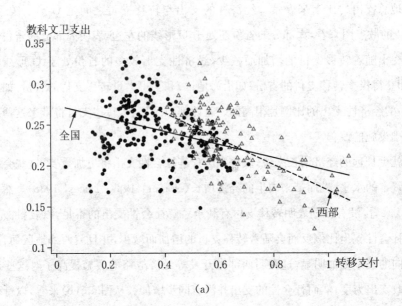

(a)

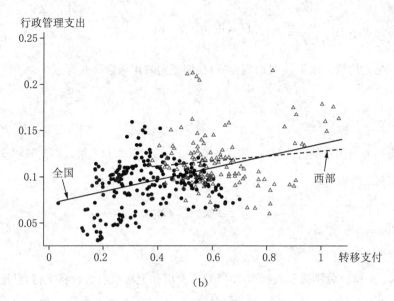

资料来源:《中国财政年鉴》(1995—2004 年)。

图 5.5　社会性支出、维持性支出与转移支付

在 Barro(1990)的框架中,维持性的支出与经济增长是反向的关系,而社会性和经济性的支出与经济增长是正向关系。中国自改革开放以来,三项支出与经济增长之间的关系并不明确。然而 1994 年以后,经济性支出并不显著促进经济增长,中国的基础设施已经达到一个相对较高的水平,因而不构成经济发展的约束,社会性的支出开始越来越重要,维持性的支出与经济增长呈显著的负向关系(贾俊雪、郭庆旺,2008)。这样转移支出与长期经济增长之间的关系就变得更加模糊,我们接下来将从统计上判断两者之间的关系,并试图解释这一系列结果之所以产生的机制。

第三节　转移支付是否带来长期的经济增长

一、转移支付与经济增长:一个理论模型

我们遵循 Barro(1990)的框架,假定政府的目标是追求全社会效用的最大化,即:

$$U = \int_0^\infty u(c)\mathrm{e}^{-\rho t}\mathrm{d}t \qquad (5.1)$$

其中:c 是人均消费水平,ρ 是时间偏好,我们假定效用函数形式为:

$$u(c) = \frac{c^{1-\sigma} - 1}{1 - \sigma} \qquad (5.2)$$

其中:$\sigma > 0$ 是固定的替代弹性,假定政府支出、私人资本和上级政府的转移支付都同时进入生产函数:

$$y = f(k, g, G) \qquad (5.3)$$

$$g = \tau y \qquad (5.4)$$

其中:k、g 和 G 分别为私人资本、本级政府支出和上级政府的转移支付,且地方政府支出来自固定税率的税收,转移支付完全外生于本级政府。我们在式(5.2)、式(5.3)和式(5.4)的约束条件下,求解该最大化问题,得到稳态的增长路径为:

$$\frac{\dot{c}}{c} = \frac{1}{\sigma}(f' - \rho) \qquad (5.5)$$

我们假定生产函数为简单的 CES 形式,即

$$y = [\alpha k^{-\delta} + \beta g^{-\delta} + \gamma G^{-\delta}]^{-\frac{1}{\delta}} \qquad (5.6)$$

其中:$\alpha \geqslant 0$,$\beta \geqslant 0$,$\gamma \geqslant 0$,$\alpha + \beta + \gamma = 1$。这样式(5.4)变为:

$$\lambda = \frac{\dot{c}}{c} = \frac{1}{\sigma}\left[(1-\tau)(\alpha k^{-\delta} + \beta g^{-\delta} + \gamma G^{-\delta})^{-\frac{1+\delta}{\delta}} k^{-\delta-1} - \rho\right] \qquad (5.7)$$

其中:λ 是稳态时的增长率,同时 k 和 y 都将以该速度增长,则经济增长与转移支付的关系为:

$$\frac{\mathrm{d}\lambda}{\mathrm{d}G} = \frac{1}{\sigma}(1-\tau)\gamma k^{-\delta-1} G^{-\delta-1}(1+\delta)(\alpha k^{-\delta} + \beta g^{-\delta} + \gamma G^{-\delta})^{-\frac{1+2\delta}{\delta}} \qquad (5.8)$$

式(5.8)在我们设定的条件下肯定是大于 0 的,因而在假定转移支付外生,同时不影响私人投资和本地政府支出的前提下,转移支付是能够促进短期经济增长的。

二、短期的经济增长绩效

由于我们的立足点是经济增长，而不仅仅是平衡地方财力，因而增长模型在这里更合适，为此建立如下模型：

$$Y_{it} = \alpha + \sum_{j=1}^{n} \beta_j Tran_{i,\,t-j} + \gamma X_{i,\,t-1} + \eta_i + e_{it} \tag{5.9}$$

其中：Y 是各地当年的 GDP 实际增长率。[①] $Tran$ 为转移支付力度，即各省所获得的中央补助收入减去地方上解再除以地方政府财政支出。这里之所以不采用传统的将财政支出与财政收入的缺口作为转移支付，是因为后者包含了太多的噪音，比如地方政府的国债和基金收入等，这些与中央的财力转移基本无关。η 是地区固定效应，用来反映地理条件等对经济增长的作用。另外，X 包含我们将要控制的其他变量，我们将考虑如下因素：

劳动力（$labor$）：虽然劳动力不构成地方经济增长的约束，不过我们依然将其作为一个控制变量，我们这里采用的是从业人员占总人口的比重。

人力资本（edu）：在罗默和卢卡斯的新增长理论中，人力资本是技术创新的一个关键因素，这一作用也在其他的框架中得到支持（Romer，1986；Lucas，1988；Acemoglu and Zilibotti，1999），这里用高等和中等学校在校人数占总人口的比重来度量，以反映人力资本投资对经济增长的贡献。

投资（$invest$）：投资很明显构成地方经济增长的要素约束，我们采用的是全社会固定资产投资占 GDP 的比重。

通货膨胀（cpi）：当预期通货膨胀率上升时，理性人会更多地将货币转变为资产，于是投资增加，经济增长速度加快，产生所谓的"Tobin-Mundell"效应；不过过高的通货膨胀率也可能降低经济活动，进而降低经济增速（Stockman，1981），我们这里采用居民消费者价格指数来反映真实的通货膨胀率。

---

① 我们也曾参考陆铭教授的建议，采用人均 GDP 的实际增长率，发现结果差异不大。另外一个理由是，在统计上，部分省份采用常住人口、部分采用户籍人口来计算人均 GDP 增长率，而从业人员的统计与经济中实际利用的劳动力数量一致，因而大规模的劳动力流动仅会影响前者，这样将一个省份的总体增长率作为产出的衡量显得更具合理性。

　　城市化水平(*urban*):更高的城市化率代表了更多的人力资本,另外,城市的集聚效应也会使得资本的回报更高;但是城市化率越高,则公共支出也越高,于是有可能部分抵消转移支付的作用。我们采用城镇人口比重代表当地的城市化水平。

　　对外开放度(*open*):经济开放能够减少政府对于经济的干预,约束政府将更多的支出用于生产性的投资,因而开放能够加快经济的增长。我们采用进出口占GDP 的比重来代表对外开放度。

　　税收负担(*tax*):税收的扭曲性会有损于经济增长,因而税率与经济增长是负向的关系。我们用地方政府财政收入占 GDP 的比重来代表一般意义上的税负。

　　除了特殊说明外,本章的数据均来自各年的《中国统计年鉴》和《中国财政年鉴》。变量的描述性统计,见表 5.1,显示 GDP 的增速在地区之间是有系统差异的,劳动参与率在地区之间差异不大,可能暗含着劳动力本身并不构成地区经济发展

表5.1　变量的描述性统计

变量	全　国	东　部	中　部	西　部
Y	10.96	11.67	10.67	10.45
	(2.47)	(2.36)	(2.22)	(2.60)
labor	0.52	0.54	0.50	0.51
	(0.06)	(0.06)	(0.06)	(0.06)
invest	0.39	0.39	0.33	0.44
	(0.11)	(0.09)	(0.09)	(0.13)
edu	0.07	0.08	0.07	0.06
	(0.02)	(0.01)	(0.02)	(0.02)
cpi	102.98	102.79	102.95	103.19
	(5.16)	(4.79)	(5.09)	(5.57)
urban	0.37	0.48	0.37	0.28
	(0.18)	(0.21)	(0.12)	(0.09)
open	0.04	0.08	0.01	0.01
	(0.05)	(0.06)	(0.00)	(0.00)
tax	0.07	0.08	0.06	0.07
	(0.02)	(0.03)	(0.01)	(0.03)
tran	0.47	0.29	0.49	0.63
	(0.19)	(0.10)	(0.11)	(0.15)

　　注:括号中为标准差。

的约束;投资的比重中部最低,西部最高,这可能是缘于东部自身投资率高,而西部又获得大量的上级政府转移支付,简单的对比可以看出转移支付造成了地区之间投资的差异;城市化率、人力资本投资水平和开放度显示了地区之间巨大的差异,东部地区遥遥领先,西部地区最差;通货膨胀水平全国基本一致;比较有意思的是,东部的税负最高、西部其次、中部最低,东部地区高税负是因为中央政府将其资源进行了转移支付,而西部地区高税负则可能是因为地方经济总量较小,而政府开支依然庞大,于是相对的税负比较高;西部地区的转移支付远高于东部地区,而中西部之间差异并不大。

我们依据模型(5.9)采用固定效应进行计算,考虑到样本的有限性,自由度损失过多势必造成部分变量不显著,因而我们逐步添加滞后项,在计算过程中,所有的自变量都自动滞后一期,以缓和变量的内生性,结果在表 5.2 中。

表 5.2 模型(5.9)的计算结果

变量	(1)	(2)	(3)	(4)	(5)	(6)	(7)
tran	3.891***	2.757*	3.179**	4.988***	3.867**	3.925**	3.539**
	(1.388)	(1.447)	(1.392)	(1.535)	(1.548)	(1.568)	(1.596)
L1.tran		3.750**	4.260***	4.663***	4.668***	4.169***	4.181***
		(1.489)	(1.458)	(1.475)	(1.476)	(1.504)	(1.536)
L2.tran			1.884	2.420	3.653**	4.080***	4.856***
			(1.466)	(1.528)	(1.472)	(1.481)	(1.503)
L3.tran				0.439	2.554*	2.693*	4.015***
				(1.487)	(1.496)	(1.507)	(1.479)
L4.tran					−2.926**	−0.831	1.238
					(1.460)	(1.545)	(1.557)
L5.tran						−4.435***	1.337
						(1.617)	(1.798)
L6.tran							−6.461***
							(2.341)
labor	−3.653	−0.181	1.602	2.599	3.197	2.319	0.989
	(3.264)	(3.242)	(3.187)	(3.296)	(3.233)	(3.261)	(3.201)
invest	7.706***	8.794***	9.331***	10.663***	12.247***	12.985***	10.442***
	(1.259)	(1.338)	(1.424)	(1.606)	(1.701)	(1.831)	(1.909)
cpi	0.162***	0.132***	0.010	−0.088	−0.142**	−0.176**	−0.203***
	(0.020)	(0.032)	(0.050)	(0.064)	(0.064)	(0.068)	(0.073)

（续表）

变量	(1)	(2)	(3)	(4)	(5)	(6)	(7)
urban	6.173***	4.594**	3.073	3.038	3.130	3.245	−0.306
	(2.165)	(2.184)	(2.194)	(2.368)	(2.492)	(2.817)	(3.163)
open	−1.252	18.643**	30.384***	32.790***	27.857***	17.558*	19.739*
	(6.603)	(7.756)	(7.870)	(8.487)	(8.194)	(9.935)	(10.923)
tax	45.802***	23.667*	7.926	3.064	−5.481	−1.735	−10.684
	(12.735)	(13.808)	(13.829)	(15.131)	(15.439)	(16.144)	(18.038)
edu	46.889***	39.094***	41.705***	40.073***	32.382***	31.064***	23.816**
	(10.388)	(10.568)	(10.582)	(11.041)	(10.930)	(11.209)	(11.387)
R^2	0.557	0.618	0.677	0.685	0.670	0.639	0.571
样本量	360	330	300	270	240	210	180
AIC	3.792	3.686	3.571	3.565	3.447	3.392	3.260
SC	4.202	4.135	4.065	4.111	4.057	4.077	4.041

注:括号中为标准误,*、** 和 *** 分别表示 10%、5% 和 1% 的显著性水平。

在仅仅放入滞后一期的转移支付时,见表 5.2 第 2 列,我们看到转移支付显著促进了地方的经济增长,转移支付的比重每上升 1 个百分点,将使得次年的经济增长速度提高 0.039,这说明短期的经济增长效应是存在的。当我们继续添加转移支付的滞后项时,见表 5.2 第 3 列,我们发现两期滞后项都是显著为正的,当期的效应开始下降,滞后一期的效应更大。这说明转移支付对经济增长的短期效应主要发生在次年,这一点在之后的大部分计算中都成立,每增加 1 个百分点的转移支付,将使得当年的 GDP 增速提高 0.028,而次年的增速将因此上升 0.038。我们在第 3 列基础上继续添加滞后两期的转移支付,结果显示两期滞后项的作用不显著,当期和滞后一期的效应依然显著。

另外一个有趣的发现是,当我们继续在固定效应模型中添加转移支付的滞后项时,见表 5.2 第 6 列,前三期的转移支付对经济增长是正向的作用,第四期仅在 10% 水平下通过检验,然而第五期的转移支付却与经济增长是负向的关系,这表明从中期来看,转移支付反而会有损于当地的经济增长。我们依据 AIC 准则继续添加滞后项,最后选定为滞后六期,并且我们发现随着滞后项的添加,最后一期滞后项的负作用越来越大,从 −2.926 到 −6.461,这说明即使在样本损失的情况下,增加当年的转移支付虽然能够在短期内带来经济增长的提速,不过从长期来看,最终会出现负面作用,并且负面作用会越来越大。每增加 1 个百分比的转移支付力度,将使得当地的经济增长速度发生变化,次年的 GDP 因此增加 0.035,第三年至第五年分别增加 0.042、0.049 和 0.04,第六年和第七年正面作用和负面作用相互抵消,而到了第八年,负面作用开始变得显著,第八年的 GDP 也因此而降低 0.065。

表 5.2 中一共列出了 7 个回归的结果,劳动力在这些回归中都不显著,表明劳动力并不构成当地经济发展的约束,不过资本的稀缺却是一个明显的约束,投资比重在所有回归中都显著为正,投资率每增加 1 个百分点,将使得经济增速提高 0.077—0.122;开放程度越高,越能约束政府的行为,形成一个有效的市场经济,因而在回归中基本都与经济增长是正向的关系;通货膨胀在部分回归中是正向的,而在第五个回归中为负向,价格因素并不显著影响各地的经济发展;城市化水平基本是不显著的,城市化水平所带来的人力资本和过度的公共开支的效应相互抵消;税负与经济增长之间的关系并不明显。

出于稳健性的考虑,我们采用传统的方式度量转移支付,即用地方政府当年的财政支出减去财政收入,再除以当年的财政支出,同样按照模型(5.9)进行计算,结果,见表 5.3,与表 5.2 中类似,表明这一指标的构建是稳健的,这里不再重复。

表 5.3　模型(5.1)的计算结果——变更财政转移的度量

变　量	(1)	(2)	(3)	(4)	(5)	(6)
tran	7.576 ***	2.598	3.329	6.235 **	5.829 *	7.723 **
	(1.743)	(2.777)	(2.703)	(2.890)	(3.076)	(3.294)
L1.tran		8.248 ***	4.456	4.089	3.439	2.061
		(2.900)	(3.514)	(3.573)	(3.485)	(3.580)
L2.tran			6.432 **	7.802 **	8.778 **	8.605 **
			(2.707)	(3.646)	(3.603)	(3.577)
L3.tran				−1.336	−0.662	−1.887
				(2.704)	(3.612)	(3.574)
L4.tran					0.933	9.718 ***
					(2.706)	(3.686)
L5.tran						−7.274 **
						(3.068)

（续表）

变　量	(1)	(2)	(3)	(4)	(5)	(6)
labor	−2.797	0.713	2.780	3.044	3.732	3.919
	(3.221)	(3.145)	(3.069)	(3.186)	(3.153)	(3.146)
invest	7.640***	8.642***	8.955***	10.582***	11.371***	11.600***
	(1.223)	(1.285)	(1.346)	(1.502)	(1.614)	(1.742)
cpi	0.169***	0.128***	−0.025	−0.121*	−0.186***	−0.230***
	(0.020)	(0.033)	(0.051)	(0.063)	(0.064)	(0.067)
urban	6.687***	5.156**	3.912*	4.203*	3.936	2.302
	(2.116)	(2.097)	(2.074)	(2.224)	(2.396)	(2.676)
open	−0.133	19.159**	31.669***	33.508***	34.193***	30.405***
	(6.504)	(7.512)	(7.569)	(8.191)	(8.654)	(9.312)
tax	53.215***	30.025**	12.092	8.455	−6.024	−4.612
	(12.669)	(13.502)	(13.401)	(14.636)	(15.481)	(16.533)
edu	36.362***	26.323**	30.705***	30.701***	24.789**	16.385
	(7.576)	(10.678)	(10.485)	(10.809)	(10.750)	(10.771)
R^2	0.622	0.675	0.730	0.779	0.738	0.741
样本量	360	330	300	270	240	210
AIC	3.759	3.625	3.491	3.476	3.393	3.323
SC	4.169	4.074	3.985	4.022	4.002	4.008

注:括号中为标准误,*、** 和 *** 分别表示 10%、5%和1%的显著性水平。

　　虽然模型(5.9)的计算结果显示转移支付在短期和长期的作用中存在差异,不过从转移支付的构成来看,中西部地区和东部地区之间存在明显的差异,东部地区更多的是两税返还,而中西部省份获得更多的中央补助收入,因此有理由相信这会导致各地方政府支出效率的差异,因而由转移支付带来的经济增长也会存在差异。基于此,我们分地区进行回归,由于样本损失较多,仅报告了滞后四期的结果,见表5.4。每增加1个百分比的转移支付力度,会使得东部地区次年的经济增长提高0.12,而对中西部地区的即期效应较小。然而值得注意的是,转移支付滞后四期的效应仅仅在东部地区显著为负,这说明从中期来看,转移支付的负面作用主要来自东部地区,而中西部的地区在各年都保持了非负的增长效应,并且西部地区较中部地区更好。

表 5.4　分地区的模型(5.9)的计算结果

变　量	东　部	中　部	西　部
tran	11.689**	4.606*	6.929**
	(4.625)	(2.433)	(2.878)
L1.tran	−3.970	5.600**	6.482***
	(5.014)	(2.353)	(2.341)
L2.tran	2.921	4.878**	6.717***
	(4.987)	(2.370)	(2.538)
L3.tran	12.054**	3.799	5.644**
	(5.969)	(2.459)	(2.572)
L4.tran	−13.550***	1.691	−2.430
	(4.233)	(2.466)	(2.440)
labor	4.658	−7.224	3.010
	(4.011)	(7.015)	(8.367)
invest	11.702***	11.540***	16.391***
	(2.745)	(3.833)	(2.806)
cpi	−0.396***	0.067	−0.199*
	(0.124)	(0.109)	(0.112)
urban	7.225**	−9.157	−26.775***
	(2.750)	(9.811)	(8.999)
open	30.833***	−139.485	−43.288
	(10.916)	(121.726)	(55.917)
tax	−11.513	−3.495	32.249
	(23.097)	(28.423)	(36.489)
edu	51.286**	25.737*	55.517*
	(23.118)	(14.443)	(29.947)
组内 R^2	0.706	0.775	0.741
样本量	88	64	88

注:括号中为标准误,*、** 和 *** 分别表示 10%、5%和 1%的显著性水平。

　　综合来看,我们的增长模型的计算结果表明,转移支付在短期内都促进了各地方的经济增长,并且短期增长效应在中部更加明显;然而当我们将考察时间跨度扩大到五期之后,转移支付开始负面影响经济增长。并且分地区的计算表明,转移支付的中期负面作用主要来自东部地区,而这一负面作用在中西部地区的出现可能需要更长的时间。

三、长期的经济增长绩效

在上述回归中,我们实际上假设滞后项是线性影响经济增长的,而实际中的转移支付对经济增长的作用很可能是非线性的,这有可能使得我们的计算是有偏的,并且随着滞后项的添加,自由度损失太多,使得我们无法得到滞后七期之后的效应,因而无法得到准确的长期效应和累积效应。为了进行更加稳健和准确的估计,我们采用 Mitchell 和 Speaker 在 1986 年提出的框架,该方法有两个优点:一是允许线性和非线性的递减滞后效应,并且采用了类似于 Almon(1965)的无限期滞后,避免了人为的识别问题,二是可以采用简单的 OLS 进行估计。基准模式为:

$$Y_{it} = a + \sum_{j=0}^{\infty} w_j Tran_{i,\,t-j} + \gamma X_{i,\,t-1} + \lambda_t + \eta_i + e_{it} \tag{5.10}$$

模型(5.9)与模型(5.10)的区别在于权重,权重 w 采用如下形式:

$$w_j = \sum_{\tau=2}^{n} \frac{b_\tau}{(j+1)^\tau} \quad j = 0,\,1,\,\cdots,\,\infty \tag{5.11}$$

式(5.11)中的 b 是我们将要估计的系数,j 是滞后的阶数。我们将式(5.11)代入式(5.10),得到:

$$Y_{it} = a + \sum_{\tau=2}^{\infty} b_\tau \sum_{j=0}^{t-1} \frac{Tran_{i,\,t-j}}{(j+1)^\tau} + \sum_{\tau=2}^{n} \sum_{j=t}^{\infty} \frac{b_\tau Tran_{t-j}}{(j+1)^\tau} + \gamma X_{i,\,t-1} + \lambda_t + \eta_i + e_{it}$$

$$\tag{5.12}$$

当 $t > 8$ 时,式(5.12)中的 $\sum_{\tau=2}^{n} \sum_{j=t}^{\infty} \frac{b_\tau Tran_{t-j}}{(j+1)^\tau}$ 将趋近于 0,可以忽略不计。于是式(5.12)可以展开为:

$$Y_t = a + b_2 \left(Tran_{it} + \frac{1}{2^2} Tran_{i,\,t-1} + \frac{1}{3^2} Tran_{i,\,t-2} + \cdots + \frac{1}{m^2} Tran_{i,\,t-m+1} \right)$$

$$+ b_3 \left(Tran_{it} + \frac{1}{2^3} Tran_{i,\,t-1} + \frac{1}{3^3} Tran_{i,\,t-2} + \cdots + \frac{1}{m^3} Tran_{i,\,t-m+1} \right) + \cdots$$

$$+ b_n \left(Tran_{it} + \frac{1}{2^n} Tran_{i,\,t-1} + \frac{1}{3^n} Tran_{i,\,t-2} + \cdots + \frac{1}{m^n} Tran_{i,\,t-m+1} \right)$$

$$+ \gamma X_{i,\,t-1} + \lambda_t + \eta_i + e_{it} \tag{5.13}$$

我们最终将采用式(5.13)来估计各系数,然后将系数代入式(5.11)求得 w 的值,则可以知道转移支付的当期影响 w_0 和对以后每期产出的滞后影响 $w_i(i=1,\cdots,\infty)$,以及累积影响 $\sum\limits_{i=0}^{\infty} w_i$,这样我们就可以利用该模型来估计每增加 1 单位的中央转移支付,对地方经济的短期影响和长期影响的大小。

在实际估计之前,还有两个参数的设置。首先是 n 的值,即多项式的个数,由于不知道真实的模型形式,选择 n 的方法则依赖于模型本身的拟合能力,从式(5.12)可以看出,随着 n 越来越大,则相邻项之间的共线性越严重,于是采用 Mitchell 和 Speaker(1986)以及 Schmidt(1974)的做法,从最高位的 $n(n=7)$ 开始,然后逐步删除掉不显著的多项式。另外就是参数 m 的大小,我们参照 Wan 等(2006)的做法,假定 $m=9$,即在估计具体的 b 时,我们认为第八期之后的效应很小,不会造成估计的有偏性。

为了获得稳健性的结果,我们分别采用单向固定效应和双向固定效应,以及是否控制因变量的滞后项三种方法来计算。①表 5.5 中第 2 列的结果是不加其他控制变量的单向固定效应的结果,多项式的维度越高,相邻多项式之间的相关性就会越大,第 6 和第 7 个多项式之间由于相关性太高而自动舍弃,第 6 个多项式(PIL)显著;当我们在第 2 列的基础之上加入控制变量时(第 3 列),多项式的系数并没有发生大的变化;我们接着在第 3 列基础之上控制年度虚拟变量(第 4 列),多项式的系数和显著性都发生了较大变化,全部 6 个多项式都显著通过检验,并且各系数也较之前的更大,不过在进一步控制因变量滞后项时(第 5 列),并没有出现大的变化,hausman 检验的结果也是支持固定效应模型。

表 5.5　模型(5.13)的计算结果

变量	(1)	(2)	(3)	(4)
PIL2	−749.111	−662.353	−1 056.728*	−1 033.032*
	(520.042)	(499.842)	(543.979)	(544.534)
PIL3	9 870.978	8 514.323	12 285.57**	12 042.69**
	(5 996.906)	(5 491.659)	(5 890.738)	(5 986.087)

---

① 我们这样做的目的主要是看不同形式的估计是否会导致差异,以得出一个较稳健的结论。

(续表)

变量	(1)	(2)	(3)	(4)
PIL4	−39 379.28*	−34 220.49	−47 381.68**	−46 561.3**
	(23 133.53)	(20 721.06)	(22 607.19)	(22 623.62)
PIL5	60 546.03*	53 261.74*	72 403.04**	71 284.98**
	(35 280.27)	(31 255.96)	(34 157.94)	(34 178.54)
PIL6	−30 282.86*	−26 890.21*	−36 248.35**	−35 731.97**
	(17 628.15)	(15 531.16)	(16 991.07)	(17 000.06)
labor paticip		0.707	−1.046	−1.040
		(3.242)	(3.304)	(3.304)
invest		13.295***	12.688***	12.632***
		(2.836)	(3.230)	(3.231)
cpi		0.249**	0.143	0.158
		(0.103)	(0.183)	(0.184)
urban		−8.422*	−7.021	−6.790
		(4.723)	(4.839)	(4.845)
open		28.321	11.493	14.090
		(17.750)	(22.223)	(22.377)
tax		−38.081	−36.936	−36.034
		(24.540)	(25.084)	(25.101)
edu		13.388	13.891	13.485
		(11.926)	(11.845)	(11.852)
R^2	0.224	0.492	0.528	0.535
样本量	120	120	120	120
Y 的滞后项	否	否	否	是
时间的作用	否	否	是	是

注:括号中为标准误,*、** 和 *** 分别表示 10%、5% 和 1% 的显著性水平。

　　四个回归的结果表明资本依然构成地区经济发展的瓶颈,投资率每增加 1 个百分点,将会使得经济增速提高 0.13 左右,这一结果与表 5.2 中的第 6 列结果相似。其他的控制变量基本是不显著,这可能是因为模型舍弃了大部分的样本,样本量不足可能是导致变量不显著的原因。

　　我们依然参照前面的思路,为了得到转移支付在各地不同的效应,进行分地区回归,结果在表 5.6 中。中部和东部地区并没有表现出很明显的滞后作用,这可能缘于自由度过少,但有意思的是,西部地区的滞后项显著通过了检验,各多项式都在 5%的水平下显著,这表明转移支付在西部和中东部地区通过完全不同的机制发挥作用。并且我们还可以看出,中部地区的资本受约束程度最大,而东部和西部地区则相对较好,城市的集聚效应在西部还没有显现出来,较小规模的城市浪费了更多的资源,导致经济增速下降,这一点与我们之前的研究结论一致(范子英、张军,2009)。

表 5.6　分地区的模型(5.13)的计算结果

变　量	东　部	中　部	西　部
PIL2	−110.410	−101.568	−1 823.622**
	(412.572)	(1 522.322)	(824.074)
PIL3	1 427.231	2 401.448	20 485.860**
	(2 739.936)	(15 964.84)	(8 416.775)
PIL4	−3 495.699	−13 804.11	−75 516.34**
	(5 433.483)	(57 715.19)	(30 469.59)
PIL5	2 195.621	27 378.14	111 002.3**
	(3 113.625)	(83 777.34)	(45 019.45)
PIL6	—	−15 840.76	−54 140.24**
		(40 528.06)	(22 158.84)
laborpaticip	2.953	4.344	−3.101
	(4.598)	(10.318)	(9.351)
invest	7.941	24.205**	7.681
	(6.067)	(9.116)	(4.637)
cpi	−0.268	0.272	0.478***
	(0.265)	(0.175)	(0.156)
urban	−4.486	−46.865	−39.440**
	(6.374)	(32.197)	(18.084)
open	40.897	−164.666	83.818
	(33.708)	(156.991)	(122.142)
tax	14.797	27.088	214.029**
	(72.641)	(51.325)	(94.303)
edu	45.981	9.684	−52.811
	(37.141)	(15.128)	(86.462)
R^2	0.552	0.826	0.667
样本量	11	32	44

注:括号中为标准误,*、**和***分别表示10%、5%和1%的显著性水平。

　　将上述获得的多项式的参数估计值按照式(5.11)计算各期和累积的影响值,图 5.6(a)是不控制年度虚拟变量和因变量滞后项的相应值,即表 5.5 的第(2)个回归结果。其中,虚线和实线分别是转移支付的各期作用和累积作用,其中我们还加上了西部地区的作用。财政转移支付占当地财政收入比重每增加 1 个百分点,将使得当年的 GDP 增速上升 0.03 个百分点,在次年的作用最大,达到 0.04,在第 3 年之后作用开始持续递减,第 7 年开始出现负向作用,负向作用在第 12 年最大,此后开始收敛于 0。如果综合对待转移支付的正向和负向作用,其对经济增长的累积作用在第 25 年开始为负。假如将观察期延长到 30 年,则每增加 1 个百分点的转移支付力度,将会使得当地经济的长期增长率下降 0.03 个百分点。并且西部地区的累积作用是最大的,每增加 1 个百分比的转移支付力度,将使得西部地区的经济增长在 30 年内一共下降 0.37。虽然在表 5.5 中,多项式的系数值在控制与不控制时间趋势时有差异,但计算后的转移支付的效应的趋势是一致的[图 5.6(b)和 5.6(c)],转移支付的累积作用最终都是负向的,差异仅仅在于负向作用何时出现。

　　将前面两者方法计算的结果进行对比表明我们的估计具有一致性,图 5.6(a)中的结果和表 5.2 第(8)列之间的相关系数达到 0.744,并且在 5% 显著性水平下通过检验。如果仅看两种方法计算的西部地区的效应,两者滞后五期的效应值的相

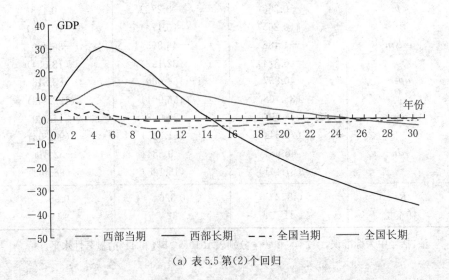

(a) 表 5.5 第(2)个回归

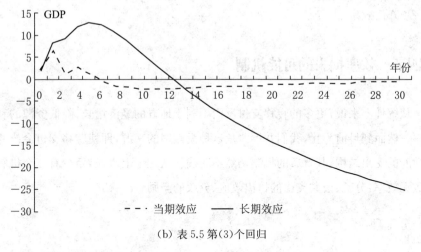

（b）表 5.5 第（3）个回归

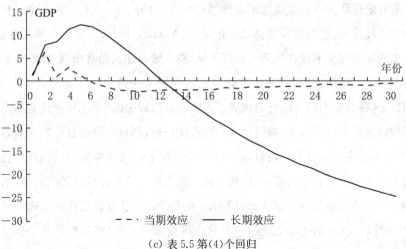

（c）表 5.5 第（4）个回归

图 5.6 转移支付的短期和长期效应

关系数到达 0.956,并且在 1‰的水平下通过检验。这说明 Mitchell 和 Speaker 的框架不仅可以计算长期的累积效应,短期效应的估计也与传统的方法取得了一致。

这里的结论与前面基本一致,转移支付的短期效应是正向的,不同的是从长期来看,对经济增长的作用从第七期就开始转变为负值,并且将一直负面影响地方的经济增长,累积的效应也会从正向转变为负向。因而长期来看,这种转移支付并没有带来卡尔多—希克斯效率的改善,从平均意义上来说,将资源进行的任何转移支付都会有损于效率;其次在给定转移支付水平时,给予落后地区更多的转移支付会进一步降低效率。

第四节　效率损失的可能机制

从统计上来说,更多的转移支付反而不利于地方的经济增长,降低资源的利用效率。然而到目前为止,我们并不清楚这种无效率的来源,即使转移支付会改变地方政府的支出结构,其背后的机制仍然不明确。从理论上来说,至少有三个机制会导致无效率:分工、公共支出的挤出效应、分权的激励。

一、分工理论

斯密定理认为市场范围的扩大能够带来分工的演化,分工的演化充分利用了各自的比较优势,进而带来总体效率的改善(Young,1928)。但是在现实中,不进行分工协作的现象不仅在国别间随处可见,在一国内部也经常出现,即使今天鼓吹自由贸易的英国和美国,早期也是通过贸易保护来扶持自己的弱势产业(Chang,2002)。这种看似不理性的行为构成了国际贸易领域中的"动态比较优势",即一国在短期内选择不进行分工,违背自身的比较优势进行生产,虽然在短期来看是没有效率的,不过在未来可能逆转目前不利的比较优势,只要未来获得的额外收益的折现值大于短期内不分工的损失,低技术地区就会选择违背比较优势进行生产;即使不能成功逆转动态上的比较优势,短期内不进行分工也可能提高其未来的议价能力(Redding,1999;陆铭等,2007)。从这个维度来说,通过在当期转移一部分发达地区的收入到欠发达地区,能够在一定程度上降低欠发达地区这种抵制策略分工的激励,进而促进分工在不同地区进行演化发展,提高总体经济的长期效率。因而这种机制暗示着,地区之间的转移支付是有利于经济发展的。

就中国而言,特殊的"市场维护型的财政联邦主义"提高了地方政府发展经济的积极性(Jin et al.,2005),地区之间的竞争增加了基础设施的建设,硬化了地方政府的预算约束。但是这种竞争也带来了地区割据现象,重复建设和地方保护主义使得中国更像是一个"诸侯经济",各省之间的贸易往来甚至要小于其与外国之间的贸易流(Poncet,2003b;王永钦等,2007),整个国内市场形成了一种地方政府控制下的"零碎分割的区域市场"(Young,2000)。这种市场的分割的一种解释就是财政收入,各地方政府不参与分工是为了在现在或者未来获得更多的财政收入,因而中央政府的转移支付能够在一定程度上降低地方保护主义的激励,促进区域间分工,带来整体效率的提高(陆铭等,2004,2007)。这一点在图5.7中得到证实,

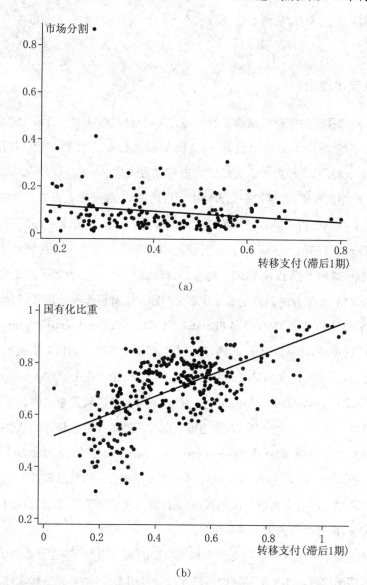

(a)

(b)

资料来源:市场分割指数来源于桂琦寒等(2006),国有化比重是采用国有单位职工人数占总职工人数的比重。

图5.7 市场分割、国有化比重与转移支付

市场分割与滞后一期的转移支付(缓和内生性)呈现显著的负向关系,给予地方政府更多的转移支付,会降低其次年市场分割的程度,使得欠发达地区融入整体的分工体系,然而由于这些地区处于分工的下游,其在经济增长中所占有的相对份额将减少,因而从长期来看,反而不如分割状态下的增速,我们将在下一章中对此进行详细论述。

二、公共支出理论

政府的转移支付能够增加地方的公共支出,一种观点认为这会增加总需求,提高利率水平,使得资本的价格上升,最终降低私人投资的水平,产生"挤出效应"(crowding-out);另一种观点认为政府支出可能带来"挤入效应"(crowding-in),特别是基础设施的投资,能够带来私人资本回报的增加,鼓励私人投资。但考虑到政府支出带来税收负担,长期来看,政府支出的增加会降低投资水平,进而影响到经济增长(Barro,1990)。实证上,大部分研究都认为政府支出与投资和经济增长是负向的关系,即使遵循 Barro(1990)的思路,将政府支出细分为生产性的支出和非生产性的支出,大部分的研究也都证实非生产性支出有损于经济增长,但生产性支出与经济增长的关系并不明显(Landau,1983;Kormendi and Meguire,1985;Grier and Tullock,1989;Barro,1991)。虽然理论上比较容易区分支出的类型,不过在实证上,对生产性支出定义的争论也使得众多结论产生分歧(Aschauer,1989;Easterly and Rebelo,1993;Argimon et al.,1997)。考虑到国家之间的差异,政府支出与投资和经济增长的关系,在发达国家中并不显著或者是负向的,这一效应仅仅可能在发展中国家是正向的(Easterly and Rebelo,1993;Miller and Russek,1997;Argimon et al.,1997;Ahmed and Miller,2000)。因而从理论上说,转移支付能够带来地方政府支出的增加,但政府支出既有可能带来经济增长,也有可能阻碍经济增长,两者之间的关系并不明显。

实证上关于中国各省公共支出和私人投资的研究很少,但是大部分研究都发现国有经济的比重与当地的私有经济的发展是负相关的,国有经济比重越高,政府则需要进行更多的投资,在资本、原材料以及劳动力等方面给予优先权,最终限制私有经济的发展(Sachs and Woo,1994;Chen,and Feng,2000)。从图 5.7 可以看出,当年更多的转移支付伴随着次年更大的国有经济比重,转移支付可能使得地方政府有更大的动员能力,插手一些本该由市场来掌控的领域,进而挤出私人投资,降低资源的利用效率。

三、分权的激励理论

财政分权的实质是将经济发展的好处放权到地方政府,这种经济激励使得各地政府扮演了"扶持之手"的角色,这也成为中国和俄罗斯经济发展差异的一个重要原因(Shleifer and Vishny, 1998)。"扶持之手"的作用在于地方政府对市场建设的推动力度,比如国有部门的改革和非国有部门的发展等。但是中国各省在市场经济建设的表现上存在差异,而这种差异与其在财政收入中的边际留存比率是正相关的(Jin et al., 2005),因而地方政府从每1单位经济发展中获得的收益越大,则其推动经济建设的激励越大。反之,如果中央政府从发达省份转移过多的财政收入到欠发达省份,势必会降低这些地区的努力程度。

地区之间的转移支付能够增加当地的物质资本存量,特别是基础设施的改善,可以提高落后地区吸收发达地区的技术的能力,产生追赶效应,最终使得地区之间的经济发生收敛(Abramowitz, 1985;Basu and Weil, 1998)。但是,这种转移支付可能同时改变落后地区和发达地区的激励结构,进而有损于两地长期的经济增长。从发达地区来说,由于上级政府抽取了比维持政府运转更多的利润,本级政府从每1单位当地经济增长中的获益减少了,因而这降低了本级政府发展经济的边际激励(Zhuravskaya, 2000;Jin et al., 2005)。从落后地区来看,由于上级政府的转移支付占据本级政府支出的很大比重,本级政府的收益与当地的经济发展并无很大关联,于是政府并没有激励来发展当地经济,特别是在一些公共品的提供上面,如教育、医疗和基础设施等的投资严重不足。同时,也缺乏足够的激励来建立一个完善的市场经济,这一点在图5.5中得到验证,更多的转移支付伴随着更低的社会性支出比例,而相应的维持性支出却呈正比例增加。

以上三种机制的存在都可能使得转移支付与经济增长呈负向的关系,转移支付能够带来地区之间分工的演化,降低欠发达地区在经济增长中所占有的份额;这种转移支付同时也间接改变转出地和转入地政府的激励结构,降低政府发展当地经济的积极性。即使我们假定地方政府扮演的是"扶持之手"的角色(Shleifer and Vishny,1998),公共投资对私人投资的挤出效应也会降低这种转移支付对经济增长的促进作用。

第五节　小结

从经济理论来说,财政转移支付与地区经济增长之间的关系是有争议的。经济增长理论认为两者是正向的关系,资本的边际会报递减意味着更加均衡的分配有利于效率的提高;然而新经济地理学则认为资源的集聚能够带来规模效应,资源在地区之间的均衡分布并不利于经济增长,过度的均衡反而会有损于效率;分权理论也暗示着两者之间是负向的关系,更多的转移支付则要求财政的集权,集权则意味着降低地方政府发展经济的激励,因而有可能从"援助之手"滑向"攫取之手"(陈抗等,2002)。

伴随中国 1994 年分税制改革的是中央政府财政收入的大幅度增加,政府有目的性的宏观调控和平衡地区差距的措施也变得可行,1999 年倾斜性的"西部大开发"以及之后的"振兴东北老工业基地"和"中部崛起"等战略,中央政府都在财政转移上给予特殊的照顾,在 10 年之后的今天,我们依然没有看到地区差距的缩小。本章采用不同的方法和模型对这一作用进行估计,发现虽然数量上中西部地区获得了更多的财政转移支付,但是这种转移支付仅仅在短期内对经济增长有正面作用,地方政府支出的临时扩大带来了 GDP 的增长,但是长期来看,这种针对性的转移支付反而对转入地有消极影响。

因而我们认为目前的转移支付更多的是均衡性的,转移支付仅仅平衡了地方政府的财政能力的差异,而没有达到促进当地经济发展的目的。这一结论与已有结论不同的是,即使政府已经进行更多的倾斜性的转移支付(曾军平,2000;马拴友和于红霞,2003),转移支付本身的支出结构也会对地方经济产生直接作用。并且由于地方政府支出的改变,转移支付也会通过间接机制对长期的经济增长产生作用,比如分工、激励结构和挤出作用等。因而转移支付要尽量避免对地方政府的激励产生扭曲,比如要限制地方政府进入竞争性的行业、社会性的支出要保持同比例甚至更快的速度增加等等。

第六章

转移支付与区域市场整合

第一节　引言

正如第四章所揭示的那样,Tiebout 机制的存在表明向下级政府分权的重要性,如果该机制能够完美地发挥作用,那么中央政府在地区之间进行财政转移支付就是多余的,任何的转移支付都会带来效率损失,因为此时政府作为公共品的提供者,其提供的公共品水平已经是最优的,是居民"用脚投票"选择后的最优结果,那些公共品提供较少的地区也是有效的。然而 Tiebout 机制要能够完全发挥作用,还需要两个条件:(1)要素自由流动,特别是劳动力可以零成本在地区之间迁徙,(2)不存在外部性。本章将主要探讨第二个问题,以及如何通过转移支付消除该负面作用。

中国式的分权制度成为中国和俄罗斯经济表现差异的主要因素,向下级政府的分权给予地方政府发展经济的激励,地方政府在转轨和发展的过程中扮演了"援助之手",为增长而相互竞争(Shleifer and Vishny, 1998;张军、周黎安,2008)。然而,财政分权在带来经济增长的同时,也产生了一些负面作用,并且随着时间的推移逐渐开始对经济增长和社会稳定产生影响,近年来的研究也开始关注在经济增长过程中分权所带来的结构性变化,特别是两种维度上的分割:城乡分割和地区分割(王永钦等,2007;范子英、张军,2009)。

在这些负面作用中,区域的市场分割最受关注。这起源于 Young 在 2000 年的一项关于中国国内市场整合的研究,他采用生产法得出中国国内市场是"零碎分割的区域市场",后来出现了一系列与此相关的研究,分别采用"贸易法"、"专业化指数法"、"经济周期法"、"价格法"、"数据包络法"等等(Naughton,1999;Young,2000;Parsley and Wei,2001b;Xu,2002;Poncet,2003b;郑毓盛、李崇高,2003;白重恩等,2004;陈敏等,2007;刘小勇、李真,2008)。由于所使用的方法和数据不尽相同,这些研究得出的结论也不尽相同,但基本上都认为中国国内的市场分割非常严重,省份之间的"边界效应"甚至大于欧盟内部国界的作用,然而在趋势的演变上并没有定论,一些研究认为中国的市场分割日趋严重,另一些则持相反的观点。

市场分割导致重复建设和"诸侯经济",市场范围缩小,分工相对滞后,因而整体的经济缺乏应有的效率(Young,1928)。然而地方政府之所以采取分割的政策,很大程度上是出于财政收入的考虑,限制本地资源流出和外地产品流入都是为了要扶持本地经济,进而在当期或未来获得更多的税收。从这个角度来看,地方政府进行市场分割是一个理性的选择,部分落后地区甚至还可能因此而逆转比较优势,在未来获得更快的经济增长(Redding,1999;陆铭等,2004)。并且随着全球化的深化,地方政府确实更加倾向于利用国际贸易替代国内贸易,而放弃在国内市场上的规模效应(黄玖立、李坤望,2006;陆铭、陈钊,2009)。

所以当存在一个相对强大的中央政府时,通过财政的转移支付从理论上来说是可以降低落后地区进行分割的激励,使得它们较快融入整个分工体系。这于先进地区和落后地区都是一个双赢的过程,先进地区可以获得市场范围扩大带来的规模效应,促进经济更快地增长,而落后地区亦能分享这一增长的好处。中国1994年的分税制使得中央政府有充足的财政实力来促进区域市场整合,政策层面上也逐渐偏向于均衡的发展战略,特别是1999年之后,中央加大了对中西部地区的转移支付力度,西部省份的转移支付占全国转移支付的比重[①],从1995年的32.9%上升到2001年的39.8%。而国内市场分割也恰好于20世纪90年代中期之后开始

---

① 西部省份指《国务院关于实施西部大开发若干政策措施通知》中包含的重庆、四川、贵州、云南、西藏、陕西、甘肃、宁夏、青海、新疆、内蒙古、广西12个省市自治区。转移支付指中央对各地的补助。

趋于缓和(陈敏等,2007),政府间的转移支付与国内市场整合在时间上存在一致性。

目前关于转移支付与市场分割的研究还仅限于理论探讨,并没有实证文献检验两者之间是否存在显著的关系。理论表明,在一个分权相对行之有效的经济体内,市场分割是地方政府的一个理性选择,而转移支付能够割断市场分割和财政收入之间的联系,降低地方政府的割据行为(陆铭等,2004,2007)。实证方面的文献还仅限于从内陆地区的视角来考察转移支付的作用,比如给予内陆地区更多转移支付的必要性(曾军平,2000),以及转移支付是否能够促进内陆地区的经济增长和区域经济的收敛(马拴友和于红霞,2003;刘生龙等,2009;张军、范子英,2009),也有研究指出中央政府有意利用转移支付(特别是专项转移支付)来协调地方政府的一致行为(袁飞等,2008),因而无法兼顾地区均衡发展的目标。这些实证研究都只是从经济增长或公共服务均等化的角度来考虑转移支付的作用,而没有考虑转移支付在促进市场整合方面的作用。

本章将首先构建一个简单的理论模型,指出财政分权导致了地区之间的市场分割,不过当中央政府给予落后地区一定量的转移支付,使得落后地区所获得的转移支付能够补偿其融入分工的损失时,落后地区将放弃进行市场分割的努力,融入到全国的分工体系。进而将利用中国 1995—2005 年的省级面板数据,检验这种区域性的政策是否真的促进了市场的整合。因而不仅仅是一项关于中国国内市场整合的研究,更是对区域性政策的经济效果的一项评估。

第二节 分权、分工与转移支付

参考陆铭等(2004,2007)的做法,考虑一个两期两部门模型,其中一个部门的技术水平要求较高,我们记着 h,另一个较低为 l,高技能部门存在"干中学"效应,而低技能部门则不存在技术进步,可以简单地将 h 理解为工业部门,l 为农业部门。假设有两个省份,其效用函数相同,为 $U = C^h \cdot C^l$,其中一个省份在产品 l 上有比较优势,而另一个在 h 产品上有比较优势。财政分权意味着两个省份都可以独立选择其在两种产品上的投资,暂且假定生产中只有一种要素投入即劳动力资源，并且标准化为1，为了简化，这里仅考虑产品市场的整合，而要素市场假定是完全分割的，劳动力在不同地区不可以流动，所以各地的劳动力禀赋即最终投入到生产中的量。发达省份的在 h 产品上的相对初始技术和技术进步速度为 A 和 ϕ，两者在 l 产品上不存在技术进步，并且初始技术为1。

我们首先考虑不进行分工的收益，即两个省份都单独生产各自的 h 和 l，为了简化，这里假定不存在时间偏好，两个省份都同时要最大化两期的效用和：

$$\max_{t_1,\ t_2} U = C_1^h \cdot C_1^l + C_2^h \cdot C_2^l \tag{6.1}$$

其中：t_1 和 t_2 是两期中分配到 h 部门的劳动力。为了简化，我们假定 l 产品的生产不存在规模报酬，产出是时间的线性函数，同时消费量等于产出量，为了区别于发达地区，我们用小写字母表示落后地区的效用和产出等，落后地区在 h 产品上的初始技术和技术进步率都为1，则其在两阶段中的产出为：

$$y^l = y_1^l + y_2^l = (1 - t_1) + (1 - t_2) = (2 - t_1 - t_2)$$

$$y^h = y_1^h + y_2^h = t_1 + t_1 \cdot t_2 \tag{6.2}$$

通过简单的线性规划，我们得知落后地区在不分工时的资源分配和效用为：

$$t_1 = \frac{5}{8}; \ t_2 = \frac{1}{2}; \ u = \frac{25}{64} \tag{6.3}$$

同理，发达地区在两部门中的产出分别为：

$$Y^l = Y_1^l + Y_2^l = (1 - t_1) + (1 - t_2) = (2 - t_1 - t_2)$$

$$Y^h = Y_1^h + Y_2^h = A \cdot t_1 + \phi \cdot Y_1^h \cdot t_2 = A \cdot t_1 + \phi A \cdot t_1 \cdot t_2 \tag{6.4}$$

则其两期中的资源分配和效用为：

$$T_1 = \frac{1}{2} + \frac{1}{8}\phi; \ T_2 = \frac{1}{2}; \ U = A \cdot \left(\frac{1}{2} + \frac{1}{8}\phi\right)^2 \tag{6.5}$$

我们这里用不分工的状态来代表极端的市场分割，此时两地的生产量即为消费量，商品市场是完全分割的。如果这是落后地区的理性选择，当中央政府从发达地区转移一定量的资源 U_0，该转移支付能使得落后地区参与分工，则意味着此时的效用要大于上述不分工时的效用。为了简化,我们假定市场整合即是完全的分工,而完全分工也意味着落后地区将资源全部分配 l 产品的生产,每期所生产的低技术产品的量都为 1,而发达地区负责 h 产品的生产,第一期产量为 A,第二期产量为 ϕA。产品市场的整合也意味着产品 l 和产品 h 在市场上可以自由交换,假定 l 产品的价格为 1, h 产品的价格为 $p(p>1)$,地区间的运输成本采用冰山成本的形式,即 1 单位产品从一个地区运输到另一个地区,仅有 $1/D$ 单位产品可抵达目的地,其中 D 表示两地之间的运输条件。此时,落后地区的效用为:

$$\max_{c_1^l, c_2^l} u = c_1^h \cdot c_1^l + c_2^h \cdot c_2^l$$

$$\text{s.t.} \quad c_1^l + Dp c_1^h = 1 \tag{6.6}$$

$$c_2^l + Dp c_2^h = 1$$

落后地区的效用为:

$$u = c_1^h = c_2^h = \frac{1}{2Dp} \tag{6.7}$$

同理,发达地区的消费和效用为:

$$C_1^h = \frac{A}{2} \quad C_2^h = \frac{\phi A}{2} \quad U = \frac{A^2 p}{4}(1 + \phi^2) \tag{6.8}$$

静态分工的条件下,落后地区的效用会受损,则以下条件要得到满足:

$$\frac{1}{2Dp} \leqslant \frac{25}{64} \tag{6.9}$$

可见,两地距离越远、高技术产品相对价格越高,则落后地区越可能分割。此时,为了弥补落后地区可能遭受的损失,中央政府采用如下的条件转移支付形式:

$$U^* = \frac{1}{2Dp} + \tilde{U} = \frac{1}{2Dp} + \delta U_0 \tag{6.10}$$

其中:U^* 表示的是落后地区获得转移支付后的效用,当其采取策略性合作政策时,$\delta = 1$,如果是分割政策则 $\delta = 0$。比较式(6.3)、式(6.5)、式(6.7)和式(6.8)得知,在分工和完全自由交易的情况下,落后地区的效用实际上是下降的,所以实行分割的政策是落后地区的理性选择,而发达地区则获得了分工产生的"干中学"效应所带来的全部收益,并且如果 h 产品的相对价格越高、初始技术水平越高、技术进步越快的话,发达地区在分工中所获得的收益也越多,这也说明分工有利于发达地区生产新兴的高技术产品。而转移支付要使得两个地区都愿意融入到分工体系,则两者分工后的效用至少要大于各自的威胁点,即式(6.11)要满足:

$$\frac{25}{64} - \frac{1}{2Dp} \leqslant U_0 \leqslant \frac{A^2 p}{4}(1 + \phi^2) - A\left(\frac{1}{2} + \frac{1}{8}\phi\right)^2 \tag{6.11}$$

说明:当分权和自由市场同时存在的情况下,落后地区会理性地选择不分工,采取市场分割的战略以获取更多的收益。但是如果中央政府采用转移支付的政策,将一部分收益从发达地区转移到落后地区,则可以弥补落后地区在分工中的损失,使其融入到全国的分工体系中。并且由于相对价格、初始技术水平、技术进步率都大于 1,式(6.11)也意味着地区之间的技术差距越大,发达地区的技术进步越快,产品相对价格越高,要使得落后地区融入分工体系,进行转移支付的空间也会越来越大。这说明随着经济的发展,区域间均衡发展的目标将越来越容易达到,均衡的发展模式也必然会实现。不过式(6.11)的右边意味着,转移支付的量不能超过发达地区的承受能力,否则这些地区也会退回到没有分工的状态。

第三节　市场分割与转移支付的演变

虽然关于中国国内市场整合的研究很多,不过不同研究得出的结论相去甚远,并且就方法本身也各有缺陷。最常用的方法有生产法、贸易法、专业指数法和价格指数法,其中生产法的主要代表就是 Young(2000)的研究,此外 Xu(2002)从生产结构的角度,以及郑毓盛和李崇高(2003)从生产效率的角度来研究市场分割也都属于生产法的范畴,不过生产法得出的结论很可能就是经济转轨的成功之处。贸易法则是从省际间贸易流的角度来测算市场分割,如果分工较为完善,有理由相信地区之间的贸易会增加,不过中国并没有完整的省际间贸易流的统计,最常用的是投入产出表,比如 Naughton(1999)和 Poncet(2003b)都是如此。在最近这些年,有两个特殊的数据库被采用,一是"金税工程"的数据,理论上来说,这应该是中国目前关于地区间贸易的最好统计,中国的增值税采用进项抵扣的方法,因此工业品的地区间贸易会反映在增值税的抵扣上,并且,增值税是中国目前征收最有效率的税种,因此更能反映实际的省际贸易。该数据在行伟波和李善同(2009)的研究中得到应用,不过可惜的是,他们也仅有一年的数据,无法反映出市场分割的动态变化。另外一个数据库是铁路运输量的数据,《中国交通年鉴》上完整记载了关于省与省之间的铁路运输量,由于产品贸易会反映在运输上面,因此铁路运输量也是一个不错的数据,最近这些年也广被应用,如刘生龙(2011)、黄玖立和冼国明(2010)、徐现祥和李郁(2010)等。不过该数据有两个明显的缺陷:一是铁路运输只有数量,没有金额,也没有具体的产品统计;二是铁路运输无法剔除出口的部分,比如大多数运输到上海的产品是经由上海出口到国外,而统计上却认为这是上海与内陆省份的贸易。而在方法论方面,贸易法对商品的替代弹性极其敏感,如果替代弹性较大,极小的价格变化也会产生巨大的贸易流,而这跟市场分割没有关系,并且大部分的研究旨在讨论分割的严重性及趋势,并没有计算出一个一致性的指标(Naughton,1999;Xu,2002;桂琦寒,2006)。

我们基于以下的理由采用"价格法"来度量市场分割程度:首先,该方法根据"冰山成本"理论计算出相对价格的波动,波动的变化则反映了市场分割的变化,该方法在一定程度上克服了其他方法的弱点;其次,价格法能够给出一个一致的估计,同时反映了商品市场和要素市场的整合程度;最后,该方法计算的指数是目前唯一可获得的面板数据。"价格法"测量两地之间相对价格随时间波动的趋势,如果价格随时间趋于收敛,则表明地区间的交易成本在下降,而交易成本一部分来源于贸易壁垒,另一部分来源于交通设施的落后(Shiue,2002),不过在短期内前者的作用更加明显,因而相对价格的方差的大小直接反映市场的整合程度。

不过为了稳健性考虑,在随后的计算中,我们将同时采用桂琦寒等(2006)和刘小勇等(2008)基于价格法所得出的指数值,这两个指数虽然采用同样的方法,同时考虑九大类商品的价格变化[①],但数据跨度和计算覆盖的范围有差异,前者仅考虑

---

① 这九类商品分别是:粮食、鲜菜、饮料烟酒、服装、鞋帽、中西药品、书报杂志、文化体育用品、日用品以及燃料。

了相邻省份的作用,即所谓的"以邻为壑",而后者则考虑到整个国内市场,既符合"政治锦标赛"的假设,也与 Poncet(2003b)的结论相对一致,因而我们以后者为主。从图 6.1 可以看出,两者都显示了同样的趋势,在 20 世纪 90 年代中期之前,市场分割并无明显的缩小或者扩大迹象,不同年份之间波动巨大。然而自 1994 年以来,国内市场呈现明显的整合趋势,除了 1997 年由于外部金融危机导致分割行为的短暂加剧外,市场分割在其他年份都保持在一个较低的水平,特别是在 1999 年降到了历史的最低点。这说明 20 世纪 90 年代中期的某些政策使得地方政府放弃了各自为政的动机,更快地融入了全球和国内的市场分工。

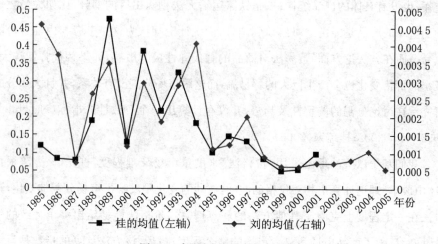

图 6.1　中国市场分割的变化趋势

不同经济发展水平的地区的分割程度也不一样,那些禀赋、地理条件类似的地区更加可能采取分割的策略,以期在"政治锦标赛"过程中获得更多的经济增长。我们在图 6.2 中将全国分为沿海和内陆①省份分开考虑,以两地 1985 年的水平为基准进行标准化,这样做的目的是剔除掉各自初始条件的影响。我们发现两者整体的趋势基本相同,都同时受外部经济环境的影响,然而自 1995 年开始,内陆的市场整合程度相对更高,仅为 1985 年的 1/4,1999 年更是降低到历史的最低水平,2003 年沿海的市场分割程度相对前一年有较大幅度的上升,这可能与所得税的改

---

① 沿海地区为除广西外的其他沿海省份,内陆则是剩下的省份。

革相关。2002 年的所得税分享改革对沿海地区的冲击更大,降低了地方政府从经济发展中可获得的好处。

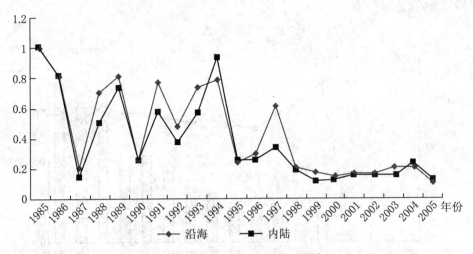

图 6.2　沿海和内陆地区的市场分割变化

　　财政体制改革往往成为调整中央与地方政府关系的一个主要手段,财政体制改革直接改变地方政府的行为,使其采取策略性分工或者相反的政策。而始于 1994 年的分税制改革使得"两个比重"——财政收入占 GDP 和中央财政收入占总财政收入的比重——得到提高,分别从 1993 年的 11.2% 和 22% 上升到 2006 年的 18.5% 和 52.8%。中央政府有足够的能力来进行转移支付,从图 6.3 可以看出,以中央补助占地方支出比重度量的转移支付在 1994 年之前非常少,1994 年出现一个大的跳跃,这是因为分税制改革中的税收返还所造成的,此时采用的是过渡时期的转移支付办法,以保证地方既得利益为重点,因而一直到 1998 年转移支付的总量都增长缓慢。我们也观察到虽然转移支付的总量在增长,不过其占地方政府财政支出的比重一直在下降,中央政府对地方政府的影响也随之下降。1999 年出现第二个跳跃点,此后一直保持高速的增长(王绍光,2004),同时转移支付占地方政府支出的比重也随之上升,特别是 2002 年开始实施的所得税改革方案中,明确规定中央收入增长部分全部进入一般性转移支付,用以均衡地区间财力差距,转移支付的比重也相应得到提高,说明中央政府开始通过转移支付来影响各地的经济发展①。大量的财政转移支付也是后来的一系列改革能够有效推行的前提条件(王绍光,2004),如金融体系和国有企业的改革等都是在 20 世纪 90 年代中后期得以完成。

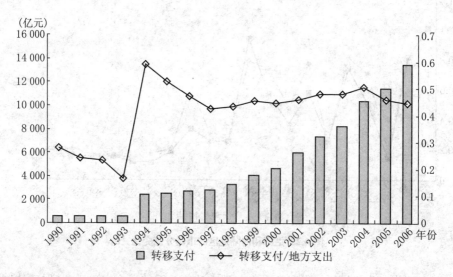

资料来源:《中国财政年鉴》(2007 年)。

图 6.3　转移支付和转移支付占地方政府支出的比重

　　在转移支付增加的同时,地区之间的差异也随之增加,内陆地区在转移支付的增长上更加明显。我们在图 6.4 中分地区按照 1995 年的水平进行标准化,至 2006 年内陆地区的转移支付增长了 6.8 倍,而同期沿海地区仅增长了 3.6 倍。并且两者之间的变化呈现阶段性特征,1999 年之前两者几乎保持了同样的增速,说明当时的政策并没有区域性差异。而另一个转折点是 2003 年,2003 年之后内陆地区所获得的转移支付以更快的速度增长,两者相对于基年的差距从 2003 年的 1 倍增长到 2006 年的 3 倍。这些变化与中央的区域性政策是相关的,1999 年的"西部大开发"、2003 年的"振兴东北老工业基地"和 2004 年的"中部崛起",都伴随着对内陆省份的财政转移的力度加大。

---

　　①　方案明确提出所得税改革的目的是"防止重复建设,减缓地区间财力差距的扩大,支持西部大开发"。见《国务院关于印发所得税收入分享改革方案的通知》。

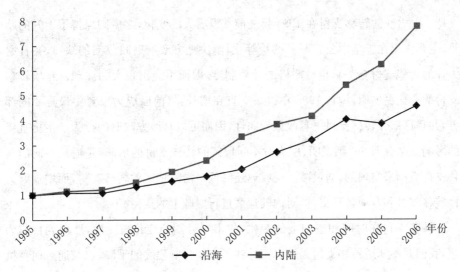

资料来源:《中国财政年鉴》(1996—2007 年)。

图6.4 沿海和内陆地区的转移支付变化

转移支付的构成——财力性转移支付、专项转移支付和税收返还——自1994年以来变化巨大,从中也反映出中央政府的政策调整方向,税收返还占全部转移支付的比重从1995年的73.7%下降到2004年的30.5%,成为三者中最低的部分,这也说明早期的转移支付更多的是一种妥协的策略,以争取地方政府对财政改革的

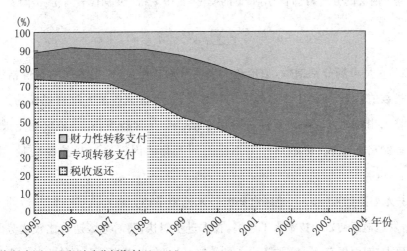

资料来源:《地方财政分析资料(2004)》。

图6.5 转移支付各组成成分的变化

支持。财力性的转移支付在1999年之前并没有大的变化，之后则保持了上升的趋势，主要作用在于基本公共服务的均等化，解决地方政府财政收支的缺口，并且财力性的转移支付有一套相对严格的计算制度，因而不会出现大的波动。专项转移支付的变化更加明显，自1995年以来一直在增长，目前已成为三者中最重要的部分，并且这部分转移支付更具政策导向性，因而可以对地方政府的行为产生更直接的影响。结合图6.4则说明，中央对不同地区的转移支付的增减，是通过不同的转移支付类型来实现的，通过减少税收返还降低对沿海地区的转移支付，而增加财力性转移支付和专项转移支付，对内陆地区进行财政上的扶持。

转移支付在时间和空间上的变化，与市场分割的变化较一致，然而到目前为止，我们并不知道转移支付是否真正导致了市场分割程度的下降，以及通过何种机制使得地方政府采取策略性分工的战略。

第四节　转移支付与市场分割的因果关联

一、指标选取与描述性统计

基于前文的分析，我们采用如下的模型，其中 i 和 t 分别代表省份和年份：

$$Seg_{it} = \alpha_0 + \alpha_i + \sum \beta_k X_{it}^k + \gamma\, Tran_{it} + \varepsilon_{it}$$

其中：Seg 是市场分割指数，数值越大表明分割越严重，这里采用的是价格法计算的指数值。$Tran$ 是中央对地方的转移支付，考虑到各地方政府规模的大小，我们将采用各地方的财政规模进行标准化。α_0 是常数项，α_i 是地区固定效应，用以控制诸如地理、初始条件等不随时间变化的因素。X 是控制变量，主要包括：

技术差距（$Techgap$）：地区之间的技术差距是地方政府选择分割政策的主要约束，发达地区初始的技术水平越高，技术进步越快，落后地区逆转比较优势的收益则更大，因而更有激励采取不分工的策略，以期在未来获得更多的收益。由于我们采用的两种指数的覆盖面有差异，因而将分别采用两种方法来度量技术差距，一种是本省的人均 GDP 与全国人均 GDP 的比例,另外一种是本省人均 GDP 与周围各省人均 GDP 的均值的比例。

开放度($Open$):对外开放意味着融入全球的分工体系,地方政府将面对一个竞争性越来越强的环境,民营企业和外资的涌入将要求地方政府减少对经济的干预,同时地方政府也将发现通过分割政策来保护国有企业的成本越来越高。因而经济越开放,则市场整合程度越高。不过开放度也意味着利用国际市场的能力,而国际市场与国内市场在一定程度上存在替代性,因而开放也可能带来市场分割的加剧。这里采用外贸依存度来度量开放程度。

政府财政支出扣除转移支付后占 GDP 的比重($Govsp$):用来衡量地方政府出于财政收入的考虑而实行分割的策略。该比重越高,地方政府则越有激励来实行分割的政策。

国有化比重(Soe):地方政府选择分割的政策也有可能是为了解决当地的就业,特别是原城市中国有企业员工的就业问题,一个省份国有化比重越大,其产品也往往缺乏竞争力,于是地方政府被迫对这些行业进行保护,因而市场分割程度提高。我们采用国有企业职工数占总职工数的比重。

地理距离($Distance$):地理条件在新经济地理学中非常重要,相距较远的两个地区必然也会严重分割,然而地理条件的限制往往会通过交通设施的改善得以缓解,所以我们采用骆许蓓(2004 年)计算的调整距离①来反映两地之间的交通成本。

人均 GDP($Pgdp$):②经济发展水平的阶段性会要求政府采取不同的政策,经济越发达,越需要一个自由竞争的市场,因而经济水平越高的地方,分割程度越低。

---

① 调整距离具体来说分四步计算,首先计算地区 i 在年份 t 的公路网密度和铁路网密度,分别记为 DR_{it} 和 DF_{it},定义该省份在年份 t 的交通网络密度 $D_{it} = a_{1t}DR_{it} + a_{2t}DF_{it}$;接着假设将产品从省份 i 运送到省份 j 需要途经 n 省份,定义省份 i 和省份 j 之间运输便利程度 $D_{ij,t} = \sum D_{it}/n$;接下来定义地区 i 和 j 之间运输距离 $Dist_{ij,t}$ 为其公路距离和铁路距离的加权平均值 $Dist_{ij,t} = a_{1t}DistR_{ij,t} + a_{2t}DistF_{ij,t}$;最后定义地区 i 和 j 之间调整距离 $Distance_{ij,t} = Dist_{ij,t}/D_{ij,t}$。

② 虽然这一变量与技术差距存在多重共线性,不过我们这里的目的是为了控制经济发展水平的差异,同时我们也曾剔除之后再计算,发现结果没有变化。

财政分权(Fd):已有的分权理论都指出分权会带来地方保护主义,因而分权的程度直接与市场分割正相关。我们这里按照常规的做法,利用地方政府预算内人均财政支出占全国预算内人均财政总支出的比重来表示分权的程度。

这里所使用的市场分割指数分别来自于桂琦寒等(2006)和刘小勇等(2008),税收返还、财力性转移支付和专项转移支付的数据来自于财政部预算司《地方财政分析资料(2004)》,其他数据分别来自各年度的《中国统计年鉴》和《中国财政年鉴》。由于分省的财政转移支付的数据在1995年之后才可获得,同时市场分割指数到2005年截止,因而大部分的数据年限都是1995—2005年,但是细分的转移支付数据仅到2004年。样本中共有内地28个省、自治区和直辖市,其中重庆、海南和西藏三个地区由于数据不全而没有包含在内。我们在随后的估计中采用面板数据的方法,通过Hausman检验对固定效应和随机效应进行选取,仅报告选取之后的结果。

表6.1的描述性统计可以给我们一些直观的看法。市场分割不管是在1999年之前还是之后,东部地区都略高于内陆省份,这可能是因为东部地区的地理和资源禀赋条件更加接近,因而产业同构现象比较严重。转移支付表明地方政府的支出严重依赖于中央政府,平均来说,地方政府有超过一半的支出是来自中央政府,并且转移支付呈现地域性和阶段性特征,1999年之前,内陆和沿海所获得的转移支付差别不大,然而1999年之后绝大部分的转移支付增量给予了内陆省份,这实际上也间接说明地方政府所获得的转移支付是相对外生于自身的行为。税收返还的初衷是为了补偿发达地区的财政损失,因而沿海地区较内陆地区更多,但是专项转移支付和财力性转移支付则更多照顾内陆地区,因而转移支付的地域特征是通过不同的转移支付项目实现的。可以看出,技术差距上沿海地区要远远高于内陆地区,开放度也同样如此。政府支出占GDP的比重平均为6%,其中在1999年之前内陆地区较沿海地区更加依赖于当地的经济发展,而在1999年之后则相反,沿海地区的政府支出更依赖于当地的经济。内陆地区国有化的比重更高,当地政府负担了更多的就业压力,交通条件在内陆地区更差,沿海地区的经济发展水平和财政分权都相对更高。

表6.1 描述性统计指标

变 量	全 国	1999 年之前		1999 年之后	
		沿 海	内 陆	沿 海	内 陆
市场分割	0.093 (0.079)	0.155 (0.173)	0.116 (0.045)	0.076 (0.044)	0.069 (0.037)
转移支付	0.502 (0.142)	0.447 (0.119)	0.494 (0.090)	0.352 (0.097)	0.608 (0.102)
税收返还	0.225 (0.103)	0.363 (0.093)	0.285 (0.077)	0.201 (0.056)	0.148 (0.055)
专项转移支付	0.158 (0.101)	0.058 (0.024)	0.135 (0.05)	0.079 (0.06)	0.256 (0.074)
财力性转移支付	0.110 (0.101)	0.035 (0.032)	0.080 (0.093)	0.043 (0.042)	0.196 (0.084)
技术差距	1.133 (0.817)	1.826 (0.850)	0.687 (0.170)	1.978 (0.975)	0.697 (0.176)
开放度	0.304 (0.415)	0.622 (0.517)	0.082 (0.028)	0.733 (0.483)	0.091 (0.037)
政府支出	0.060 (0.020)	0.047 (0.017)	0.055 (0.014)	0.071 (0.026)	0.061 (0.016)
国有化	0.703 (0.112)	0.667 (0.063)	0.797 (0.054)	0.566 (0.106)	0.737 (0.069)
距 离	18 461 (34 635)	9 551 (13 233)	31 296 (53 058)	5 938 (5 510)	20 912 (32 582)
人均GDP	9 784 (8 203)	11 027 (5 390)	4 146 (1 144)	19 853 (10 879)	7 018 (2 614)
财政分权	0.906 (0.670)	1.381 (0.093)	0.659 (0.224)	1.315 (0.919)	0.668 (0.240)

注:括号内为标准差。

二、基本的计量回归结果

为了系数不至于太小,我们将所有的市场分割指数都乘以100。同时出于稳健性的考虑,采用多维度度量转移支付,$Tran1—4$分别为中央补助/地方财政支出、(中央补助－税收返还)/地方财政支出、中央补助/地方财政收入、(地方财政支出－地方财政收入)/地方财政支出。不同的度量方法得出了较一致的结果,在其他条件相同的情况下,转移支付力度的增大会带来市场分割程度的降低,这也说明中央对地方的转移支付间接促进了国内的市场整合。第四个回归采用传统的转移支付的度量方法(乔宝云等,2006),转移支付的系数也在5%的显著性水平下通过了检验。第五个回归中,我们采用桂琦寒等(2006)的指数,虽然转移支付没有通过显著性检验,但其P值也接近10%,并且符号依然为负,由于该指数只计算到2001年,自由度大大降低可能直接导致了变量不显著。

表 6.2　模型的基本计算结果

变　量	因变量:刘的指数 1995—2005 年				桂的指数 1995—2001 年 FE
	(1) FE	(2) FE	(3) RE	(4) RE	
Tran1	−0.187*** (0.068)				−16.300 (10.742)
Tran2		−0.142*** (0.048)			
Tran3			−0.035*** (0.010)		
Tran4				−0.139** (0.056)	
Open	0.022 (0.045)	0.003 (0.050)	0.049*** (0.018)	0.042** (0.020)	−5.259 (8.489)
Govsp	−1.600*** (0.481)	−0.978** (0.450)	−1.021*** (0.336)	−0.573* (0.306)	−247.081** (−107.073)
Techgap	−0.162** (0.065)	−0.380*** (0.106)	−0.066** (0.030)	−0.039 (0.030)	−57.168*** (17.107)
Soe	0.326** (0.153)	0.537*** (0.177)	0.120* (0.073)	0.154** (0.073)	69.811** (31.262)
Fd	0.082* (0.043)	0.093** (0.046)	0.111*** (0.028)	0.077*** (0.025)	17.515** (7.035)
Pgdp	2.47E−06 (2.66E−06)	1.09E−05*** (3.61−E06)	−1.26E−06 (1.57E−06)	−1.86E−06 (1.60E−06)	0.002*** (0.000 8)
Distance	−4.31E−07 (3.31E−07)	−4.42E−07 (3.47E−07)	−1.08E−07 (1.33E−07)	−1.07E−07 (1.36E−07)	6.80E−05 (6.07E−05)
Hausman P	0.054	0.037	0.318	0.166	0.000 2
组内 R^2	0.176	0.174	0.157	0.139	0.208
样本量	308	280	308	308	196

注:括号中为标准误,*、** 和 *** 分别表示 10%、5% 和 1% 的显著性水平。

　　五个回归中其他变量的估计也基本一致,我们仅报告了通过 Hausman 检验的固定效应模型或随机效应模型。对外开放没有带来市场的整合,可能是因为一方面开放约束了政府行为,进而降低市场分割,另一方面对外开放又挤出了国内贸易(Poncet,2003b;黄玖立、李坤望,2006;陆铭、陈钊,2009),加剧了地区间的分割。政府支出占 GDP 的比重与市场分割指数显著负相关,可能是因为市场分割使得当期的经济增长受损(Poncet,2003a),进而减少了地方政府当期的收入。这与本章第二节的结论一致,说明地方政府的市场分割行为更可能是为了未来的财政收入。技术差距与市场分割负相关,说明相对技术水平越低的省份越有激励实行分割的政策,以期在未来获得更多的财政收入。国有企业比重越高的省份,其市场分割也越严重,政府出于就业的考虑需要给当地没有竞争力的企业予以保护,加剧了市场分割。财政分权程度与市场分割显著正相关,符合已有关于分权的研究,财政分权给予地方政府经济激励来实行分割的政策。

三、地区间的差异

　　由于转移支付呈现阶段性和区域性特征,东部地区的转移支付越来越少,而内陆则逐渐增加,同时其他变量在不同地区的表现也不同,这种区域性特征可能使得上述的简单估计掩盖了其他信息,因而我们在表 6.3 中进行分地区的计算。我们发现转移支付在东部并没有带来市场整合,并且开放度越高的地区越是实行市场分割。这一结论与陆铭和陈钊(2009)的结论一致,说明沿海地区确实在利用开放带来的国际贸易替代国内贸易,并且牺牲当期的政府支出,以换取未来更多的财政收入。而内陆地区的转移支付与市场整合的关系符合前面的假说,给予落后地区更多的转移支付可以有效地使得这些地区融入分工体系,这意味着增加内陆地区转移支付 1 个百分点,可以使得其市场分割程度从目前的水平下降 4.3%。直辖市与其他地区往往在政策上有很大的差异,因而我们在第三个回归中剔除直辖市的样本,我们发现其结果与第二个回归基本类似,不过转移支付的系数变小了,而技术差距的效应则更强。另外,1999 年开始实行地区性发展战略,此后大量的转移支付开始倾斜于内陆地区,因而转移支付 1999 年前后的作用也会发生变化。我们在第四个回归中加入了 1999 年虚拟变量与转移支付的交互项,发现转移支付本身并不显著,而交互项此时却非常显著。这也说明转移支付对市场整合的作用与地区性的战略密切相关,仅仅是 1999 年之后倾斜性的转移支付才有效地缓解了地区间的分割行为。

表 6.3 分地区的计算结果

变 量	(1) 沿海 RE	(2) 内陆 FE	(3) 非直辖市 FE	(4) 全国 RE
$Tran1$	−0.177	−0.367***	−0.251***	−0.017
	(0.168)	(0.066)	(0.047)	(0.070)
$D99 * Tran1$				−0.063***
				(0.024)
$Open$	0.064*	0.196	0.008	0.046**
	(0.033)	(0.159)	(0.049)	(0.020)
$Govsp$	−1.914*	−1.596***	−1.804***	−0.590
	(1.312 2)	(0.393)	(0.332)	(0.395)
$Techgap$	−0.060	−0.337***	−0.250***	−0.027
	(0.058)	(0.110)	(0.076)	(0.028)
Soe	0.227	0.108	0.105	0.126
	(0.164)	(0.126)	(0.101)	(0.077)
Fd	0.110**	0.090*	0.122***	0.064**
	(0.055)	(0.054)	(0.042)	(0.029)
$Pgdp$	1.17E−07	7.26E−06**	3.02E−06	−1.11E−06
	(3.01E−06)	(3.67E−06)	(2.29E−06)	(1.57E−06)
$Distance$	4.49E−07	−1.05E−07	−2.42E−07	−2.12E−07
	(1.19E−06)	(2.01E−07)	(1.83E−07)	(1.40E−07)
Hausman P	0.790	0.008	0.000	0.284
组内 R^2	0.169	0.267	0.246	0.170
样本量	110	198	275	308

注:括号中为标准误,*、** 和 *** 分别表示 10%、5% 和 1% 的显著性水平。

四、不同转移支付类型的差异

转移支付与市场整合的关系在分税制前后呈现阶段性特征,这可能与转移支付细分项目的不同时间趋势有关。在分税制实施初期,为了改革能够顺利推行,中央政府给予各地大量的税收返还,以保证这些地方的财政收入不低于改革之前的水平,不过税收返还在转移支付中的比重逐年下降。而另外两项转移支付——财力性转移支付和专项转移支付——的拨付机制也不相同,前者有一套相对严格的制度,因而地方政府可以预期,并且不指定用途和事后评估,地方政府的操作空间较大,后者则随意性相对较大,具有临时性和政策导向性。由于各项转移支付的制度相差较大,其对市场整合的作用也会有差异,税收返还和财力性转移支付属于无条件的转移支付,相当于直接增加地方政府的财力,而专项转移支付则要求地方采取一些行动以配合中央的政策。在 1999 年之前沿海地区相对于内陆有更多的税收返还,不过两者的差距在 1999 年之后开始缩小,而内陆地区所获得的另外两种转移支付却越来越多。接下来我们分别对不同的转移支付项目的作用进行计算。

从表 6.4 可以看出,大部分回归都支持固定效应模型,财力性的转移支付对市场分割的作用不明显,这可能是因为地方政府将这部分转移支付视同本级财政收入,并且可以完美预期,所以其行为并没有因此而改变。专项转移支付能够显著降低市场分割程度,这在无论是否控制其他转移支付的情况下都成立,表明专项转移支付能够带来市场整合,在第四个回归中可以看出,专项转移支付的作用最显著也最大。在不控制其他类别的转移支付时,税收返还的作用不显著,这可能是因为税收返还占地方支出的比重较大的地区,往往是其他转移支付较少,因而这一系数估计值吸收了其他两项转移支付的效应;这一猜测在第四个回归中得到证实,当控制财力性和专项转移支付时,更多的税收返还显著降低了市场分割程度。

我们在第五和第六个回归中分别仅对内陆省份和非直辖市的地区进行回归。我们发现专项转移支付在内陆省份的作用最大,每增加 1 个百分点的专项转移支付,可以使得市场分割下降 4.2%,同时我们还发现财力性转移支付在内陆地区能显著降低市场分割,不过税收返还的作用不明显。剔除直辖市的回归则仅发现专项转移支付具有显著作用,与第四个回归相比,说明转移支付对直辖市产生作用主要通过税收返还。表 6.4 的其他变量的估计结果与表 6.2 基本一致,这也间接表明我们的估计是较稳健的。

对比上述的回归,我们发现中央对地方的转移支付随着时间而变化,通过逐渐增加自主性的财力性转移支付和专项转移支付,同时减少税收返还,以加大对内陆地区的财力支持,这些政策使得落后地区采取合作的策略,显著降低了各自的市场分割,20世纪90年代中后期以来内陆地区的市场整合也主要缘于专项转移支付的增加。而在所有的回归中,财政分权都显著加剧了市场分割,说明过度的分权并不利于区域的市场整合。

表6.4 转移支付细分项目的计算结果

变 量	(1) FE	(2) FE	(3) FE	(4) FE	(5) 内陆省	(6) 非直辖市
Trangene (财力性)	−0.118 (0.083)			−0.076 (0.112)	−0.142* (0.077)	−0.035 (0.067)
Transpeci (专项)		−0.306*** (0.082)		−0.466*** (0.121)	−0.363*** (0.074)	−0.335*** (0.079)
Tranre (税收返还)			0.149 (0.094)	−0.298* (0.165)	−0.083 (0.098)	−0.010 (0.121)
Open	0.013 (0.050)	0.004 (0.049)	0.007 (0.050)	0.004 (0.049)	0.074 (0.109)	−0.012 (0.058)
Govsp	−0.927** (0.457)	−0.959** (0.445)	−0.565 (0.494)	−1.655*** (0.592)	−0.951*** (0.282)	−1.129*** (0.430)
Techgap	−0.328*** (0.107)	−0.365*** (0.102)	−0.318*** (0.104)	−0.362*** (0.105)	−0.147*** (0.048)	−0.361*** (0.096)
Soe	0.582*** (0.181)	0.574*** (0.172)	0.580*** (0.180)	0.626*** (0.177)	0.069 (0.075)	0.253** (0.114)
Fd	0.087* (0.047)	0.097** (0.046)	0.086* (0.047)	0.103** (0.046)	0.104*** (0.028)	0.154*** (0.045)
Pgdp	9.69E−06*** (3.64E−06)	1.11E−05*** (3.56E−06)	1.10E−05*** (3.48E−06)	8.39E−06** (3.83E−06)	9.11E−06** (3.77E−06)	9.15E−06*** (3.37E−06)
Distance	−3.17E−07 (3.49E−07)	−5.55E−07 (3.48E−07)	−3.08E−07 (3.49E−07)	−6.79E−07* (3.53E−07)	−3.71E−08 (1.21E−07)	−2.92E−07 (2.07E−07)
Hausman *P*	0.018	0.027	0.036	0.019	0.152	0.099
组内 R^2	0.151	0.191	0.153	0.202	0.261	0.279
样本量	280	280	280	280	180	250

注:括号中为标准误,*、** 和 *** 分别表示10%、5%和1%的显著性水平。

第五节　转移支付效应随时间的变化

然而正如本章第二节的理论框架所表明的,这种转移支付能够起作用,是在既定的分权框架之下的,即分权给予地方政府发展当地经济的激励,分权越大说明政府能够从当地经济发展中所获得的好处也越大,政府的收益与当地的经济发展直接相关,于是才出现一系列为了扶持本地经济的地方保护主义政策,例如在 20 世纪 90 年代各地都纷纷开展"资源战",即使到了今天,各地方政府都尽量阻止外地商品进入本地市场,政府的采购对象也以本地企业为主,地方政府对于那些税源大户依然提供市场保护,例如烟草企业等。正是在这样的框架下,中央政府的转移支付能够在一定程度上削弱地方政府与当地经济的联系,降低地方政府(特别是内地的省份)实施地方保护主义的动机,然而从表 6.5 可以看出,这一政策对于降低市场分割的边际效果越来越小,随着时间的推移已慢慢趋于 0。

从表 6.3 得知,转移支付是在 1999 年之后才发挥作用的,因而 1999 年之前的作用在年份之间差异不大,在 1999 年之后将各年的虚拟变量与转移支付交叉相乘,同时我们也发现在三项转移支付中,作用最显著的是专项转移支付,这一结论与文献基本一致,所以接下来我们仅考虑专项转移支付的作用如何随时间而变化。表 6.5 的结果非常直观,专项转移支付在 2001 年之前作用非常显著,并没有随时间而递减,交叉项的系数表明 2000 年和 2001 年与之前的年份的作用没有差异。然而自 2002 年开始,交叉项逐渐从不显著变为显著为正,这表明专项转移支付的作用出现显著的下降,2004 年的结果表明当年专项转移支付对市场分割的作用仅为 1999 年的 42.9%[①]。随机效应的结果则更加显著,2004 年的边际效果仅为 1999 年的 32.4%。其他变量的估计结果与前面基本一致,这里不再重复。

随着转移支付的政策效果随时间而下降,这种政策的操作空间也越来越小,转移支付对于地区市场整合的贡献也越来越有限。并且转移支付的负面作用备受争议,转移支付会造成的效率损失和扭曲效应(Weingast, 2000;Besley and Coate,

---

① 即 $(0.515 - 0.294)/0.515 = 0.429$。

表 6.5 转移支付效果的时间趋势

FE

变量		变量	
Trangene（财力性）	-0.283* (0.155)	Open	0.004 (0.049)
Transpeci（专项）	-0.515* (0.148)	Govsp	-1.236* (0.640)
Tranrev（税收返还）	-0.312* (0.165)	Techgap	-0.345*** (0.105)
Transpeci00	0.014 (0.090)	Soe	0.682*** (0.181)
Transpeci01	0.097 (0.106)	Fd	0.067 (0.048)
Transpeci02	0.152 (0.112)	Pgdp	6.09E-06 (3.95E-06)
Transpeci03	0.163 (0.130)	Distance	-4.86E-07 (3.67E-07)
Transpeci04	0.294** (0.137)		
Hausman P	0.224		
组内 R^2	0.178		
样本量	280		

RE

变量		变量	
Trangene（财力性）	0.148 (0.107)	Open	0.043** (0.022)
Transpeci（专项）	-0.346*** (0.114)	Govsp	-0.975** (0.413)
Tranrev（税收返还）	-0.069 (0.099)	Techgap	-0.062* (0.036)
Transpeci00	-0.001 (0.084)	Soe	0.224** (0.089)
Transpeci01	0.073 (0.090)	Fd	0.102*** (0.031)
Transpeci02	0.112 (0.096)	Pgdp	-7.56E-07 (2.46E-06)
Transpeci03	0.116 (0.109)	Distance	-1.24E-07 (1.78E-07)
Transpeci04	0.234** (0.109)		
Hausman P	0.162		
组内 R^2	0.178		
obs	280		

注：括号中为标准误，*、** 和 *** 分别表示 10%，5% 和 1% 的显著性水平。

2003),增加政府间的交易成本和不透明性。与其在既定的框架下,利用成本巨大的转移支付来促进市场整合,还不如改革目前的分权体系,从另一个维度来割断政府与当地经济发展的联系,降低政府这只"有形之手"的作用,而让市场这只"无形之手"来推动市场建设。

第六节 小结

斯密定理说明随着市场的扩大,分工会得到发展,进而促进经济的发展,李嘉图的比较优势理论在此基础上进一步发展,遵循比较优势是各国或各地区最优的选择,然而现实中不参与分工的例子比比皆是。从动态的角度来看,不参与分工的动机可能是为了在未来逆转不利的比较优势,获得"动态比较优势",即使最终失败了,也能获得更大的谈判能力,分享到更大的好处。因而如果存在一个强大的中央政府,通过财政体系将一部分好处从发达地区转移给落后地区,则会降低落后地区进行市场分割的动力,使之融入整体的分工体系,从长期来看更是一个双赢的过程。

始于 20 世纪 80 年代初期的财政分权对中国的经济增长有不可磨灭的贡献,中央政府将事权和财权下放到地方政府,地方政府有足够的经济激励来发展本地经济,然而同时也不可避免地采取了地方保护主义政策,重复建设和市场分割严重,同时区域和城乡差距也随之扩大。1994 年的分税制开始将财权集中,两个比重也随之提高,中央政府有足够的能力来进行宏观调控和推行市场化建设。出于均衡区域经济的考虑,1999 年开始实行"西部大开放"战略,其中一个具体的措施就是通过财政转移支付来实行区域的均衡发展。这一措施虽然并没有带来地区经济的收敛,也没有显著促进中西部地区经济的快速增长(马拴友、于红霞,2003;张军、范子英,2009),但间接使得这些地区放弃地方保护主义策略,分工得以在全国水平上演进,提高了经济整体的效率。

虽然转移支付间接促进了国内市场整合,但这一作用机制是在既定的分权框架体系之下发生的,并且其作用随着时间的推移变得非常微弱。从效率损失和操作空间来看,未来的改革应该要改变这个分权的框架,而不是继续从沿海地区转移财政资源到内陆地区。未来的改革主要从三方面展开:首先,要使得地方政府从当地的经济活动中退出,要从法律上减少地方政府对经济的干预,降低分权,也意味着压缩地方政府干预经济和分割市场的激励和空间;其次,要进行市场化建设,消除国内地方保护主义,以形成全国统一的市场;最后,要降低地方官员干预经济的政治动机,改革目前以 GDP 来考核官员绩效的指标体系,增加民生和公共服务等方面的考核(周黎安,2004)。

第七章

转移支付与政府规模

第一节　引言

　　理论上随着收入水平的提高,人们对于公共服务需求会越来越大,因而绝对和相对的政府规模都与经济发展水平正相关,即瓦格纳定律(Wagner's law)(Peacock and Scott, 2000)。早期的公共财政理论也与瓦格纳定律基本一致,认为影响某地政府规模的主要因素是其面临财政收入约束,而收入的结构并不起作用,即地方政府将转移支付与本地税收都作为财政收入等同看待,那些获得转移支付的省份会同时降低实际税率;相反,在转移支付减少时,则会提高实际税率,因而政府规模不会因为财政收入结构而发生变化(Bradford and Otaes, 1971),实际上这也意味着中央政府的财政政策不会影响政府规模的总体水平。但是转移支付的增加远比财政收入的增长复杂,带有配套性条款的专项转移支付产生的价格效应是巨大的,即使是无条件的财力性转移支付也会产生"粘纸效应",使得支出的增长幅度接近甚至超过转移支付的增幅(Hines and Thaler, 1995; Brennan and Pincus, 1996)。

　　中国现阶段的情况与上述理论和实证研究紧密相关。政府的财政支出规模从1995年的6 824亿元上升到2008年的62 593亿元,这与同期的经济增长相关,即瓦格纳定律得到满足。但另一方面,随着1994年分税制的实施,财权大幅度集中于中央政府,两个比重——财政收入占GDP的比重和中央本级财政收入占总财政收入的比重,从1993年的11.2%和22%上升到2006年的18.5%和52.8%,但支出责任还然由地方政府承担,因而每年中央政府都会将大量的财政资源转移给地方政府,净转移支付从 1994 年的 1 819 亿元增加到 2006 年的 12 714 亿元,年均增长 17.6%,超过了同一时期中央财政收入的增长幅度,财政转移支付占当年中央财政支出的比重也从 43.9%上升到 54.1%。如果中央政府增加的转移支付会对地方政府的规模产生影响,那么这种结构性变动的作用将非常巨大,从图 7.1 可以很直观地看出①,政府规模以相对于 GDP 更快的速度增长只是在分税制之后才出现的,财政支出占 GDP 的比重也从 1996 年的 11%上升到 2008 年的 21%,转移支付也恰好在这一时期才出现显著的增长。同样的情况也曾出现在其他国家,美国的州政府和地方政府的规模在过去几十年中迅速扩张,其中一个主要原因就是转移支付的增加(Logan,1986)。

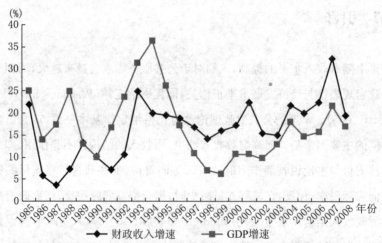

资料来源:《中国统计年鉴》(历年)。

图 7.1　中国历年来的财政收入与 GDP 的增速

　　本章试图从转移支付的角度为政府规模的增长膨胀提供一种新的解释,中央增加对地方的转移支付将改变央地之间的关系,从而直接影响到地方政府的行为。由于不同的转移支付的政策目标有差异,其在具体的分配和运作中也存在显著差异,因而本章将区分不同转移支付的作用。从文献的视角来看,本章解释为何最近

---

①　这里之所以采用财政收入,一方面是考虑到中国"以收定支"的财政安排,另一方面则是要避免利用财政支出可能反映出宏观调控的影响。

十年财政收入能够以更快的速度增长，并且发现转移支付带来的结构性变动对于整体的政府规模有显著的正向作用。与以往文献相比，本章的研究更加内生于中国的制度变化，认为政府规模膨胀以及财政收入增长都是制度变化的一个必然结果。本章实际上为第五章的发现提供一个科学的解释，即中国的转移支付制度的无效率，那些获得更多转移支付的内陆省份的行政人员规模出现"被增长"，未来面临严重的"吃饭财政"困境，转移支付有损于"发展型政府"的形成，内陆地区的经济增长可能因此陷入一个低水平的陷阱。因此，越是依赖于中央政府转移支付的地方，未来长期的经济增长速度更低。

第二节　中国地方政府的规模和转移支付政策的演变

以财政支出占 GDP 的比例来衡量的政府规模，在分税制之后经历了两个快速增长的阶段，在 1995 年至 2002 年中央财政支出并没有发生大的结构性变化，其本级财政支出与转移支付都按相同的速度增长，该阶段主要是中央财政收入的增加导致的，然而自 2004 年开始，中央加大对地方政府的转移支付力度，转移支付占中央支出的比重从 2003 年的 49％提高到 2004 年的 54％，并一直维持在该水平，我们从图 7.2 可以看到，第二轮的相对政府规模的增长正是从 2004 年开始，2008 年已经超过 20％。

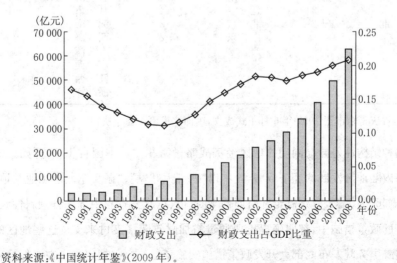

资料来源：《中国统计年鉴》（2009 年）。

图 7.2　绝对和相对的政府规模

虽然整体上的政府规模在增长,但是各地的增长速度差异很大,一些省份的相对政府规模出现显著上升,另一些则保持不变,部分省份甚至出现显著下降。以2007年为例,所有发达地区的相对政府规模都低于平均水平,其中较发达的江苏、浙江和山东甚至低于10%,而西部的西藏、青海和宁夏则高达80%、25%和36%。我们分别将1995年和2007年各省相对政府规模进行排序,发现大部分省份自1995年来都出现变化,其中排序上升的8个,下降的9个,基本保持不变的13个。沿海的8个省份中,除了江苏略有上升、浙江保持不变外,其余6省均有较大程度的下降,其中广东、天津和福建的降幅超过7位,分别从1995年的第17、第15和第21下降到第26、第23和第28位。上升幅度最大的是中部和西部的省份,其中安徽和四川分别上升11位,黑龙江和陕西上升5位。可见,中国自1996年以来的政府规模的膨胀,并不在于所有省份都经历超常的增长,而主要是部分内陆省份的增长导致的。

表7.1 相对政府规模的相对变化(1995—2007年)

上 升		下 降		不 变	
安 徽	+11	广 东	−9	河 北	+1
四 川	+11	天 津	−8	湖 南	+1
黑龙江	+5	福 建	−7	海 南	+1
陕 西	+5	内蒙古	−5	新 疆	+1
山 西	+3	吉 林	−5	宁 夏	+1
贵 州	+3	云 南	−4	青 海	−1
江 苏	+3	辽 宁	−4	甘 肃	−1
湖 北	+2	北 京	−3	河 南	0
		山 东	−2	西 海	0
				上 西	0
				广 西	0
				江	0
				浙	0

注:重庆直辖市于1997年6月正式成立,因而这里不包含重庆。

这种结构性差异与同期的地区经济战略紧密相关。中国自1999开始正式实施扶持内陆地区发展的经济战略,其中以"西部大开发"、"振兴东北老工业基地"和"中部崛起"为标志,分别制定针对西部12省市、东北三省和中部8省倾斜性政策。在具体的政策措施中,都明确提出要通过增加财政转移支付来支持这些地区的发展,如在《国务院发布西部大开发政策措施实施意见》中,曾规定中央在一般性转移支付、专项转移支付、扶贫资金、退耕还草/还林和县乡财政等方面要对西部地区有所倾斜,转移支付占中央财政支出的比重从 1999 年的 42％上升到 2001 年的 46％。在 2002 年实施的所得税分享改革,中央将分享一半以上的所得税收入,中央的财政收入占全国财政收入的比重从 2001 年的 52％上升到 2002 年的 55％,但该方案明确规定这些收入将全部用于内陆地区的一般性转移支付,使得转移支付占中央支出的比重从 2001 年的 46％上升到 2007 年的 58％。

　　但并不是所有地区都同比例获得了转移支付。在分税制实施初期,为了保证改革的顺利推行,中央对发达地区实行两税返还,随着中央财政收入的增长,税收返还的比重逐渐下降,多余的财力则主要用于内陆地区的财力性转移支付和专项转移支付。我们从表 7.2 可以看出,在按照人均财政转移支付排序后,2007 年相对于 1995 年没有发生变化的仅西藏一个地区,这主要是因为西藏历来都是国家重点扶持的对象,而相对排序出现上升的有 18 个省,并且全部地处中西部地区,相对排序出现下降的有 11 个省市,除了云南和河北外,其余都是东部沿海地区,下降幅度最大的是广东、浙江和江苏,分别从 1995 年的第 10、第 12 和第 15 下降到 2007 年的第 30、第 27 和第 29。

表 7.2　人均财政转移支付的相对变化(1995—2007 年)

上　升		下　降		不　变	
陕　西	+9	广　东	−20	西　藏	0
甘　肃	+8	浙　江	−15		
吉　林	+8	江　苏	−14		
贵　州	+8	北　京	−12		
湖　南	+7	福　建	−10		
江　西	+7	云　南	−7		
安　徽	+7	山　东	−7		
内蒙古	+7	天　津	−6		
海　南	+6	上　海	−5		
四　川	+6	辽　宁	−5		
河　南	+5	河　北	−2		
宁　夏	+5				
黑龙江	+5				
新　疆	+4				
青　海	+3				
山　西	+3				
广　西	+3				
湖　北	+2				

注:重庆直辖市于 1997 年 6 月正式设立,因而这里不包含重庆。

　　将表 7.1 和表 7.2 进行对比，那些政府规模超速膨胀的省份，其获得的财政转移支付都经历不同程度的增长，而政府规模增速最慢的省份，除内蒙古和吉林外，其余省份获得的转移支付也随之减少。当按照东中西部进行分类时，我们发现东部省份的平均政府规模仅有略微上升，部分年份甚至出现下降趋势，西部与东部地区的差距在 1999 年之前基本保持不变。西部大开发使得两地的差距开始拉大，在 2002 年达到顶峰，该年西部省份的平均政府规模是东部的 2.4 倍。而在 2003 年之后开始实施的针对东北和中部省份的扶持计划，使得西部省份的政府规模略有下降，而中部省份的水平开始超过东部，并在之后的年份拉大了与东部之间的差距。因而，中国自 1996 年以来的政府规模的膨胀，在 1999 年之前只是体现为中央本级政府的增长，1999 年之后则主要来自中西部地区的政府规模的超常增长。

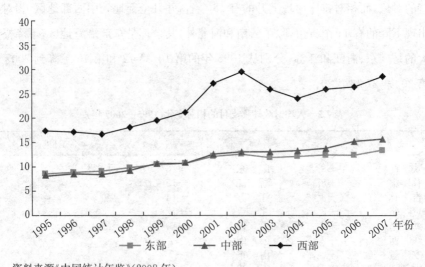

资料来源《中国统计年鉴》(2008 年)。

图 7.3　东中西部地区政府规模的平均水平

第三节　专项转移支付：公共品供给与政府规模的权衡

　　中国式的分权结构赋予地方政府发展本地经济的激励，硬化了地方政府的预算约束，并构成中国经济前 30 年发展历程中的一个显著特征(Qian and Roland，1998；张军、周黎安；2008；王永钦等，2007)。但是实证方面的文献对此并没有形成统一的结论,一些研究发现分权确实促进了经济增长,而另一些并没有发现正面证据,甚至认为分权与经济增长是负相关的(Zhang and Zou, 1998;胡书东,2001),其中一个主要的解释是地区竞争所导致的负外部性,分权诱导地方政府加大对于基础设施的投资以吸引资金的流入,而严重忽视对于教育、医疗等公共品的投入(傅勇、张晏,2007;范子英、张军,2009)。

早在 1993 年的《中国教育改革和发展纲要》中就规定,到 20 世纪末,国家财政性教育经费占 GDP 的比重要达到 4%,然而时至今日这一目标依然没能实现①,这一比重在 2008 年达到了历史新高,也仅为 3.48%,不仅与发达国家 5.1% 的水平相距甚远,甚至低于大多数欠发达国家的水平。然而政府的缺位不仅仅表现在教育的供给上,类似于医疗、社会保障等方面的缺位现象也十分严重,近年来出现的"看病贵、看病难"的问题与政府的投入不足也有直接关系,如何提高公共品的供给水平成为决策层和全社会关注的热点。

与政府在公共品上的缺位形成鲜明对比的是,自 1996 年开始,财政收入的增速就一直远远高于 GDP 的增速,这一被称为"世纪之谜"的现象导致的结果就是政府规模的急速膨胀(高培勇,2006),财政支出占 GDP 的比重从 1996 年的 11% 上升到 2008 年的 21%,如果算上预算外支出的话,这一比重可能会超过 30%②(平新乔,2007)。

从人均所享有的公共品来看,地区之间的差异也是非常明显的,东部地区的教育和医疗服务水平都远远超过西部地区,因而公共品不足的问题更多地反映在内陆地区,也正是如此,通过中央政府进行财力的转移支付成为解决该问题的主要选择(丁菊红、邓可斌,2008)。西部 12 省份获得的转移支付(不含税收返还)占比从 1995 年的 35.8% 上升至 2002 年的 46.6%,这些转移支付相对于本地财政收入而言非常庞大,其占西部地区财政收入的比重从 1995 年的 41.7% 上升至 2002 年的 1.42 倍。以往对于转移支付的研究大多集中在其对经济增长和地区差距的作用

---

① 在 2010 年国务院公布的《国家中长期教育改革和发展规划纲要(2010—2020 年)》中,又将这一目标推迟到 2012 年。

② 我们按照平新乔(2007)的估计,地方政府的土地出让收入大约为预算内收入的 88%,这样我们将 2007 年的中央财政收入加上预算外收入和地方预算内收入的 0.88,再除以当年的 GDP,结果为 31%,如果考虑其他制度外收入的话,实际比重应该更高。

（马拴友、于红霞，2003），以及间接促进了国内市场的整合等（陆铭等，2004，2007；范子英、张军，2010a），而很少有文献研究转移支付在公共品供给方面的直接作用。

本节试图建立一个逻辑自洽的框架，将上述的政府的"缺位"和"越位"联系起来。我们认为在既定的分权体系下，地区之间"为增长而竞争"的模式诱导地方政府过度重视在基础设施上的投资，同时导致了政府在公共品提供上的缺位，此时中央政府利用财政转移支付的形式来激励地方政府增加公共品的供给是一个最优的选择，这种模式在绝大多数国家都是普遍存在的，例如1990年美国的州所获得的联邦补助占其财政收入的20%，而澳大利亚则高达44%（费雪，2000，第203页）。与以往文献不同的是，我们认为带有配套条款的专项转移支付能够分担公共品的成本，其产生的价格效应相对于财力性转移支付的收入效应而言更能提高公共品的供给水平，并且会将地方政府的支出锁定在具有外溢性的公共品上。但是专项转移支付也使得转入地的政府规模出现膨胀，其支出占GDP的比重远远超过平均水平，并导致财政供给人口的增加和未来"吃饭财政"的困境。

一、Tiebout 竞争与条件转移支付

大部分支持分权和财政联邦主义的文献都是从 Tiebout（1956）开始，在 Tiebout 的世界里，居民以零成本在不同地区之间流动，而影响居民偏好的是当地的税负和公共品水平，那些喜欢较多公共品的居民最终会选择税负较高、同时公共品较多的社区，"用脚投票"的机制保证了所有居民的最终选择都是最优的，而地方政府则会根据本地居民的偏好设计税率和公共品，通过这一组合的调整吸引尽可能多的劳动力的流入，地区之间的这种竞争也保证了既定的公共品水平的税收成本是最小的。除此之外，地方政府在公共品供给上的优势还表现在更具本地信息优势、代理成本更低、标尺竞争和具有创新的激励（Stiglitz and Dasgupta，1971；Oates，1972；Boadway，2006），因而很多国家都重新强调分权化治理的重要性（Rhode and Strumpf，2003）。如果 Tiebout 机制完美地描述了现实世界，那么就没有理由将财政资源从发达地区转移到落后地区。因为在"用脚投票"的机制下，一个具有较少财政收入和公共支出的地方是居民选择的结果，这一低水平的公共品已经是最优选择，任何的转移支付都会有损于效率（Gruber，2005）。

Tiebout 模型与现实的差距大小也正说明转移支付的必要性，至少有三个理由支持政府间的转移支付。首先是 Tiebout 作用机制失效，如居民不可以自由"用脚投票"显示其偏好，一些法规限制了居民的自由流动，或者居民迁移的成本过高，使得那些对公共品具有较高偏好的居民只能限制在公共品较少的地区。其次是公共品存在外部性（externality）或者邻居效应（neighborhood effects），唯一的解决办法是由上一级政府通过增加附条件的转移支付（conditional grants），因为仅有上级政府才能准确计算公共品的社会边际收益和边际成本，并因此决定公共品的最优水平，特别是当溢出效应超过辖区的收益时，地方政府将完全丧失提供该公共品的动机。例如一条穿过多省份的高速公路，生产该类公共品的成本远远大于本地可获得的收益，则地方政府不会投入任何资源到该项目，又如普及教育不仅仅会提高本地的人力资源水平，还会降低周围地区未来的犯罪率和促进其他地区的经济增长，地方政府也缺乏相应的动机，此时中央政府可通过需要配套的条件转移支付的形式提供公共品，使得地方政府承担的成本比例与其收益匹配（Breton，1965；Gruber，2005）。最后是劳动力流动的外部性，劳动力在不同地区之间流动会带来财政外部性（fiscal externality）和税收外部性（tax externality），一个地区的财政政策和税收政策也会对其他地区产生负外部性，并使得最终人口在地区之间分布不均（Boadway and Flatters，1982；Sato，2000）。

实际上，转移支付可能是唯一能够兼容分权优点同时又不违背国家层面均等化目标的方法。而条件转移支付比同等规模的一次性补助更能提高补助项目的支出，地方政府决定其自身的支出水平，但由中央政府负责一部分的投入成本，因而条件转移支付可用来激励地方政府按照中央的标准设计其公共品的提供，在中央的目标达到的同时，鼓励地方政府参与该项投入，一方面利用了地方政府的信息优势，另一方面也提高了公共品的社会收益（Musgrave，1997；Boadway，2006）。对美国 AFDC（aid to families with dependent children，AFDC）项目的研究显示，补助比率每增长 10%，人均受益提高 1.5 个百分点，例如在 1970 年，联邦政府支付了60% 的边际成本，如果补贴率提高到 70%，则人均受益大约增长 1 美元（Moffitt，1984；Figuieres and Hindriks，2002）。

条件转移支付虽然能够部分内生化由公共品提供或劳动流动所造成的地区间

的溢出效应,但其一个缺点就是会使得地方政府的支出规模过于庞大(Boadway,2006)。但是以往大部分关于政府规模的研究都集中在传统的公共财政领域,如随着收入水平的上升,人们对于公共服务的需求会以更快的速度增长,于是绝对和相对的政府规模都与经济发展水平正相关(Wagner,1890);另外,政府部门的工资增长过快导致公共服务价格上升,并由此导致政府规模上升(Baumol,1967;Bradford et al.,1969;Borcherding,and Deacon,1972);而中位投票人理论则表明,对政府规模起决定性作用的是该群体的收入水平(Borcherding,1985)。另外一个研究来自袁飞等(2008),他们证实了转移支付与财政供养人口之间的正向关系,我们则在他们工作的基础之上进一步拓展,认为目前的转移支付体制是中央政府在既定约束条件下增加公共品供给的唯一选择,1996 年至 2002 年间,西部省份所获得的转移支付中,绝大部分的是采用专项转移支付的形式,这正说明了中央政府的转移支付不是以缩小地区之间财力差距为主要目标,而是要通过专项转移支付降低地方政府提供公共品的成本,激励这些地区提高公共品的供给水平。中央政府的这种支出能力(spending power)能够达到一定的国家层面的目标,但同时也会对地方产生负面影响,使得地方支出规模过大和财政供养人口的增加,两者之间的平衡是非常脆弱的(Boadway,2006)。

二、分权、专项转移支付与公共品供给

在一定的程度上,要素的流动性与政府的转移支付是可以互相替代的,更多的转移支付意味着更少的本地税收和更多的本地公共品,使得本地居民在公共品上获得的边际效用和私人品的边际效用趋于一致,进而降低了要素的流动性(Breton,1965)。反过来,如果由于制度或成本的原因使得地区之间的要素流动受限,那么通过中央政府的财政转移支付也是可以得到帕累托最优的结果。我们在这一部分将建立一个理论模型,模型的基本思想是:在分权的框架下,地区之间为了资本流入而相互竞争,其结果就是各地都加大对于基础设施的投入,而使得公共品的投资远低于最优水平;在要素可自由流动的情况下,只要劳动力对于公共品足够敏感,那么地方政府在考虑到本地居民的效用时,将会通过增加公共品的投资以阻止劳动力的流出;在劳动力不可以自由流动时,中央政府可通过具有配套条款的

专项转移支付,降低地方政府投资公共品的边际成本,进而提高公共品的供给水平,但同时也使得转移支付的接受地的支出规模上升。

模型基本设定与 Pfingsten 和 Wagener(1997)、Qian 和 Roland(1998)、Figueires 和 Hindriks(2002)类似,假设存在一个中央政府、N 个地方政府的经济体,其中地方政府以 i 表示,每个地区拥有资本存量 K_i、劳动力 L_i 和一定的基础设施 I_i,地区之间是同质并且完全对称的。①企业的生产函数为 $f(K_i, I_i, L_i)$,该生产函数为凹的递增函数,同时满足 $f_{KI}(K_i, I_i, L_i) > 0$,资本 K 可在不同地区之间自由流动②,但资本总量是固定的,即 $\sum_{i=1}^{N} K_i = K$,基础设施 I_i 的投资完全来自地方政府。

消费者:在假定劳动力可以零成本自由流动的前提下,每个劳动者在地区 i 所获得的总效用为 $\omega(L_i) + u(Z_i)$,其中 $\omega(l_i)$ 为工资率,劳动力按照边际产出获得报酬,即 $\omega(L_i) = f_L(K_i, I_i, L_i)$,$Z_i$ 为当地的公共品水平。③这样在均衡的条件下,式(7.1)成立:

$$\omega(L_i) + u(Z_i) = \omega(L_j) + u(Z_j) = c,\text{ 其中 } i \neq j \tag{7.1}$$

短期内总的劳动供给固定,即 $\sum_{i=1}^{N} L_i = H$,这样最终的劳动力分配为 $L_i = L_i(\omega_i, Z_i)$,影响劳动力流动的因素为当地的工资水平和公共品供给量。

地方政府:地方政府通过税收获得财政收入,而其支出限制在两大类:生产性公共品 I 和非生产性公共品 Z,前者类似于公路、铁路等基础设施,后者类似于教育、医疗等,这样地方政府的预算方程为 $I_i + Z_i = t_i$,t_i 是地方政府获得的一次性税收,地方政府的目标是最大化本地产出和居民从公共品中获得的效用,即:

---

①　这样处理的目的是为了剔除财政转移支付作为平衡地区间财力不均衡的需要,而认为配套的专项转移支付仅是为了消除地区间竞争所产生的外部性。

②　在短期内,本地区的资本存量几乎完全取决于最终流入本地的资本量,而不是取决于净投资的增加,一方面是因为投资的增加相对于资本的流入而言非常小,另一方面是因为这里考虑的是短期,投资的效应不会非常明显。

③　由于全国性的公共品是完全非竞争的和非排他的,如国防等,对于单个劳动者而言仅为一个常数项,并不会影响劳动力在地区间的流动,因而在这里给省略。

$$W_i = f(K_i, I_i, L_i) + u(Z_i) \tag{7.2}$$

1. 帕累托最优

由于生产函数是凹的，意味着劳动的边际回报是递减的，这样劳动力在地区之间的最优分配是平均分配，即 $L_i = L$，同时满足 $\sum_{i=1}^{N} L_i = NL = H$。地方政府则会在 I 和 Z 上做决策，使其最大化全社会的总效用 $\sum_{i=1}^{N} W_i$，则一阶条件满足式（7.3）：

$$\partial f_I / \partial I_i = u'(Z_i) \tag{7.3}$$

即在最优条件下，政府在 I 上的投资所带来的边际产出应该与 Z 给劳动者所带来的边际效用相等。

2. 地区之间竞争资本所导致的无效率

在劳动力不可流动、资本自由流动的情况下，此时的生产函数可简化为 $f(K_i, I_i)$。则企业在不同地区生产应该满足 $f_K(K_i, I_i) = f_K(K_j, I_j)$，在不考虑外资的前提下，该经济体内部的资本总存量是固定的，则对于给定的各地基础设施水平 $(I_1, \cdots, I_N)$，企业（资本）在各地的分布为 $K_i = K_i(I_1, \cdots, I_N)$。此时，地方政府在同样的预算方程下，式（7.2）一阶条件满足：

$$\partial f_I / \partial I_i + (\partial f_K / \partial K_i)(dK_i / dI_i) = u'(Z_i) \tag{7.4}$$

在财政收入不变的情况下，式（7.4）相比于式（7.3）意味着此时地方政府将会更多地投资于基础设施，而减少在非生产公共品上的投入。这是因为此时地方政府之间为获得资本的竞争产生了外部性，这一过程使得基础设施的边际效用大于其社会的边际效用，最终导致基础设施投资过度，而公共品则投资不足。

3. Tiebout 的"用脚投票"

在劳动力以零成本自由流动的情况下，Tiebout 的"用脚投票"的机制可保障公共品的有效水平。此时的生产函数为 $f(K_i, I_i, L_i)$，式（7.2）的一阶条件满足：

$$\partial f_I / \partial I_i + (\partial f_K / \partial K_i)(dK_i / dI_i) = (\partial f_L / \partial L_i)(\partial L_i / \partial Z_i) + u'(Z_i) \tag{7.5}$$

式（7.5）意味着，当劳动力对公共品足够重视时，$\partial L_i / \partial Z_i$ 将会变得很大，此时公共品所带来的边际效用与基础设施所带来的边际产出将非常接近,即当 $(\partial f_K/\partial K_i)$ $(dK_i/dI_i)=(\partial f_L/\partial L_i)(\partial L_i/\partial Z_i)$ 时,式(7.3)的帕累托最优也会达到。这表明在 Tiebout 机制的作用下,通过劳动力的自由和零成本的流动,可以抵消地区之间为资本竞争所导致的外部性。

4. 有配套条款的专项转移支付

然而在现实世界里,劳动力往往不是能够自由流动的,更不是零成本流动的,特别是在目前的中国,地区之间隐性的"户籍分割"还非常严重,如社会保障、就业机会等还与户籍身份挂钩。因而,在假设劳动力完全不能自由流动时,如果中央政府可以通过一定的配套转移支付的形式降低地方政府提供公共品的边际成本,理论上是可以增加公共品的供给水平。

当存在一个中央政府,并有配套条款的专项转移支付时,地方政府的预算方程变为:$I_i+Z_i=t_i-T+sZ_i$,这意味着中央政府将按 $s\in[0,1]$ 的比例分担地方政府在公共品投入上的成本。为了简化,假设这一比例对所有地方都相同,中央给予地方的转移支付 sZ_i 与普通的财力性补助不同,前者指定了用途,而后者则相当于增加地方政府的财政收入,并不会改变公共品供给不足的难题。其中:T 是中央政府从地方分享的财政收入,满足中央政府的预算平衡 $s\sum_{i=1}^{N}Z_i=NT$。地方政府的预算方程可变更为:$I_i+(1-s)Z_i=t_i-T$。

在地方预算均衡的前提下,最大化式(7.1)所得到的一阶条件满足式(7.6):

$$(\partial f_I/\partial I_i+(\partial f_K/\partial K_i)(dK_i/dI_i))(1-s)=u'(Z_i) \qquad (7.6)$$

式(7.6)意味着当 s 足够大时,$u'(Z_i)$ 将趋近于 $\partial f_I/\partial I_i$,即当 $s=((\partial f_K/\partial K_i)$ $(dK_i/dI_i))/(\partial f_I/\partial I_i+(\partial f_K/\partial K_i)(dK_i/dI_i))$ 时,式(7.3)的帕累托最优条件将得到满足,此时的公共品将达到最优水平。这一结论与 Qian 和 Roland(1998)、Figuieres 和 Hindriks(2002)类似,当专项转移支付过小时,虽然能够缓解公共品供给不足的问题,但并不能完全抵消由外部性所造成的公共品供给不足。

5. 地方政府规模的变化

在上述不同的条件下,税收水平并没有变化,说明地方政府在税率的调整方面的自由度并不大,因而对于那些具有净补助流入的地方,即 $sZ_i>T$,其地方政府的支出规模将会增加,此时的政府支出规模为 $t_i+sZ_i-T=t_i+\Delta>t_i$,而此时的地方产出水平 $f(K_i,I_i)$ 与帕累托最优水平一致,因而其相对规模也随之上升。从总量上来看,地方政府所获得的净转移支付与其政府规模成正比。

综上,我们得到了模型的两个基本假说:

假说 1:在地方政府之间为资本而相互竞争时,公共品的供给必然不足,但通过带有配套条款的专项转移支付是能够提高公共品的供给水平的,转移支付与公共品支出是正相关的。

假说 2:专项转移支付会使得地方政府所负担的公共品的边际成本下降,价格效应会将地方政府的支出锁定在公共品上,并由此增加转入地政府的支出水平。

三、专项转移支付与政府规模

中国历年来专项转移支付占全部转移支付的比例都要高于财力性转移支付,中央对地方的专项转移支付已由 1994 年的 361.37 亿元增加到 2006 年的 4 411.58 亿元,年均增长 23.2%,这些新增的专项转移支付资金主要用于支农、教科文卫、社会保障等事关民生领域的支出(贾康、赵全厚,2008)。而在地区分布上,超过 40%的专项转移支付投入到了西部地区,例如在 2005 年开始实施的义务教育"两免一补"中,中央政府负责西部地区学杂费资金的 80%,中部地区的 60%,同时中央还负责中西部地区学生生活费补助资金的 50%。①相对于各地的财力状况而言,专项转移支付对于西部的影响也远远超过其他地区。从图 7.4 可以看出,在 1998 年之前西部地区与全国平均水平之间的差距并没有变化,然而自 1999 年开始专项转移支付占财政收入的比重急剧上升,从 1995 年的 18%上升至 2002 年的 76%,而全国的平均水平基本维持在 15%。这说明相对于财力性转移支付而言,中央政府更加倾向于通过增加专项转移支付的手段来促进公共品的供给,而且这种影响在西部地区会更加显著,同时也会改善目前西部地区人均公共品严

---

① 除此之外,中央还分摊中西部地区校舍维修改造费用的 50%,自 2009 年开始中央还按照学杂费比例分摊中小学公用经费。见《国务院关于深化农村义务教育经费保障机制改革的通知》(国发〔2005〕43 号),以及《财政部教育部关于调整完善农村义务教育经费保障机制改革有关政策的通知》(财教〔2007〕337 号)。

重短缺的问题。

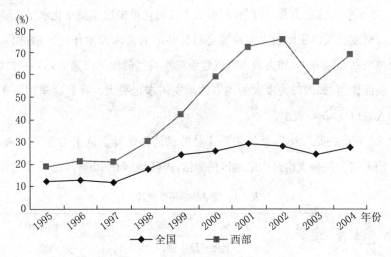

图7.4　专项转移支付占财政收入的比重

我们建立如下的计量模型：

$$G_{i,t} = \alpha_i + \beta_1 Tran_{i,t} + \lambda' X_{i,t} + \mu_{i,t} \tag{7.7}$$

其中：i 表示省份，t 表示年份，G 是公共品支出水平或政府的规模，我们在后文中将采用不同的指标来度量，$Tran$ 是人均专项转移支付，X 是控制变量，包括：

人均 GDP。人均 GDP 用来衡量各地的经济发展水平，经济越发达的地区公共品越多，同时政府规模也越大。

人口年龄结构。公共服务需求的提高是政府规模扩大的一个主要解释，人口抚养比重越高的地方，总体的政府支出水平也越高，考虑中国的实际情况，地方政府投资的教育支出主要集中在小学和初中，而社会保障支出主要针对老年人，我们相应采用两个指标：0—14 岁人口的比重（$Child$），65 岁以上人口的比重（Old）。

影响决策的群体的收入水平。公共选择理论指出中位投票人对当地政府规模具有决定性作用，而在一个贫富差距较大的省份，中位投票人的收入与平均收入的差距也越大，这样最终的政府规模会超过大多数人的需求。中国的发展战略是偏向城市的，城市居民直接影响政府的支出方向和规模，因而我们这里用城乡收入比（$Inequa$）来捕捉特殊群体的作用。

城市化水平。城市化水平越高的地方,政府需要提供更多的公共设施和公共服务,支出水平也随之上升,我们采用城镇人口的比重来度量城市化水平(Urban)。

人口密度。人口密度越大的地区会对公共品的需求产生作用,一方面可以较好地分摊公共品的成本,如大城市可以建设成本高昂的轨道交通等,另一方面也可能产生负面作用,如人口密度大的地方的治安需求也更大。我们这里用每平方公里上的人数(Popden)表示。

表 7.3 列出的是文中涉及的主要变量的描述性统计。从平均意义上来说,沿海地区的人均公共品支出是内陆地区的 2 倍,内陆地区在 1999 年之后才达到沿海

表 7.3 变量的描述性统计

变 量	含 义	全 国	沿海地区		内陆地区	
			1999 年以前	1999 年以后	1999 年以前	1999 年以后
G1	人均文教科卫支出(万元)	0.027 (0.021)	0.027 (0.018)	0.051 (0.033)	0.014 (0.007)	0.027 (0.013)
G2	财政支出/GDP	0.146 (0.105)	0.094 (0.029)	0.119 (0.036)	0.137 (0.101)	0.196 (0.134)
Tran	人均专项转移支付(万元)	0.020 (0.027)	0.007 (0.006)	0.015 (0.013)	0.010 (0.011)	0.038 (0.038)
Tran2	人均财力性转移支付(万元)	0.018 (0.036)	0.005 (0.006)	0.009 (0.009)	0.010 (0.024)	0.037 (0.052)
Pergdp	人均 GDP (万元)	0.864 (0.663)	1.105 (0.496)	1.840 (0.914)	0.434 (0.123)	0.686 (0.216)
Urban	城市化率(%)	34.246 (16.12)	39.995 (19.385)	46.292 (19.885)	27.413 (11.837)	32.181 (11.027)
Inequa	城乡收入之比	2.770 (0.744)	2.105 (0.293)	2.359 (0.329)	2.840 (0.751)	3.239 (0.689)
Child	0—14 岁人口比重(%)	33.138 (9.338)	33.144 (9.817)	23.663 (8.307)	40.385 (6.291)	30.626 (6.096)
Old	65 岁以上人口比重(%)	10.215 (2.689)	12.202 (2.089)	12.396 (3.256)	9.020 (1.680)	9.326 (2.230)
Popden	人口密度(万人/平方公里)	0.037 (0.046)	0.066 (0.058)	0.072 (0.068)	0.018 (0.015)	0.025 (0.025)

注:括号中为标准差。

地区 1999 年之前的水平。政府支出占 GDP 的比重,内陆地区一直高于沿海地区,但两者都经历不同程度的上升。内陆地区获得的专项转移支付一直都高于沿海地区,但这一差距在 1999 年之后变得更大,表明 1999 年之后中央将大部分新增的专项转移支付都给予了内陆省份,财力性转移支付的情况与专项转移支付类似。东部的经济发展水平和城市化水平都高于内陆地区。内陆地区的城乡差距比沿海地区更严重,两者都经历不同程度的恶化。0—14 岁人口比重在内陆要高于沿海地区,但沿海地区 65 岁以上人口比重要高于内陆。沿海地区的人口密度远远高于内陆地区。

1. 转移支付与公共品供给

我们在随后利用 Hausman 检验在固定效应(fixed effects)和随机效用(random effects)之间选择,出于篇幅的考虑仅报告最终的结果。表 7.4 中第(1)至第(4)个回归中采用人均文教科卫支出作为因变量,在第(1)个回归中仅控制了人均 GDP 和人均专项转移支付,此时两者都非常显著,并且组内的拟合优度达到 0.922,表明不同省份之间在公共品支出上的差异有 92.2% 可由经济发展水平和专项转移支付解释;第(2)个回归在前面基础之上加入了人均财力性转移支付 Tran2,人均 GDP 的影响没有发生变化,但是专项转移支付变得不显著,原因在于国家对于西藏的转移支付政策与其他地区相差较大,西藏历年所获得的财力性转移支付都远远高于专项转移支付,1995—2000 年间前者是后者的 3 倍;于是第(3)个回归剔除西藏之后的结果与第(1)个类似,表明真正促进提高地方公共支出的是专项转移支付,而财力性转移支付的作用并不显著;第(4)个回归中加入了其他的控制变量,主要变量的系数并没有发生大的变化,表明我们的估计是相对稳健的,人均专项转移支付每增加 1 元会使得当地的人均公共品投资增加 0.126 元,这一效应之所以小于 1 是因为我国目前的专项转移支付不仅仅针对文教科卫,还有很大一部分是用于农业、基础设施、环境等领域,由于无法获得更加详细的转移支付数据,使得我们不能将两者的效应分开。最近几年中央政府越来越重视社会保障的投入,社保转移支付由 2002 年的 754.74 亿元增加到 2006 年的 1 666.82 亿元,占全部专项转移支付的比重由 31.4% 提高到 37.8%(贾康、赵全厚,2008),我们在第(5)个回归中将社会保障支出和文教科卫支出合并,结果符合预期,系数值相对于前四个回归更大,这是因为专项转移支付覆盖了部分社会保障支出。

其他控制变量中,城市化水平的作用并不显著,城乡收入差距的作用是显著的,这表明在一个经济发展水平给定的省份,如果城市居民相对于农村居民更加富有,那么会显著地提高当地的公共品投资水平,这与瓦格纳定律基本一致;人口年龄结构中,0—14岁人口比重高的地区并不显著改变当地的公共品支出水平,甚至可能降低当地在文教科卫方面的支出,一个可能的解释是0—14岁人口比重高的地区都是经济欠发达的地区,而这些地区往往更加不愿意增加公共品方面的投入,这也间接表明通过转移支付激励地方政府增加公共品投资的必要性;65岁以上人口比重的作用是显著的,人口密度也与公共品投入正相关。

表7.4 专项转移支付与公共品供给——基本结果

变 量	人均文教科卫支出				人均文教科卫社保支出(5) FE
	(1) RE	(2) RE	(3) FE	(4) FE	
Tran	0.176***	0.023	0.112***	0.126***	0.343***
	(0.012)	(0.022)	(0.033)	(0.033)	(0.049)
Tran2		0.171***	0.056	−0.029	−0.001
		(0.022)	(0.036)	(0.040)	(0.056)
Pergdp	0.030***	0.030***	0.030***	0.028***	0.030***
	(0.001)	(0.001)	(0.001)	(0.001)	(0.002)
Urban				0.000 1	−0.000 2
				(0.000 1)	(0.000 1)
Inequa				0.003***	0.003
				(0.001)	(0.002)
Child				−0.000 1	−0.000 4***
				(0.000 1)	(0.000 1)
Old				0.000 4**	0.001 2***
				(0.000 2)	(0.000 3)
Popden				0.056***	0.461***
				(0.018)	(0.113)
组内 R^2	0.922	0.934	0.933	0.938	0.940
样本量	300	300	290	290	206
Hausman P	—	0.882	0.002	0.002	0.000
是否包含西藏	是	是	否	否	否

注:括号中为标准误,其中 *、** 和 *** 分别表示10%、5%和1%的显著水平。

转移支付的分配过程有理由让我们怀疑其内生性,如果转移支付更加倾向于被用来作为奖励政策,即那些更加积极配合中央政府的地方会获得更多的转移支付,则转移支付与公共品供给之间可能呈现反向的因果关系。Knight(2002)利用美国高速公路项目的数据发现了明显的内生性,虽然该项目依据一个基本的公式在不同州之间进行分配,但是那些具有政治权力的立法者依然可以对联邦补助的去向进行干预,该项目委员会的成员更加倾向于将项目的选址固定在他们的所在地。我们将采用两阶段最小二乘方法,利用工具变量来消除可能存在的内生性,我们整理出第十四届(1992—1997)、第十五届(1997—2002)和第十六届(2002—2007)中央委员的数据[①],将其在某省的工作经历记为1,最终将同届委员中在某省有过工作经历的数目进行累加,这样影响某省1995—1997年间专项转移支付的是在该省有过工作经历的第十四届中央委员的数目,以此类推。从表7.5可以看出,即使在西部地区,各省份之间的政治能力都相差巨大,最多的是甘肃,而最少的是青海,并且历年来甘肃所获得的专项转移支付都要大于青海,但是青海获得的财力性转移支付却比甘肃多,专项转移支付由于具有更大的主观性,其与各地的谈判能力自然也会密切相关(Tsui,2005)。

表7.5 曾在西部12省份工作过的中央委员数

	内蒙古	广西	重庆	四川	贵州	云南	西藏	陕西	甘肃	青海	宁夏	新疆
第十四届	5	2	1	7	2	2	4	3	13	1	2	5
第十五届	9	5	3	19	3	4	7	8	16	4	3	10
第十六届	8	3	6	14	6	6	10	11	16	4	4	8

资料来源:http://www.chinavitae.com/。

我们利用各地的中央委员数作为工具变量,没有理由认为该变量与因变量直接相关,因而满足工具变量的第一个条件,两阶段的计算结果见表7.6。第一阶段的回归表明在本省工作过的中央委员数会显著增加本省获得的专项转移支付,在本省工作过的中央委员数每增加1人,则会使得本地人均获得的专项转移支付增

[①] 数据来自 China Vitae:http://www.chinavitae.com/,这一数据集曾被 Opper 和 Brehm(2007)用于研究中国官员的晋升。

加 6 元,这相当于专项转移支付平均水平 0.02 的 3%,组内的拟合优度达到 0.828,说明该工具变量满足第二个条件,即工具变量显著影响内生解释变量。第二阶段回归的结果与表 7.4 中第(4)个回归基本相似,但是 Hausman 检验的结果表明专项转移支付并不存在明显的内生性,IVFE 回归的结果与 FE 的结果没有系统系的差异,对此的一个解释是中国的转移支付制度更多的是以中央政府的目标为出发点的,转移支付是按照中央事先设计好的方案进行分配,地方政府对此过程的影响并不大,这也意味着专项转移支付在这里是一个相对外生的变量。

表 7.6　专项转移支付与公共品供给——工具变量法

变　量	人均文教科卫费	
	第一阶段	第二阶段
Tran		0.429***
		(0.164)
Tran2	0.940***	−0.315**
	(0.046)	(0.157)
Pergdp	0.005***	0.026***
	(0.002)	(0.001)
Urban	−0.000 5***	0.000 2*
	(0.000 1)	(0.000 1)
Inequa	−0.001	0.003***
	(0.002)	(0.001)
Child	−0.000 3***	0.000 1
	(0.000 1)	(0.000 1)
Old	0.000 3	0.000 3
	(0.000 3)	(0.000 2)
Popden	−0.066**	0.075***
	(0.033)	(0.023)
曾在本省工作过的中央委员数 ccl	0.000 6***,	
	(0.000 2)	
组内 R^2	0.828	0.918
样本量	290	290
是否包含西藏	否	否
Hausman P	0.829	

注:括号中为标准误,其中 *、** 和 *** 分别表示 10%、5% 和 1% 的显著水平。

2. 转移支付与政府规模的膨胀

我们首先以财政支出占 GDP 的规模来衡量政府规模（Persson and Tabellini, 1999），按照方程（6）进行估计，基本结果见表 7.7。其中，第（1）个回归仅包含专项转移支付、财力性转移支付和人均 GDP，我们发现此时仅有专项转移支付是显著为正的，其他变量都不显著，并且该回归也解释了组内差异的 70%。第（2）个回归中加入了其他控制变量，专项转移支付的影响变化不大，人均专项转移支付每增加 1 元，会使得当地财政支出占 GDP 比重上升 0.02%，财力性转移支付和人均 GDP 的作用都显著为负，这可能是因为政府支出具有规模效应，虽然那些经济发展水平更高的地区的政府支出规模更大，但是经济规模分摊后的成本反而更低，其他变量的结果与表 7.4 基本一致，这里不再重复。

表 7.7　专项转移支付与政府规模

变　量	财政支出/GDP			政府消费/GDP
	（1）RE	（2）FE	（3）IVFE	（4）FE
Tran	1.691 ***	1.749 ***	2.870 ***	1.248 ***
	(0.170)	(0.160)	(0.753)	(0.262)
Tran2	0.165	−0.602 ***	−1.666 **	−0.545 *
	(0.187)	(0.191)	(0.726)	(0.313)
Pergdp	0.004	−0.020 ***	−0.026 ***	−0.004
	(0.003)	(0.004)	(0.006)	(0.007)
Urban		0.001 ***	0.002 ***	0.001
		(0.000 4)	(0.001)	(0.001)
Inequa		0.018 ***	0.020 ***	−0.010
		(0.005)	(0.006)	(0.008)
Child		−0.001 ***	−0.000 7 *	−0.002 ***
		(0.000 3)	(0.000 4)	(0.000 5)
Old		0.004 ***	0.003 ***	0.003 *
		(0.001)	(0.001)	(0.001)
Popden		0.253 ***	0.325 ***	0.257 *
		(0.087)	(0.106)	(0.142)
组内 R^2	0.703	0.765	0.720	0.435
样本量	290	290	290	290
Hausman *P*	—	0.016	0.940	0.000
是否包含西藏	否	否	否	否

注：括号中为标准误，其中 *、** 和 *** 分别表示 10%、5% 和 1% 的显著水平。

第(3)个回归中采用工具变量方法,大部分结果都与第(2)个回归基本一致,虽然专项转移支付的系数变得更大,但是还是无法通过 Hausman 检验,表明专项转移支付并不是内生的。由于政府的实际支出规模不仅包括预算内财政支出,还包括预算外支出,因而采用支出法口径统计的政府消费更能准确度量真实的政府规模(Rodrik, 1998; Alesina and Wacziarg, 1988;杨灿明、孙群力,2008),在第(4)个回归中采用政府消费占 GDP 的比重作为因变量,与第(2)回归相比,专项转移支付的系数变小了,但依然在 1‰ 的显著性水平下通过检验,组内拟合优度也下降了。这也表明转移支付更多的是通过增加地方政府的预算内支出而对地方政府的规模产生影响,而政府消费则包含很多其他未控制的因素。

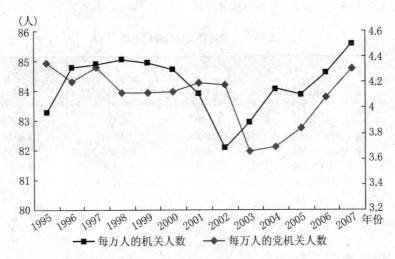

资料来源:《中国劳动统计年鉴》(1996—2008 年)。

图 7.5　历年的政府规模

如果我们把政府支出占 GDP 的比重理解为短期的政府规模,那么更加有意义的是检验专项转移支付对于长期政府规模的影响。对于经济欠发达地区而言,政府冗员问题一直困扰着决策层,例如在 2005 年,中央财政实行的"三奖一补"中就试图通过财政奖惩的办法缓解地方政府"吃饭财政"的难题。[1]自 1982 年以来,中

---

[1]　规定撤并 1 个乡镇奖励 50 万元,精简 1 人奖励 4 000 元,对于人员增长超全国平均水平扣 500 元/人。见《2005 年中央财政对地方缓解县乡财政困难奖励和补助办法》财预[2005]77 号。

国一共实行了六次大的机构改革,但是历次改革的成效都不是非常显著,其中以
1998年的改革力度最大,当年便将国务院的部门从40个精简到29个,司局级机构
精简1/4,机关人员由3.3万减为1.6万;1999年该项改革进一步延伸到地方政府,
直到2002年才最终完成,其中规定省级政府机关人员精简一半,市、县和乡平均精
简力度为20%,该项改革使得全国各级行政机关人员由739万减为624万[1],是历
次机构改革中精简人数最多的一次。从图7.5可以看出,自1995年以来的政府规
模呈现一个巨大的V字形,不管是每万人的机关人数还是每万人的党机关人数都
在2002—2003年度下降至最低水平,随后又开始急速增加,至2007年已经恢复到
改革前的水平。

在表7.8中,我们将每万人机关人数作为长期的政府规模,该数据来自历年的
《中国劳动统计年鉴》,其中机关包括国家机关、政党机关和社会团体。第(1)个回
归中仅包括专项转移支付与人均GDP,前者与政府规模显著正相关,后者则显著负
相关。第(2)个回归在前面基础之上加入其他的控制变量,关键解释变量的变化不
大,但前两个回归的组内拟合优度都非常小。其原因是在于每万人机关人数的差
异更多地体现在不同年份之间,而不同省份之间的横向差异很小,于是在第(3)个
回归中采用组间估计,其结果证实了机关人数在不同年份之间变化剧烈。为了控
制机构改革对于机关人数的影响,我们在第(4)个回归中加入了各年的虚拟变量,
人均专项转移支付每增加1万元,会使得每万人机关人数增加98.6人,相当于在目
前平均水平上翻一番。经济发展水平与机关人数呈显著负相关,这可能是因为经
济发展水平较高的地区的劳动生产率更高。城市化水平与每万人机关人数正相
关,城市化意味着需要政府负责更多的公共活动,因而机关人数是增加的。收入差
距意味着财富集中在少部分人手中,更多的机关人数意味着其税收负担会越重,因
而收入差距与每万人机关人数负相关。1998—2004年的年度虚拟变量显著为负,
表明相对于1995年,政府机构精简改革从总体上减少了政府冗员。最后一个回归
中,我们将每万人机关人数替换为每万人党机关人数,结果表明党机关是相对稳定
的,而中央的转移支付只会增加地方政府行政机关的人员规模。

---

[1]　见1998年的中央政府工作报告,《人民日报》1999年3月18日第1版。

表7.8 转移支付与政府人员规模

变 量	每万人机关人数				每万人党机关人数
	(1) RE	(2) RE	(3) BE	(4) FE	(5) FE
Tran	101.654***	120.952***	894.701***	98.578***	−7.778*
	(22.962)	(26.634)	(247.235)	(25.108)	(4.218)
Pergdp	−5.252***	−4.506**	44.444***	−5.125***	−0.336
	(1.275)	(1.871)	(14.433)	(1.844)	(0.310)
Urban		0.547***	0.408	0.479***	−0.046*
		(0.132)	(0.480)	(0.147)	(0.024)
Inequa		−4.875***	9.133	−6.098***	0.997**
		(1.766)	(7.522)	(2.359)	(0.396)
Child		0.246**	0.896	−0.498***	0.058*
		(0.116)	(0.787)	(0.185)	(0.031)
Old		−0.859**	−4.235	−0.144	0.003
		(0.366)	(3.143)	(0.585)	(0.098)
Popden		−7.582	−138.281	4.232	4.219
		(35.048)	(150.302)	(34.861)	(5.856)
D96				−0.688	0.137
				(1.667)	(0.280)
D97				−2.059	0.608**
				(1.791)	(0.301)
D98				−3.366*	0.654**
				(1.963)	(0.330)
D99				−3.538*	0.433
				(2.041)	(0.343)
D00				−11.087***	0.996
				(3.864)	(0.649)
D01				−7.112***	0.630
				(2.567)	(0.431)
D02				−9.798***	1.022**
				(3.071)	(0.516)
D03				−8.144**	−0.009
				(3.516)	(0.591)
D04				−9.131**	0.514
				(3.885)	(0.653)
组内 R^2	0.097	0.151	0.825$^\int$	0.239	0.220
样本量	300	300	300	300	300
Hausman P	—	—	0.000	0.000	0.000

注:括号中为标准误,其中 * 、** 和 *** 分别表示 10%、5% 和 1% 的显著水平。$^\int$为组间拟合优度。

　　由此我们证实了假说 1 和假说 2,在劳动力无法自由流动的情况下,中央政府通过专项转移支付可以增加地方政府在公共品方面的支出,地方政府在观察到公共品的边际成本下降时,会主动提高本地的公共品水平,这部分抵消了地区之间为增长而竞争所导致的负外部性,从而有可能使得公共品的供给达到帕累托最优状态。但是专项转移支付也会导致地方政府的规模出现膨胀,不管是以财政支出度量的短期政府规模,还是以机关人数度量的长期政府规模,都显著出现增长。

第四节　财力性转移支付:粘纸效应与政府规模

一、粘纸效应:定义及机制

　　早期的理论文献实际上并不认为存在"粘纸效应",在完全理性的假设下,公共选择模型表明一次性的无条件转移支付相当于一定量的减税,只会导致少量的政府支出增加,甚至完全不带来增加(Bradford and Otaes,1971)。地方政府获得的转移支付将通过两个渠道返还给本地居民:一是通过减税的间接方式;二是直接以收入的形式返还(Bailey and Connolly,1995),这类似于中国今天针对农民的良种补贴。

　　然而,后来的实证研究却发现上述的结论并不成立。最早的研究来自 Gramlich (1969),他发现个人收入和转移支付对政府支出的效应有显著差异,每增加 1 美元个人收入,政府支出增加 0.02 美元至 0.05 美元,而相同的转移支付的增加能够使得政府支出增加 0.3 美元,Gramlich 的同事阿瑟·奥肯看到这个结果后,认为政府的支出盯住(sticks where it hits)在其支出项目上,而不是依据公共品和私人品的收入弹性重新分配,转移支付的增加并不能带来税收的减少,公共部门也会因此而扩大,即粘纸效应(Inman,2008)。后来有非常多的文献利用不同的数据对此进行检验,大部分针对美国的研究都发现转移支付确实使得地方政府支出增加,但并没有使得其税收减少,即"粘纸效应"是存在的(Weicher,1972;Feldstein,1975;Case et al.,1993;Olmsted et al.,1993)。其他领域也发现正面的证据支持该效应,如教育支出、治安支出、基础建设等(Evans and Owens,2004;Knight,2002)。这些实证研究的结论明显违背理性假设,因为难以从理论上得以解释而被冠之"反常"(anomaly)(Hines and Thaler,1995)。

之后的理论研究试图弥补这一空白,主要的理论解释有五种。(1)税收的额外损失(deadweight loss):增加本地税收对工作努力有负向激励,转移支付则没有,所以政府更加倾向于利用转移支付来增加支出,但是实证研究得出的"粘纸效应"非常大,相比之下税收的边际损失显得太小(Hines and Thaler,1995),不足以解释该效应的来源。(2)财政幻觉(fiscal illusion):转移支付不仅产生收入效应,也会产生价格效应,选民由于无法获得充分的信息,无法得知公共品提供的边际价格,于是只能用公共品的平均价格来代替边际价格,转移支付虽然不改变公共品的边际价格,但是显著降低了其平均价格,于是最终的公共品就超过了理论的预测(Oates,1979;Courant,Gramlich and Rubinfeld,1991;Logan,1986)。(3)中位投票人理论:在一个依据投票制度来做决策的国家,决定公共品规模的是中位投票人的偏好,如果收入差距较大,中位投票人的收入往往会高于平均收入,其对公共品的需求也相对较大,于是最终决定的公共品的提供量会超出按平均收入预测的水平,另外一个可能性就是,当提高税率时会使得最穷的人的收入降低,以至于低到中位投票人所核定的水平(如最低生活保障标准),因而公共品的增加就只能依赖于上级政府的转移支付(King,1984)。(4)政府行为:政府行为有两种,一种假定官员是贪婪的,在个人的效用没有受到影响的情况下,想方设法最大化自身的福利(McGuire,1975),另一种则是官员对于未来的转移支付的不确定性,减税的政治成本和经济成本都过大(Fossett,1990;Turnbull,1992),于是转移支付完全被用于当地的公共品。(5)利益集团:该理论认为影响政府决策的主要是利益集团,他们会对某些特定的转移支付的用途产生影响(Dougan and Kenyon,1988)。

这些理论试图从不同的方面对"粘纸效应"提供解释,但都无法全面解释"粘纸效应"的来源,并且其前提假设都是基于发达国家的政治制度框架,在具体应用到中国这样一个转型国家时,需要充分考虑中国目前的制度背景和现状,同时中央政府与地方政府之间的关系也一直在调整,我们接下来将实证分析中国自上而下的转移支付所产生的"粘纸效应"。

二、粘纸效应与短期的政府规模

假定一个人数为 N 的省份,其每一个行为人对于公共品和私人品都是凸偏好,效应函数可表示为 $U(G, z_i; \mu_i)$,其中 G 表示纯公共品,z 是私人品,μ 表示每一个人对于公共品的偏好。实证上,一般都采用 Stone-Geary 的效用函数(Logan,1986; Knight, 2002),即:

$$U(G, z_i; \mu_i) = \beta\ln[G - (\mu_i/P)] + (1-\beta)\ln[z_i] \tag{7.8}$$

其中:P 是公共品的相对价格,私人品相对价格为 1。当 $\mu = 0$ 时,式(7.8)就简化为 C-D 函数。公共预算约束为 $PG = g + A$,A 为上级政府的转移支付,g 为本地的财政收入,行为人的收入预算约束为:$z_i = m_i - \tau_i - s_i g$,其中 m 是个人的收入,τ 为中央政府的税收,s 为分摊到该行为人身上的比重,假设分摊比重在一个省份内相同,则 $s = 1/N$。

由于我们这里只有省级层面的加总数据,于是由式(7.8)可得各省的政府支出水平为:

$$S_{j,t} = P_{j,t} \cdot G_{j,t} = \beta M_{j,t} + \beta A_{j,t} + (1-\beta)\mu_{j,t} \tag{7.9}$$

其中:$M_{j,t} = N(m_{j,t} - \tau_{j,t})$,我们假定 $\mu_{j,t} = \pi_j + \gamma'X_{j,t} + \sigma\varepsilon_{j,t}$,其中 π 是与省份相关的不随时间变化、但影响其偏好的因素,X 则是其影响偏好的因素,ε 是随机扰动项。考虑到中国 1994 年分税制的实施情况,这里假定中央按统一的税率 t 对地方征收中央税,这样式(7.9)变为:

$$S_{j,t} = \alpha_j + \alpha_1 I_{j,t} + \beta A_{j,t} + \lambda'X_{j,t} + \vartheta_{j,t} \tag{7.10}$$

其中:$I_{i,j} = N \cdot m_{i,j}$ 表示加总之后的本地政府资源,$\alpha_j = (1-\beta)\pi_j$,$\alpha_1 = \beta(1-t)$,$\lambda' = (1-\beta)\gamma'$,$\alpha_1 > 0$ 则政府规模会随着经济增长而扩大,即瓦格纳定律。由于 $t > 0$,则 $\beta > \alpha_1$,相对于个人收入的增长,转移支付会以更大的幅度使得政府规模扩张,即粘纸效应。考虑到人口规模的因素,我们在具体估计式(7.10)时将采用人均的形式,其中 A 是人均净财政补助,净财政补助为中央对本地的财政补助减去本地上缴的部分,控制变量 X 包括:

人口年龄结构。公共服务需求的提高是政府规模扩大的一个主要解释,人口抚养比重越高的地方,总体的政府支出水平也越高,考虑中国的实际情况,地方政府投资的教育支出主要集中在小学和初中,而社会保障支出主要针对老年人,我们在这里相应采用两个指标:0—14岁人口的比重,65岁以上人口比重。

影响决策的群体的收入水平。公共选择理论指出中位投票人对当地政府规模具有决定性作用,而在一个贫富差距较大的省份,中位人的收入与平均收入的差距也越大,这样最终的政府规模会超过大多数人的需求。中国的发展战略是偏向城市的,城市居民直接影响政府的支出方向和规模,因而我们这里用城乡收入比来捕捉特殊群体的作用。

城市化水平。城市化水平越高的地方,政府需要提供更多的公共设施和公共服务,支出水平也随之上升,我们采用城镇人口的比重来度量城市化水平。

人口密度。人口密度越大的地区会对公共品的需求产生作用,一方面可以较好地分摊公共品的成本,如大城市可以建设成本高昂的轨道交通等,另一方面也可能产生负面作用,如人口密度大的地方的治安需求也更大。我们这里用每平方公里上的人数表示。

公共品的价格。公共财政理论假定转移支付不会产生价格效应,因而转移支付的作用就类似于地方财政收入的增长,由此产生的收入效应不会导致地方政府出现过度的膨胀,粘纸效应的出现才会被冠之为“反常”。而一旦公共品的价格随之而发生变化,即随着转移支付的增加而上升,那么政府规模在一定幅度内的膨胀则是合理的。我们采用教师的平均年收入度量公共品的价格,之所以不采用机关人员的平均收入是为了避免内生性,该变量可能与转移支付之间有互为因果的关系。

其中一般预算内收支和转移支付的数据来自各年的《中国财政年鉴》,细分项目的转移支付数据来自于财政部预算司《地方财政分析资料(2004)》,教师平均劳动报酬来自各年的《中国劳动统计年鉴》,2005年之前的人口数据来自各年的《中国人口统计年鉴》,之后的来自《中国人口与就业统计年鉴》,其他数据来自于各地各年的统计年鉴。

在随后的计量估计中按照Hausman检验在固定效应和随机效应中选择。表7.9的结果与文献基本一致,每1个单位的转移支付会使得政府支出水平上升0.6—1.3个单位,而相同的GDP的增长的效应仅为0.1—0.2,前者远大于后者,说明粘纸效应

是导致政府支出水平上升的一个重要因素。我们还发现,转移支付对政府支出的
解释力度非常大,第一列仅加入转移支付时的组内 R^2 为 0.59,即有近 60% 的组内
差异可以由转移支付解释,而在第二列增加人均 GDP 后,解释程度更是高达 94%,
说明决定一个地方政府支出水平的决定性因素是其获得的转移支付和当地的经济
发展水平。当继续添加其他变量时,转移支付的作用并没发生大的变化,我们发现
公共品的提供价格并不显著,人口密度越大的地区,相应的政府支出也越大。人口
年龄结构的结果值得我们深思,65 岁以上人口比重越大的地区,政府支出反而越
少,而 0—14 岁人口越多的地区,政府支出会相应增加,这与我国的财政体制相关。
由于这里的 0—14 岁人口恰好是九年义务制教育的覆盖范围,而国家强制性规定
由地方财政(县级)负责该支出,这也使得教育支出在某些地区的财政支出中占据
最大比重,而地方政府并没有义务承担针对老年人的财政支出,最终形成"顾小不
顾老"的现状。城市化率和收入差距在这里并没有显著影响。

表 7.9　转移支付与人均财政支出

变量名	(1)	(2)	(3)	(4)
Tran	1.329*** (0.058)	0.728*** (0.025)	0.844*** (0.039)	0.621*** (0.053)
Pergdp		0.131*** (0.003)	0.146*** (0.007)	0.206*** (0.039)
Price			−0.008 (0.009)	0.055*** (0.017)
Popden			0.590*** (0.130)	1.032*** (0.114)
Old			−0.004*** (0.001)	−0.009*** (0.001)
Child			0.002*** (0.000 4)	0.003*** (0.000 4)
Urban			−0.000 5 (0.000 5)	0.002*** (0.000 4)
Inequa			0.002 (0.007)	−0.019*** (0.006)
Hausman P	0.076	0.000	0.000	—
组内 R^2	0.590	0.944	0.952	0.901
样本量	390	390	390	390

注:括号中为标准误,其中 *、** 和 *** 分别表示 10%、5% 和 1% 的显著水平。第四
列中的 Hausman 的统计值为负,此时可认为该卡方值是一个非常小的统计量,因而直接选
择随机效应。

　　不过人均 GDP 与公共财政理论中的个人收入并不完全一致，前者仅是一种经济发展水平的度量，其中还包含政府的税收等，这使得人均 GDP 本身就与转移支付之间可能存在一定程度的重合，因而我们在第(4)个回归中以"城镇居民家庭人均可支配收入"代替人均 GDP。计算的结果与第三列差异不大，虽然个人收入的系数变得更大，但转移支付的效应依然是个人收入的三倍多，"粘纸效应"依然成立。与第(3)个回归相比，公共品的提供价格变得显著为正，这与公共财政理论一致，城市化水平越高的地区的政府支出也越大，因而基础设施等支出也会更多，收入差距与政府支出负相关，这与公共选择理论相悖，这可能与中国政治体制相关，政府决策是自上而下，特殊群体在政策的制定过程中的影响非常小。

　　文献中针对"粘纸效应"的一个主要的批评在于其仅考虑收入效应，然而在度量转移支付时又包含了专项转移支付(earmark grants/matching grants)，专项转移支付一般会指定其用途，并且要求地方政府采取一定的配套行为，因而会直接改变公共品的边际价格，包含此类转移支付会错误得出"粘纸效应"的结论(Moffitt，1984；Megdal，1987)。在表 7.10 中我们将从总转移支付中剔除专项转移支付，仅估计一次性的无条件转移支付(general lump—sum grants)的作用，我们发现此时的系数值变得更大，每 1 单位的无条件转移支付的增加会使得政府支出水平增加2.65 个单位，即使在考虑其他因素后，该效应依然达到 1.38，因而"粘纸效应"的结论依然显著成立。我们在第(4)个回归中计算转移支付的净效应，将转移支付与人均 GDP 加总作为地方政府可以操作的总资源，假定"粘纸效应"不存在，即转移支付与人均 GDP 对政府支出的作用相同，那么在控制了政府的总资源后，再加入转移支付则不会显著，然而我们发现此时的转移支付的净效应为 1.29，即在拥有相同资源的地方，人均 GDP 减少 1 个单位的同时增加 1 个单位的转移支付，会使得政府支出增加 1.29 个单位。第(5)个回归加入转移支付与 1999 年虚拟变量的交叉项，自 1999 年开始实施的地区性发展战略，中央大幅度增加对内陆地区的财政转移支付，特别是 2002 年的所得税改革中，明确规定将增加的中央财政收入全部用于内陆地区的一般性转移支付。构造该交叉项用来捕捉"粘纸效应"是否随着中央的政策而变化，此时的水平项并不显著，但交叉项非常显著，说明 1999 年之后的粘纸效应相对于之前有很大的增加。这也间接说明前面回归中的"粘纸效应"主要是发生在 1999 年之后,伴随着地区性战略而增加的转移支付是地方政府规模膨胀的一个重要因素。

表7.10 无条件转移支付与人均财政支出

变量名	(1)	(2)	(3)	(4)	(5)
$Tran2$	2.649*** (0.094)	1.586*** (0.106)	1.377*** (0.096)	1.291*** (0.095)	0.150 (0.195)
$Pergdp$		0.106*** (0.004)	0.085*** (0.008)	—	—
$Tran2+Pergdp$			—	0.085*** (0.008)	0.096*** (0.007)
$Tran2*D99$			—	—	0.826*** (0.126)
$Price$			0.036*** (0.010)	0.036*** (0.010)	0.021** (0.010)
$Popden$			0.184 (0.114)	0.184 (0.114)	0.124 (0.106)
Old			−0.000 4 (0.001)	−0.000 4 (0.001)	0.002 (0.001)
$Child$			0.000 2 (0.000 4)	0.000 2 (0.000 4)	0.001 (0.003)
$Urban$			−0.001* (0.000 5)	−0.001* (0.000 5)	−0.001* (0.000 5)
$Inequa$			−0.006 (0.006)	−0.006 (0.006)	−0.006 (0.006)
Hausman P	0.040	0.807	0.001	0.001	0.000
组内 R^2	0.745	0.915	0.920	0.920	0.932
样本量	300	300	300	300	300

注:括号中为标准误,其中 *、** 和 *** 分别表示 10%、5% 和 1% 的显著水平。

三、粘纸效应与长期的政府规模

"粘纸效应"的重要意义在于长期的政府规模,而不是短期的政府支出的增加,特别是在中国这样一个"以收定支"的财政体制内,转移支付必然会诱导地方政府想方设法增加支出。公共财政理论认为当地方政府获得更多的财政资源时,政府首先会扩大自己的人员规模,接着才会增加其每个行政人员的收入(Tullock,1967)。

而在中国,"吃饭财政"之所以一直是财政改革的难题,就是因为这种人员规模的扩张更具刚性,如果转移支付的"粘纸效应"会使得政府行政人员增加,那么这种长期的政府规模扩张所带来的影响将是深远的。

表7.11的被解释变量是政府的机关人数。与前面不同的地方是,我们在这里将同时控制转移支付和地方政府的财政收入,假如地方政府将转移支付与财政收入同等看待,那么两者在增加政府规模时的作用也应该相同。第一列的结果非常明显,人均财政收入每增加1万元,会使得每万人的机关人数增加0.037,而同样的转移支付的增加会使得机关人数增加62人,两者之间的差别非常显著。另外公共品的价格效应与前面的估计相反①,很可能是因为地方政府在获得财政资源后,首先是增加自身的人员规模,其次才会用来提高每个人的收入,而那些价格更低的地区在获得一定的转移支付后,人员规模增加的幅度会更大,因而两者呈现负向关系。考虑到1998年的机构改革的重要性,而朱镕基政府正是这项改革的推动者,该项改革也一直持续到该届政府任期的末尾,因而我们在第(2)个回归中加入一个虚拟变量,当年份在1998—2002年时取1,用来捕捉这次机构改革的作用,我们发现这并不影响我们关注的变量,并且该虚拟变量也不显著。

我们在第三列中同样估计转移支付对政府规模的净效应,假定地方财政收入与转移支付的效应相同,那么再加入转移支付则应该不显著,结果发现这对转移支付的估计系数几乎没有影响,其净效应依然达到61.2,因而此时的"粘纸效应"不仅存在,并且其作用非常大,以2007年为例,人均转移支付最低的为0.05万,最高的为1.01万,这会使得每万人的机关人数增加119.34人,相对于当年平均水平99.73的120%。

由于党机关和行政机关性质的差异,我们在第(4)个回归中以每万人的党机关人数作为因变量。结果发现转移支付与财政收入的系数都显著为负,可见党机关的人数与财政资源之间并没有必然的关系。同时,机构改革的作用也显著为正,说明机构改革的主要对象还只是限制在政府的行政机关,对党机关的影响较小,因而在1998—2002年依然保持一个上升的趋势。

---

① 我们也曾用机关人员平均劳动报酬代替教师平均劳动报酬,结果没发现变化。

表 7.11　转移支付与长期的政府规模

变量名	(1)	(2)	(3)	(4)
Tran	62.011***	61.221***	61.184***	−4.345***
	(7.428)	(7.449)	(7.446)	(1.246)
Perev	0.037**	0.037**	—	−0.010***
	(0.016)	(0.158)		(0.003)
Tran+Perev	—	—	0.037***	—
			(0.016)	
D98	—	−0.909	−0.909	0.284**
		(0.734)	(0.734)	(0.123)
Price	−3.863***	−4.082***	−4.083***	0.082
	(1.059)	(1.073)	(1.073)	(0.179)
Popden	−60.990**	−61.314**	−61.315**	1.057
	(29.463)	(29.442)	(29.442)	(4.925)
Old	−0.351	−0.405	−0.355	0.025
	(0.269)	(0.269)	(0.268)	(0.045)
Child	0.073	0.083	0.036	0.027*
	(0.090)	(0.090)	(0.268)	(0.016)
Urban	0.330***	0.341***	0.317***	−0.016
	(0.105)	(0.105)	(0.105)	(0.018)
Inequa	−6.798***	−7.374**	−7.083***	0.638**
	(1.522)	(1.546)	(1.538)	(0.257)
Hausman *P*	0.000	0.000	0.000	0.000
组内 R^2	0.278	0.282	0.282	0.151
样本量	390	390	390	390

注:括号中为标准误,其中 *、** 和 *** 分别表示 10%、5% 和 1% 的显著水平。

四、政府为什么不减税

在中国这样一个高度分权的国家里,地区间对于资本的竞争非常激烈,税负的大小对于流动性较强的要素来说至关重要。在获得中央的转移支付后,从理论上来说是扩大了当地税率调整的空间,然而实证结果却恰恰相反,转移支付使得地方政府规模出现更严重的膨胀,一个直接与此相关的问题就是:为什么政府不减税?

中国自改革开放以来,对税收立法权和税收政策一直强调税权集中、税法统一,中央政府①几乎集中了所有税种的立法权、解释权、修订权,地方政府并不具有税收立法权。但在 1994 年之前,各地虽然不具有调整税率的权力,但所有的税收收入都由地方政府负责征收,在税收努力上可调整的空间很大,使得实际税率远远低于名义税率。而 1994 年的分税制改革开始将税收征管权上收,中央增设专门的国税局,除了用来征收归属中央的税收,如关税和消费税等,还负责征收中央和地方共享的税种,如增值税和所得税等,例如作为第一大税种的增值税,2007 年全国的税收收入为 15 470.23 亿元,仅此一项就占全部税收收入的 34%,这实际上意味着地方政府通过调整税率来降低税负的空间非常小。

在 20 世纪 80 年代,为了鼓励地方政府积极吸引外资,国务院批准设立了不同类型的税收优惠区,如经济技术开发区、沿海经济开放区、高新技术产业开发区和其他国家级园区等,这些园区内的企业在所得税方面一般享有一定程度的税收优惠。但近年来,地方政府在这方面可操作的空间也非常有限。首先是所有省份都设立了各种类型的优惠区,地区间的差异不大,同时国务院开始限制省以下的各类开发区。其次是国家开始严格限制地方政府越权减免税,在 2000 年和 2004 年分别出台《国务院关于纠正地方自行制定税收先征后返政策的通知》和《国家税务总局关于清理检查开发区税收优惠政策问题的通知》,要求各地的减税范围不能超过国家规定的幅度。

除了预算内的税收收入和非税收入外,预算外收入也是地方政府的一项重要收入。在分税制之前,很多地方政府都抵制中央的税收政策,要么将税收直接"藏富于民",要么将预算内收入转到预算外,以至于到了 1991 年,全国预算外资金达到 3 855 亿元,与当年预算内财政收入平分秋色,1992 年的预算外收入更是预算内收入的 1.11 倍。由此也可见,与预算内收入不同的是,地方政府对预算外的收入是有非常大的调整空间,由于这部分资金完全由地方政府支配,这就成为地方政府降低实际税负最有效的手段。虽然 1994 年之后地方政府的预算外收入急剧减

---

① 目前除了一少部分税法来自全国人大及常委,如《中华人民共和国个人所得税法》等,大部分的税收法律都由国务院及其主管行政部门制定,如增值税、营业税、消费税、企业所得税等几个最大税种的暂行条例,而地方政府除了拥有屠宰税、筵席税、牧业税等小税种的开征权外,几乎没有其他重要税种的管理权限。

少,到 2007 年仅为预算内收入的 13.3％,但是 92.2％的预算外收入都归地方政府自由支配,政策调整的空间依然存在。然而地区之间的差异巨大,以预算外收入占总财政资源的比重来衡量,最高的为浙江,1996 年达到 62％,而最低的西藏却几乎没有预算外收入,因而各地的减税空间的差异是非常大的。从图 7.6 可以看出,那些获得更多转移支付的地区,其相应的减税空间却更小,因而即使这些地区的政府有减税的意向,但由于可操作的空间有限,反而无法降低实际的税率,而那些没有获得转移支付的地区,更是没有激励来减税。

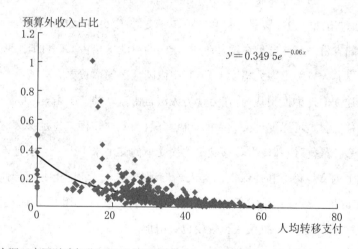

资料来源:《中国财政年鉴》(1996—2008 年)。

图 7.6　人均转移支付与预算外占当地财政总资源的比重(1995—2007 年)

　　因而虽然内地获得了更多的财政转移支付,但由于缺乏相应的调整空间,使得这些转移支付必须全部花出去,同时又不能相应地为当地的经济主体降低税负,地方财政收入并不会根据转移支付做出调整,加上"以收定支"的传统,使得那些获得了转移支付的地区的政府规模随之扩大。而同时那些拥有较大调整空间的东部地区,因为没有相应的转移支付,大部分的财政支出不得不依赖于本地的财政收入,因而也缺乏相应的动机来降低实际的税负。最终的结果就是,不管是转移支付的转出地,还是接收地,都不会有减税行为,这种结构性变化恰恰导致了政府规模的膨胀。

第五节　小结

中国 1994 年的分税制改革旨在提高两个比重——财政收入占 GDP 的比重和中央财政收入占全国财政收入的比重，而这两个比重的提高都使得中央本级政府的财力大增，但同时支出责任依然下放到地方政府，因而中央政府每年都向地方转移大量的财政资源。初始时期主要是以税收返还的形式转移给东部地区，以获得这些地区对改革的支持。而 1999 年开始实施以"西部大开发"为代表的地区性发展战略，通过增加财力性转移支付和专项转移支付，中央将大部分的资源倾向性地转移给内陆省份。而恰恰是在这一阶段，全国的财政支出占 GDP 的比重和部分地区的财政供养人口都出现大幅度上升，其中内陆地区的增长更为显著。

本章建立的理论模型认为，在劳动力无法自由流动的情况下，中央通过附条件的专项转移支付是可以促进公共品的提供，并且当专项转移支付足够大时，甚至可能达到帕累托最优，但却使得转移支付的接受地的支出水平上升。实证部分发现，人均意义上的文教科卫和社保支出与人均专项转移支付呈正相关，而财政支出占 GDP 的比重和政府消费占 GDP 的比重都与专项转移支付正相关，同时还发现随着转移支付的增加，当地的机关人员规模也会增加。

而在西方的公共财政理论中，另一个与此密切相关的概念是"粘纸效应"，即那些获得了转移支付的地方政府，并不是将其与本地的财政收入等同看待，转移支付并不会按照公共品与私人品的边际价格来分配，而是大部分被用来生产公共品，即转移支付不会使得本地实际税负有所下降。于是上级政府转移的财政资源似乎盯住在公共部门，地方政府的支出规模和人员规模都出现大幅度上升。我们在实证部分也发现该"粘纸效应"在 1994 年之后的中国同样存在，并且作用非常大，人均转移支付每增加 1 元，会使得人均财政支出水平上升 0.6—1.3 元，而相同的 GDP 或者居民收入的增长的效应仅为 0.1—0.2 元；同样，人均财政转移支付每增加 1 万元，会使得每万人的机关人数增加 62 人，而本地财政收入每增加 1 万元仅会导致 0.037 人的增加。转移支付的效应远远大于等量的财政收入的效应，即"粘纸效应"是存在的，这意味着在同样的总体财政资源的情况下，这种结构性变动所带来的效应直接会导致政府规模出现膨胀。

"粘纸效应"的存在对于中国目前现状的认识，以及未来的财政体制改革都有着非常重要的意义。为了防范地方政府越权办事，侵蚀中央政府的财政利益，中央出台的一系列的政策几乎都是"一刀切"，并没有考虑各地的差异，更没有考虑到地方政府可能出现的策略性行为。"粘纸效应"实际上也说明中央政府要将沿海和内陆地区区别对待，将转移支付的转出地和转入地区别对待，要赋予转入地更多的自由和操作空间，使其在获得上级政府的转移支付后，可以在一定的范围内调整本地的实际税收负担，以避免当地的政府规模出现"被膨胀"的状况，大幅度降低转移支付所带来的负面效果。

而在更长远的改革议程上，目前这种以财政转移支付来达到地区均衡发展的战略并不可取。未来的改革应该着眼于要素市场的改革，要使得劳动力从内陆地区移居到沿海地区，而不是仅仅由于就业机会产生的短期移民。这一方面可以促进沿海地区的发展，另一方面也降低了对巨额转移支付的需求，减少了由此导致的效率损失和不必要的成本。因而，长远的改革应该将全国作为一个整体的区域来考虑，而不是分区域采取不同发展战略的方式。

第八章

转移支付与官员腐败

第一节　引言

　　根据透明国际(transparency international)的定义,腐败是指利用被委托的权利谋取私利。而在全世界范围内,腐败似乎是一个普遍的现象,不仅仅在发展中国家存在,在发达国家也很常见,这暗示着腐败与经济增长之间没有简单的线性关系。在拉丁美洲和非洲的一些国家,腐败成为阻碍经济增长的主要因素,而在东亚的一些国家,腐败却与经济增长并行不悖。在转轨经济中,腐败甚至会成为"加速的金钱"(grease/speed money)(Lui, 1985；Beck and Maher, 1986),提高了原有行政体系的办事效率。不仅如此,腐败还是一个类似于科斯谈判的过程,使得行政部门与私人部门的激励兼容,行政部门为了最大化腐败的收益,有激励将短缺资源分配到效率最高的私人部门,从而提高了资源的利用效率(Shleifer and Vishny, 1994)。

　　腐败在一定的程度上与税收是等价的,政府是通过设定税率最大化税收,公共服务的提供者(如官员)则会通过设定寻租的方式最大化腐败收益,在这种情况下,腐败与税收对私人部门的影响是相同的。但实际上,腐败与税收之间还存在一个重要的区别:隐秘性(secrecy)(Shleifer and Vishny, 1993)。由于腐败是违法的,官员在寻租和受贿过程中就会通过各种努力来降低被发现的概率,因而腐败更加倾向于发生在那些难以有效实施监督的领域,官员也会通过改变政府支出的方向来增加潜在的腐败机会。所以腐败产生的扭曲效应由两部分构成：一是与税收类似的降低个人工作努力，二是腐败本身会影响政府支出，使得政府在某些领域的支出不够，而在另一些领域则出现过度供给。Mauro(1998)在一份跨国的研究中发现腐败越多的国家，在大型的基础设施和高度复杂的国防装备等方面的支出也更多，而在教育方面的投入则更少。

中国的情况也比较类似，例如在 1997 年至 2002 年短短的 5 年中，河南省三任交通厅长连续"落马"，这实际也意味着中国的基础设施是一个腐败多发的领域。图 8.1 描述的是基础设施投资与腐败之间的关系，从时间趋势上来看两者有着非常一致的变化，在 1990—1994 年间基础设施投资与腐败都在下降，在 1994—1997 年间两者都相对较平稳，从 1998 年开始，国家为了刺激经济的增长采取了扩张性的财政政策，通过赤字和举债的方式大幅度增加对基础设施领域的投资，使得基本建设支出在国家财政支出的比重从 1997 年的 11％上升至 1999 年的 16％，并且此后数年一直维持在较高的水平。同时我们观察到腐败也随之经历了一个上升的过程，平均腐败立案数从 1998 年的 1 032 件上升至 2000 年的 1 240 件，上升幅度超过 20％。

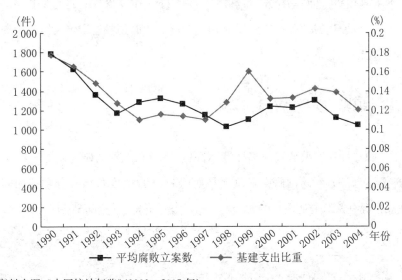

资料来源：《中国统计年鉴》(1991—2005 年)。

图 8.1　基础设施投资与腐败

本章所做的主要工作不仅仅是揭示基础设施投资与腐败之间的关系,我们还发现中央针对地方的转移支付在一定程度上诱发了地方腐败。因为转移支付一方面会直接增加地方用于基础设施方面的投入,从绝对水平上增加腐败的机会。另一方面,转移支付会降低地方政府对于资金的监管力度,从而使得在相同的腐败机会下,腐败发生的概率会越高。本章研究从文献角度来说,首先将丰富分权理论对中国经济增长的解释。以往关于财政分权的研究都只是强调经济激励或政治激励的作用。但在理性假设下,该理论无法解释那些明显没有政治晋升希望的地方官员也在努力发展的现实,更无法有效解释不同行政部门参与经济发展的动机,并且也有实证研究发现晋升激励对省以下的官员没有作用(Landry,2003)。我们则认为地方政府和不同行政部门参与发展的一个重要动机在于增加自身的腐败机会,从而获得一定的经济收益。其次对中国基础设施的超前发展提供一个新的解释,在张军等(2007 年)的研究中,基础设施被认为是"标尺竞争"和政府治理转型的结果。本章则发现基础设施的投资相对于其他投资而言,腐败被侦查的概率更低,因而针对基础设施的投资更加容易获得官员的支持。最后还将丰富对于转移支付效应的研究,以往关于中国转移支付的研究集中在公共服务均等化、经济增长、收入差距、政府规模等方面(马拴友、于红霞,2003;Tsui,K.,2005;尹恒、朱虹,2009;袁飞等,2008;范子英、张军,2010a,2010b),据我们所知,还没有实证文献研究转移支付与腐败之间的关系。

第二节　腐败:度量、成因、影响与治理

由于隐秘性和腐败形式的多样性,对腐败度量和识别的研究还处于起步阶段(Svensson,2005),对跨国研究来说更是如此。[①]腐败的度量指标分主观和客观两种,主观指标有针对普通民众的调查,如联合国的国际犯罪受害者调查(international crime victim surveys,ICVS),该调查询问受访者在过去一年中是否有过被索贿的

---

① 由于很难获得实际的腐败数据,并且各国的腐败打击力度也相差甚大,跨国研究一般都采用主观调查数据,但主观数据是序数的(好、中、差),这使得跨国的数据是不可比的,利用这些数据的研究也存在度量上的缺陷(Svensson,2005)。

行为；另一类主观指标是针对企业的调查，如世界银行针对中国多个城市的投资环境调查（investment climate survey），透明国际的数据也是基于这一类指标进行的汇总。客观指标即反腐败的数据，如国家公布的实际腐败查处数据。主观指标的主要问题在于被调查者可能出于某种原因而误报腐败，同时大部分的主观调查都是针对企业实施的，而实际发生的腐败则可能采用与商业活动无关的形式，但客观指标的主要问题是与实际腐败情况并不完全对等（Svensson，2005）。不过 Kaufmann 等（2003）的一项跨国研究显示，客观指标与主观指标的相关性高达 0.97，即使调整腐败的定义，这种高度的相关性依然存在；利用不同指标作为腐败的度量，其结果只体现在系数值上，显著性并不受影响（Svensson，2005），这在一定程度上缓解了由于数据限制造成的困境。

腐败的成因一般都会归结于制度的作用，其中一支文献认为良好的制度（低腐败）是经济增长的结果，即随着经济的发展，人力资本和对良好制度的需求会增加，从而使得腐败与经济增长呈现倒 U 形的关系（Lipset，1960；Glaeser et al.，2004）。另一支文献强调制度是具有历史路径依赖的，如澳大利亚就是在英属殖民地时期被移植了良好的制度，而这些制度一直持续至今（Acemoglu et al.，2001；La Porta et al.，1998，1999）。制度还会通过宗教来发挥作用，使得在统计上不同的文化对应不同的腐败水平。例如新教更加倾向于限制政府的权力，从而更少发生腐败，而儒家文化则相反（Landes，1998；Treisman，2000）。最后一支文献认为制度主要是通过限制竞争的方式来产生腐败，例如限制进口、限制新企业的产生等垄断行为都是为了最大化腐败收益（Ades and Di Tella，1999；Djankov et al.，2002）。在政治竞争方面，自由的新闻媒体就显得非常重要，不同的政治体系对腐败的影响也是有差异的（Besley and Burgess，2002）。

腐败的最大危害在于降低经济增长的速度，腐败会导致低效率企业的产生，减少企业家才能的形成，同时还会降低物质资本、技术和人力资本的配置效率，使其偏离社会的最优水平（Murphy et al.，1991，1993）。微观层面的研究基本都支持腐败会降低效率的假说，例如腐败会降低企业的发展速度（Fisman and Svensson，2007），但宏观层面研究所得出的结论是模糊的，Mauro（1995）利用一个大型的跨国数据集，发现腐败与增长之间不存在稳定的关系。微观证据和宏观证据的这种不匹配,其原因可能是腐败的具体形式的多样化,而并不是所有腐败都会对增长产生负面作用。在一个制度不是非常健全的国家,腐败有可能会减少企业用于审批的时间和成本,即有效腐败(efficient corruption)假说,特别是在转轨经济中,腐败可能与经济增长并存(Leff, 1964; Huntington, 1968)。由于腐败是利用行政权力获得私人回报,所以会在一定的程度上扩大收入差距和增加贫困(Gupta et al., 2002)。

关于腐败的治理,一般都会强调竞争和效率工资。从竞争角度来说,充分的市场竞争会使得企业的利润趋于 0,从而减少用于腐败的支出(Ades and Di Tella, 1999),但实际上,竞争并不必然会降低腐败,在政府仅提供有限的服务时,过度的市场竞争反而会使得企业更加倾向于通过行贿的方式来获取政府服务(Celentani and Ganuza, 2002)。而政府的分权竞争对腐败的缓解作用也是有条件的,当政府提供的服务是相互独立,并且难以达成合谋时,不同地方政府间的竞争会显著降低腐败水平;当政府提供的服务是互补时,如投资一个工厂需要工商、国土、环保等部门的核准,此时如果不同部门分散决策,各部门都会最大化自身的腐败收益,而忽略由此造成的对其他部门的外部性,竞争反而会使得腐败水平上升(Shleifer and Vishny, 1993)。效率工资最早是由 Becker 和 Stigler(1974)提出的,他们认为给予官员高于在私营部门获得的潜在收入会减少腐败。但实际上,当腐败的收益不确定,同时缺乏第三方的执法机构时,过高的效率工资反而会增加官员在索贿时的谈判能力,从而增加实际的腐败(Mookherjee and Png, 1995)。这也是为何同样的反腐政策在新加坡和中国香港能够发挥作用,而在俄罗斯却失效的原因(Skidmore, 1996; Hay and Shleifer, 1998)。

关于中国腐败的研究并不多,周黎安和陶婧(2009)认为政府规模过大是导致腐败水平过高的重要原因,而开放能够有效降低腐败水平;吴一平(2008)从财政分权的角度研究腐败,结果发现分权恶化了腐败;过勇和胡鞍钢(2003)则认为行政垄断是腐败的根源。在腐败所造成的影响方面,谢平和陆磊(2003)发现腐败降低了金融系统的效率,杨灿明和赵福军(2004)认为腐败降低了经济增长并导致政府规模的上升。

第三节　中国官员腐败的演化

本章所选用的腐败数据来自《中国检察年鉴》各年中分省的《人民检察院年度工作报告》,该数据集在张军等(2007)、吴一平(2008)、周黎安和陶婧(2009)等研究中使用过,也是本章研究进行时唯一可获得的关于中国各省腐败的面板数据集。其中腐败是指贪污贿赂、挪用公款案件的立案数①,不包括偷逃税、违反法纪和渎职②。为了剔除各地人员规模的影响,我们将腐败程度定义为每万名公职人员的腐败立案数,其中公职人员是指政府机关的从业人员,再将 1995 年和 2004 年各省的腐败程度分别进行排序。表 8.1 给出的是各省的相对排序在 10 年中的变化情况,例如 1995 年腐败最严重的是上海,到 2004 年上海的腐败程度在全国仅排 18 位,这样相对排序就下降了 17 位。因而相对排序的变化就反映了各省腐败治理的差异。从表 8.1 可以看出腐败程度下降最快的几个省份分别是上海、北京、云南、河北等,可以猜想导致这些省份腐败程度下降的主要因素与市场化建设和对外开放有关。而腐败程度上升最快的几个省份分别是辽宁、江西、广西和贵州等,这些省份几乎是从相对最廉洁的省份变为腐败的高发区。

表 8.1　1995—2004 年间腐败程度相对排序变动

上升	辽宁(23)、江西(15)、广西(15)、贵州(13)、陕西(12)、宁夏(7)、安徽(5)、黑龙江(3)、吉林(3)、山东(3)、天津(2)
下降	上海(-17)、北京(-14)、云南(-12)、河北(-11)、湖南(-9)、广东(-6)、内蒙古(-6)、四川(-5)、河南(-5)、福建(-4)、新疆(-4)、浙江(-4)、江苏(-3)
不变	甘肃(1)、山西(0)、海南(0)、青海(-1)、湖北(-1)

注:括号中为具体的序位变动数,腐败程度为每万名公职人员的腐败立案数。

---

①　将腐败定义为贪污贿赂、挪用公款有两个原因:一是与文献比较接近;二是 1997 年的《刑法》修改中对司法机关案件的管辖权做了调整,偷税漏税,假冒商标等不再由检察机关立案,这使得 1997 年前后的经济案件统计口径发生变化,但贪污贿赂、挪用公款保持一致性。

②　1997 年很多省份的《人民检察院年度工作报告》并没有单独报告当年的数据,只报告了前五年的数据,当利用汇总数据倒推时,发现与实际情况相差巨大,因而 1997 年的数据是利用 1996 年和 1998 年数据加权平均得到。另外,某些省份在部分年份仅报告加总的经济立案数,而没有区分腐败立案数,处理方法是利用经济案件数乘以相邻年份的腐败案件占总的经济案件的比例。

表 8.1 中相对排序的下降,既有可能是因为某些省份虽然也推行了市场化改革,但进程不如其他地方,使得在相对意义的统计上出现被动上升的迹象,也有可能是这些省份的实际状况相比 10 年前更加恶化,从而在排序上出现倒退。为了区别这两种差异,我们在图 8.2 中将各省份 2004 年的腐败程度与 1995 年直接对比,依然发现虽然大多数省份的每万名公职人员腐败立案数下降,但辽宁、广西、贵州、江西和陕西还是出现了显著的上升。例如辽宁省每万名公职人员腐败立案数从 1995 年的 0.19 件上升至 2004 年的 0.29 件,上升幅度超过 50%,表明这些省份的腐败情况相对于 10 年前是绝对恶化了。正是如此,探讨腐败在不同省份和不同年份出现巨大差距的原因,对政府治理和地区发展都有重要的现实意义。

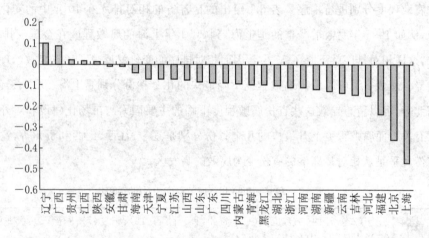

资料来源:《中国统计年鉴》(1996—2005 年)。

图 8.2 1995—2004 年间腐败程度绝对数变动

腐败与基础设施投资在时间趋势上是相关的,见图 8.1,而我国的基础设施投资中有非常明显的宏观调控因素,1993 年前后是通胀最严重的时期,此时的宏观调控目标是控制通胀,基建支出的比重也急速下降。然而到了 1998 年,通货紧缩的现象开始出现,通过扩张性的财政政策来刺激经济增长成为首选,国家加大了对基础设施方面的投资。但是我国的财政制度一直强调地方在基础设施投资方面的自给自足,我国《预算法》也限制了地方通过举债的方式来发展基础设施,因而财政赤字只能出现在中央一级政府。1998 年至 2000 年的三年中,国家一共发行了 3 600

亿元的长期建设国债,并规定资金主要用于基础设施建设①,而在资金的使用权限方面,除了一部分由中央直接投资外,其余的国债资金通过两个渠道下放给地方政府使用:一是通过国债转贷的方式,由省级政府与中央签订还本付息的合同;②二是通过专项转移支付的形式直接补助地方的基建支出,由于资金来源于国债,该项目也称为增发国债补助。从图 8.3 可以看出,常规的专项转移支付(专项补助)占基建支出的比重一直相对较稳定,1998 年在专项转移支付中新增了增发国债补助,并且其占基建支出的比重自 2000 年开始一直在上升。通过国债转贷和转移支付的形式,中央政府将大量的新增投资下放给地方政府,使得地方政府在基础设施方面的投资保持了与中央政府相同的增长速度。③

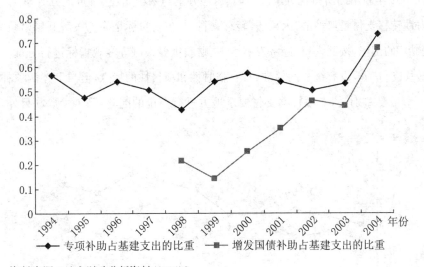

资料来源:《地方财政分析资料(2004)》。

图 8.3 专项补助与增发国债补助占基建支出的比重

除此之外,中央财政还针对三个方面的地方基础设施给予补助:一是具有外部

---

① 例如 1998 年发行的 1 000 亿元国债仅用于农林水利、交通、城市基础设施和环保、城乡电网建设与改造、中央直属储备粮库、经济适用住房六个方面,其中仅交通运输建设就占 20% 以上。

② 各地区在还款期限和利率方面也有差异:东部地区期限为 6 年,年利率为 5.5%;中西部地区的期限为 10 年,年利率为 5%。

③ 虽然 1998 年中央通过赤字的方式来增加基础设施投资,但中央政府在全部基建支出的比例上并没有明显上升,仅从 1997 年的 42.7% 上升至 1998 年的 43.9%。

性的基础设施,如过境高速公路、大型的水利项目等;二是有关民生方面的基础设施,如棚户区改造和廉租房建设等;三是欠发达地区的基础设施建设。中央用于针对地方基础设施建设的补助资金来源于两块:一是中央的预算内基本建设支出;二是中央给予地方的专项补助。①但由于数据限制的缘故,到目前为止还无法将这两者分开,但即使是中央投资补助,其补助的标准也是参考专项补助。②因而获得专项补助越多的地方,中央用于补助当地基础设施的支出也更多。

其中,度量转移支付的数据来自于财政部预算司《地方财政分析资料(2004)》,细分了税收返还、财力性转移支付和专项转移支付,税收返还依据的是 1993 年的增值税和消费税税基,地方分享 25%,递增率按全国平均增长率的 1∶0.3 系数确定。2002 年新增的所得税分享改革,其返还方案与两税返还类似,地方分享 40%。财力性转移支付是典型的"因素法"转移支付,其主要目标是为了缓解基层财政"入不敷出"的困境,按照人口、经济发展水平、财政供养人口等客观指标进行分配。专项转移支付一般没有统一的标准,具有临时性和项目性的特点,但与上述两项补助的一个主要差别是,专项转移支付要求地方进行一定的配套,除了少数项目外,中

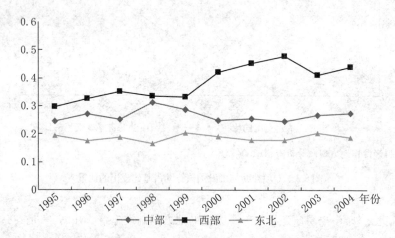

资料来源:《地方财政分析资料(2004)》。

图8.4 各地区的专项转移支付份额

① 例如在 2000 年财政部《中央对地方专项拨款管理办法》中,其中第一项即是基本建设支出。
② 例如在 2007 年发改委颁布的《中央预算内投资对中西部财政困难地区新建廉租住房项目的支持办法》中,针对廉租房项目的具体补助额度就参考了当地获得的转移支付。

央一般都只承担项目总支出的一部分。因而与基础设施投资直接相关的仅有专项转移支付。从图 8.4 可以看出,在 1999 年之前各地所获得的专项转移支付份额相对较稳定,但"西部大开发"计划强调向西部的倾向性政策,从 2000 年开始,西部地区所获得的专项转移支付份额急剧上升,从 1999 年的 33% 增加至 2002 年的 48%。结合图 8.3 可以看出西部地区新增的专项转移支付主要是通过增发国债的形式筹集的资金,而国债本身就是立足于基础设施投资,因而这些新增的专项转移支付很大一部分都投向了西部地区的基础设施建设。

综上所述,中国的基础设施投资与腐败有一定的正相关关系,更多的基础设施投资意味着更多的腐败机会,而出于成本和均衡发展的考虑,中央采用转移支付的形式来激励地方增加对基础设施的投资,因而更多的转移支付意味着更多的基础设施投资,从而加剧了腐败。但除此之外,转移支付还会通过其他间接机制诱导地方腐败。接下来通过计量模型来考察这些机制。

第四节　转移支付:基础设施投资与腐败

由于腐败数据和转移支付数据的限制,这里所使用的是 1995—2004 年中国内地 29 个省级面板数据集[①],从 1995 年开始主要是为了避免"双轨制"对腐败的影响。在具体的估计过程中,由于省份的虚拟变量与关注的多个变量相关,导致结果估计的不一致,最后统一使用混合的截面回归,通过控制不同的自变量和工具变量方法来得到稳健的结果。实证回归模型如下:

$$C_{it} = \alpha_0 + \alpha_1 Tran_{it} + \alpha_3 Capital_{it} + \sum_{j=1} \beta_j X_{it,j} + Y_t + u_{it} \tag{8.1}$$

其中:C 是腐败案件立案数的对数,$Tran$ 是专项转移支付的对数,$Capital$ 是预算内财政用于基建支出的对数,Y 是年度虚拟变量。控制变量 X 包括:人均 GDP（$pergdp$）,所有与经济发展水平相关的腐败机会都可用该指标来捕捉,如越发达的地区,相关行政部门所掌握的资源越多,腐败发生的可能性也越大。

[①]　该数据集不包含重庆和西藏,理论上使用县级数据更好,但到目前为止还无法获得县级层面的腐败数据。

开放度(*open*)，用进出口占 GDP 的比率衡量，周黎安和陶婧(2009)的研究认为对外开放降低了政府在贸易过程中的寻租空间。民营化水平(*private*)，用非公有制从业人员比重。公务员报酬(*wage*)，用行政机关人员平均报酬的对数，该指标用来检验"高薪养廉"假说。预算外收入比重(*exbug*)，用预算外收入占全部收入(预算外收入＋预算内收入)的比重，预算外资金一般都缺乏有效的监管，因而更容易发生腐败。人口数量(*pop*)，主要是为了控制人员规模对腐败的影响。

表 8.2　描述性统计

变　量	全　国	东　部	中　部	东　北	西　部
腐败立案数(件)	1 162.72	1 225.50	1 595.05	1 338.58	787.79
	(706.93)	(798.69)	(579.76)	(359.19)	(560.56)
专项转移支付(亿元)	50.95	26.75	65.35	92.67	53.98
	(44.93)	(22.85)	(41.47)	(59.18)	(45.44)
基建支出(亿元)	48.10	69.23	35.09	40.99	36.90
	(51.94)	(75.31)	(24.45)	(30.35)	(29.54)
人均 GDP(万/人)	1.03	1.69	0.66	1.01	0.60
	(0.84)	(1.08)	(0.27)	(0.41)	(0.31)
进出口占 GDP 比重	0.31	0.71	0.08	0.20	0.09
	(0.42)	(0.51)	(0.03)	(0.12)	(0.04)
非公有制从业人员比重(%)	36.20	43.27	33.09	35.59	31.16
	(17.80)	(19.89)	(14.88)	(15.78)	(15.53)
行政机关人员平均报酬(元)	12 662.69	16 900.88	9 768.11	11 094.58	10 631.67
	(7 614.59)	(10 039.13)	(4 147.98)	(4 708.6)	(4 839.10)
预算外收入比重(%)	0.34	0.32	0.39	0.33	0.34
	(0.10)	(0.11)	(0.08)	(0.07)	(0.08)
税收返还(亿元)	75.29	110.71	64.07	79.25	45.40
	(52.72)	(63.20)	(20.24)	(35.65)	(35.38)
财力性转移支付(亿元)	35.91	16.50	47.22	42.69	46.51
	(41.71)	(22.04)	(52.03)	(37.47)	(44.51)
中央委员中在本省有过工作经历的人数(人)	8.96	10.72	6.69	13.83	7.09
	(6.09)	(7.52)	(1.90)	(5.59)	(4.84)
公检法司支出(万元)	317 636.3	472 709.9	282 360.3	298 673.1	189 417.2
	(328 960.1)	(464 615.9)	(185 847.7)	(198 119)	(160 750.9)

注：括号中是标准差。

表 8.2 的描述性统计能够给我们一些直观的感受,总体来说中部地区的腐败要高于其他地区,西部相对较好;东北平均获得的专项转移支付较多,其次是中部和西部,东部获得了最多的税收返还和最少的财力性补助,而其他地区在这两方面的差异不大;东部的基建支出最多,其次是东北,中部与西部相差不大;中部和西部的人均 GDP 远远落后于东部和东北地区,开放程度也是如此;而所有地区的民营化水平相差不大,东部地区的公务员工资远远高于其他地区,中部地区的预算外收入比重高于其他地区;东北地区的中央委员数目最多,将其与专项转移支付对比,可以简单看出中央委员数目影响了地方获得的专项转移支付,而对税收返还和财力性转移支付没有影响;东部的公检法司支出最多,中部和东北相差无几,而西部最少。

接下来利用模型(8.1)进行实证分析,表 8.3 的第(1)个回归的结果与已有的研究比较一致,经济发展水平越高的地区,腐败也越多,对外开放能够显著降低腐败,而民营化与腐败的关系不确定,"高薪养廉"的假说得到支持,行政机关人员报酬每增加 1% 可以使得腐败下降 0.8%,预算外收入和人口规模都与腐败显著正相关,同时基础设施投资每增加 1%,会使得腐败立案数上升 0.3%,并且这 7 个变量一共解释了腐败的 78% 的差异。图 8.3 和图 8.4 揭示着在 2000 年之后,中央提高了针对地方基础设施投资的补助,并且将更多的补助投向了内陆地区,如果地方政府在面临中央补助和本地税收两种不同的筹集资金时的反应有差异,那么基础设施投资对腐败的作用在 2000 年之后就会发生变化。因而在第(2)个回归中加入了基础设施投资与 d2000 的交叉项,当年份为 2000 年之后时取 1,之前的年份取 0,我们发现此时的交叉项显著为正,表明 2000 年之后基础设施投资对腐败的边际作用更大。2000 年之后基础设施对腐败的弹性为 0.331,比 2000 年之前的弹性高 0.05,其他变量的估计结果与第(1)个回归相差不大。考虑到北京和上海的特殊性,第(3)个回归剔除了这两个直辖市,回归结果比较稳健,2000 年前后的基础设施弹性依然相差 0.05。

如果 2000 年前后的这种差异是由于地方政府对转移支付与地方税收的反应不同导致的,那么当控制了转移支付时,该交叉项就不会显著。第(4)个回归证实了这种猜想,当包含了人均专项转移支付的对数时,我们观察到基础设施弹性在 2000 年前后并没有显著差异,因而前三个回归中的弹性差异主要是由专项转移支付导致的。如果来自中央的专项转移支付每增加 1%,会使得在同等的基础设施投资水平下，实际的腐败水平上升0.24%。考虑到不同年份中央针对腐败的集中整治活动，第(5)个回归加入了年度虚拟变量，此时的专项转移支付对腐败的弹性上升至0.38，其他变量的结果与前面基本一致。

表8.3　转移支付与腐败

	(1)	(2)	(3)	(4)	(5)
lncapital	0.307***	0.284***	0.350***	0.170***	0.162***.
	(0.044)	(0.045)	(0.045)	(0.047)	(0.049)
pergdp	0.252***	0.280***	0.762***	0.377***	0.343***
	(0.063)	(0.064)	(0.091)	(0.063)	(0.064)
open	−0.171**	−0.113	−0.469***	0.162*	0.036
	(0.084)	(0.087)	(0.104)	(0.096)	(0.095)
private	0.005	0.005	0.004	0.004	0.016***
	(0.003)	(0.003)	(0.003)	(0.003)	(0.003)
lnwage	−0.837***	−1.001***	−1.295***	−1.060***	−0.803***
	(0.134)	(0.151)	(0.151)	(0.144)	(0.165)
exbug	0.413***	0.450***	0.414***	0.582***	0.422
	(0.119)	(0.120)	(0.113)	(0.116)	(0.120)
pop	0.000 2***	0.000 2***	0.000 2***	0.000 2***	0.000 2***
	(0.000 01)	(0.000 01)	(0.000 01)	(0.000 01)	(0.000 01)
lncapi * d2000		0.047**	0.052**	0.021	−0.063
		(0.021)	(0.021)	(0.020)	(0.058)
lntran1				0.237***	0.376***
				(0.042)	(0.048)
时间的作用	No	No	No	No	Yes
调整后 R^2	0.779	0.783	0.814	0.804	0.828
样本量	290	290	270	290	290

注：括号中为标准误，其中*、**和***分别表示10%、5%和1%的显著水平。

　　上述的回归还只是通过交叉项的方式对转移支付的机制进行猜测，为了直接估计转移支付的影响，我们在表8.4的第(1)个回归中以专项转移支付与基建支出的交叉项代替表8.3中基建支出与2000年的交叉项，发现此时交叉项非常显著，而水平项反而不显著，表明基础设施投资中发生的腐败还取决于转移支付的水平，专项转移支付每增加1%，会使得基础设施对腐败的弹性增加0.07。这意味着在不改变基础设施投资的前提下，如果从中央获得的专项转移支付增加14%的话，基础设施投资对腐败的弹性将超过 1。另外，表 8.4 中的民营化显著为负，这可能是因为民营化越高的地区，腐败机会也越多，也可能是因为民营企业更加倾向于通过贿赂的方式来降低行政审核的成本。同样出于稳健性的考虑，第(2)个回归中剔除了北京和上海的样本，此时的水平项在 5％的水平下显著为正，同时对外开放对于缓解地方的腐败问题有显著作用，其他变量的结果与之前的估计比较一致，也表明这里的多个估计是相对稳健的。

表 8.4　稳健性检验

	(1)	(2)	IV		(5)	(6)
			(3)	(4)		
lntran1					0.448 *** (0.043)	0.525 *** (0.046)
pergdp	0.353 *** (0.067)	0.725 *** (0.092)	−1.470 *** (0.238)	0.331 *** (0.069)	0.362 *** (0.063)	0.273 *** (0.061)
lncapital	0.003 (0.070)	0.192 ** (0.089)	3.151 *** (0.175)	0.092 (0.099)		
open	−0.031 (0.100)	−0.455 *** (0.148)	−2.699 *** (0.357)	−0.068 (0.104)	0.126 (0.092)	0.134 (0.090)
private	0.014 *** (0.004)	0.012 *** (0.004)	−0.024 * (0.013)	0.013 *** (0.004)	0.017 *** (0.003)	0.016 *** (0.003)
lnwage	−0.953 *** (0.170)	−1.162 *** (0.178)	−2.244 *** (0.612)	−0.984 *** (0.173)	−0.664 *** (0.162)	−0.629 *** (0.159)
exbug	0.457 *** (0.127)	0.353 *** (0.129)	−0.828 * (0.457)	0.449 *** (0.127)	0.342 *** (0.119)	0.318 *** (0.116)
pop	0.000 2 *** (0.000 01)	0.000 2 *** (0.000 01)	7.8E−06 (0.000 04)	0.000 2 *** (0.000 01)	0.000 2 *** (9.65E−06)	0.000 2 *** (0.000 01)
lntran1 * lncapital	0.073 *** (0.013)	0.040 ** (0.016)		0.051 ** (0.021)		
lncommit * lncapital			0.576 *** (0.043)			
调整后 R^2	0.808	0.824	0.944	0.806	0.822	0.830
样本量	290	270	290		290	290
时间的作用	Yes	Yes	Yes		Yes	Yes
Hausman P			1.00			

注：括号中为标准误，其中 * 、** 和 *** 分别表示 10％、5％和 1％的显著水平。

　　但是转移支付的内生性可能会导致有偏的估计结果,转移支付的实际分配过程不仅仅是一个经济问题,更是一个政治问题,一些研究发现专项转移支付存在讨价还价、人情款和"撒胡椒面"的行为,最终的分配是上下级政府博弈的结果(江孝感等,1999)。而在一个腐败较严重的地区,政府官员自由操作的空间也相对较大,可以动用较多的资源来争取中央的专项转移支付,使得腐败与专项转移支付之间存在逆向因果关系。另外一种可能性是中央在专项转移支付的分配中会参考以往的腐败水平,使得腐败越多的地区获得的专项转移支付越少,这会使得我们低估专项转移支付的作用。我国专项转移支付的分配涉及很多部门,并且项目众多①,正是由于采用项目的缘故,专项转移支付并没有统一、具体的分配方案,因而上下级政府的互动和各部委的人为因素就左右了最终的分配,各地不同的政治资源就决定了其获得多少项目。

　　Knight(2002)针对美国高速公路项目的研究发现了类似的结论,项目委员会中来自某个州的委员越多的话,其获得该项目的可能性也越大。而在中国,对转移支付起到决定性作用的省部级官员都是中央委员,并且中央委员会还对一些重要决议进行表决,因而中央委员的支持对于地方获得转移支付就至关重要,大部分的中央委员都有过地方工作的经历,他们更加倾向于将专项转移支付的项目分配给与其关系密切的省份。②为了刻画这种政治资源对专项转移支付的作用,我们收集了第十四届(1992—1997)、第十五届(1997—2002)和第十六届(2002—2007)中央委员的数据,将当年的中央委员中曾在本省有工作经历③的人数进行累加,这样影响某省1995—1997年间专项转移支付的是在该省有过工作经历的第十四届中央委员的数目,以此类推。表8.5仅列出西部地区12个省份的政治资源,可以看出各省份之间相差巨大,最多的是甘肃,而最少的是青海,并且甘肃历年所获得的专项转移支付都要多于青海,而其获得财力性转移支付和税收返还与政治资源无关。

---

　　①　例如2005年由中央财政分配的专项转移支付项目就高达239个。

　　②　这种倾向的来源有两个可能性:一是这些委员出于个人情感的因素更加偏爱曾经工作过的省份;二是地方官员与曾在本省工作过的委员之间的互动更多。这两种渠道都会使得中央委员更加支持曾经工作过的省份。

　　③　我们也曾按照中央委员的出生地整理数据,但结果并不显著,原因可能是出生地数据的离差相对较小,而工作经历往往会涉及一个以上的省份,差异更大。

　　表 8.4 的第(3)个回归利用各地的中央委员数作为转移支付的工具变量,没有理由认为该变量与因变量直接相关,因而满足工具变量的第一个条件,由于内生变量是交叉项的形式,工具变量也采用交叉项(Wooldridge, 2001)。第一阶段的回归表明在本省工作过的中央委员数会显著增加本省获得的专项转移支付,在本省工作过的中央委员数每增加 1%,则会使得本地获得的专项转移支付增加 0.58%。第二阶段的回归结果与表 8.4 的第(1)个回归相差不大,并且也没有通过 Hausman 检验,这说明虽然各地的政治资源影响了各自的专项转移支付,但该因素所造成的差异并不大,内生性在本研究中不是非常严重,利用 OLS 的估计也取得了稳健的结果。

表 8.5　曾在西部 12 省份工作过的中央委员数

	内蒙古	广西	重庆	四川	贵州	云南	西藏	陕西	甘肃	青海	宁夏	新疆
第十四届	5	2	1	7	2	2	4	3	13	1	2	5
第十五届	9	5	3	19	3	4	7	8	16	4	3	10
第十六届	8	3	6	14	6	6	10	11	16	4	4	8

资料来源:作者根据三届中央委员个人简历整理。

　　专项转移支付不仅仅会通过交叉项的间接机制对腐败产生影响,也会通过增加基础设施投资水平的直接机制加剧腐败。为了估计出专项转移支付对腐败的总体作用,表 8.4 的第(5)个回归中剔除了基建支出,仅包含了专项转移支付,此时其他变量的估计没有发生大的变化,专项转移支付每增加 1%,会通过间接和直接的渠道使得腐败增加 0.45%。这样的效应非常大,因为并不是所有的专项转移支付都投向了基础设施领域,还有很大一部分投向了教育、社保等。然而,一个很容易想到的问题是腐败立案数与实际的腐败并不完全等价,当一项腐败发生时,可能要数年之后才被发现,因而转移支付对腐败有一个滞后效应。为了缓解该问题,我们在表 8.4 的第(6)个回归中将专项转移支付进行逐年累加。例如影响 2000 年腐败立案数的不仅仅是 2000 年的转移支付,还应该包含之前所有年份的转移支付,这样自变量就是 2000 年之前的转移支付总量,此时的估计结果与第(5)个回归并没有太大的差异,表明转移支付的拨付有一定的惯性。

第五节　转移支付与反腐败

上述的所有回归都表明转移支付与基础设施投资是影响腐败的重要因素,转移支付通过两个渠道对腐败产生正向作用:一方面,获得转移支付越多的地区,其用于基础设施的投资会越多,从而转移支付对腐败产生了直接效应;另一方面,交叉项回归揭示了转移支付可能会间接影响到基础设施投资的效率,从而产生间接效应。但交叉项还仅仅是相关分析,到目前为止,我们依然不确定这种间接效应发生的机制。

这种间接效应是指地方政府对于腐败的监管力度,大量关于腐败的研究都认为政府监管能够有效降低腐败水平(Skidmore, 1996)。直觉上,度量政府监管力度的指标应该是地方反腐机构实际投入的人力和财力,但我国的财政统计数据中并没有区分用于监管的支出,我们只能选用“公检法司支出”作为代理。可以简单认为,一个地方用于法治的支出越多的话,其用于反腐的支出也会相应增加,并且腐败治理也是法治的一个重要组成部分。表 8.6 回归中的因变量是公检法司支出的对数,第(1)个回归中仅包含了专项转移支付的对数和财政支出的对数。我们发现在相同财政支出的地区,如果当地获得的专项转移支付越多的话,其用于公检法司的支出会显著减少,并且拟合优度表明专项转移支付和财政支出解释了 97% 的公检法司支出的差异。

考虑到人口规模和物价的因素,第(2)个回归中控制了人口和行政机关人员平均报酬的对数,结果与第(1)个回归没有显著差异。第(3)个回归中控制了民营化水平,民营化水平越高的地区,当地对于法治的需求越高,财政支出中用于公检法司的也会越多。为了稳健性考虑,第(4)个回归中加入了财力性转移支付和税收返还,我们发现这两者都不显著,可能是因为这两种转移支付的拨付都采用客观指标,地方政府能够较好地预期,从而将这些转移支付与本地的财政收入等同看待,因而不会影响到政府支出的结构。第(5)个回归中加入了年度虚拟变量,以控制某些年份的集中整治行动,我们发现专项转移支付每增加 1%,会使得当地用于公检法司支出下降 0.1%。这表明在那些获得更多转移支付的地区,地方政府会主动放松对资金的监管力度。原因是相对于本地财政收入而言,中央转移支付的使用成本更加"低廉",即使腐败会导致资金的使用效率降低,但是如果资金来自中央政府,地方政府对这种效率损失的容忍度更大,从而降低反腐败的力度。

表 8.6　转移支付对反腐力度的影响

	(1)	(2)	(3)	(4)	(5)
lntran1	−0.047***	−0.051***	−0.058***	−0.053***	−0.095***
	(0.012)	(0.012)	(0.012)	(0.020)	(0.024)
lnspend	1.125***	0.944***	0.955***	0.978***	1.014***
	(0.014)	(0.037)	(0.037)	(0.068)	(0.067)
pop		0.148***	0.135***	0.135***	0.156***
		(0.028)	(0.028)	(0.030)	(0.030)
lnwage		0.239***	0.133**	0.143**	0.181**
		(0.050)	(0.065)	(0.069)	(0.078)
private			0.003**	0.003*	−0.001
			(0.001)	(0.615)	(0.002)
lntran2				−0.022	−0.046
				(0.036)	(0.038)
lntran3				−0.007	0.002
				(0.013)	(0.014)
时间的作用	No	No	No	No	Yes
调整后 R^2	0.969	0.971	0.972	0.971	0.973
样本量	290	290	290	285	285

注:括号中为标准误,其中 *、** 和 *** 分别表示 10%、5% 和 1% 的显著水平。

第六节　小结

腐败对于任何一个转轨国家而言都是必须面对的难题,中国也不例外,如何形成廉洁的政府、改善政府治理水平是影响未来中国经济增长的重要因素。基于1995—2004 年间内地 29 个省级地区的数据,在综合考虑了经济发展水平、开放度和民营化等因素后,研究发现与其他国家一样,基础设施依然是腐败高发领域,基础设施投资每增加 1%,会使得腐败立案数增加 0.3%。而转移支付对腐败的影响通过两个机制起作用:(1)转移支付,特别是专项转移支付会增加地方政府用于基础设施的投资额度,从而使得地方官员有更多的腐败机会;(2)转移支付还会降低地方政府用于监管的投入,专项转移支付每增加1%,会使得地方政府用于公检法司的支出减少0.1%,从而使得即使是等量基础设施投资的地方,如果资金来源中转移支付的比重越高的话,地方政府越会主动放松对该投资的监督,最终实际发生的腐败也会相对较高。

因而,本章的研究结论对于未来的腐败治理有着现实意义,与以往建议制度建设不同的是,我们认为政府监督部门应该区分不同支出领域,对那些腐败机会较少的领域,可以相对放松监督,如教育支出等,而将主要的监督力量投向关键领域,如基础设施投资。这样做的好处不仅仅是降低了腐败的总体水平,还能在一定程度上纠正地方政府的支出偏向。因为关于支出偏向的一个解释就是腐败的潜在机会,如果加大对这些领域的监督,会使得官员从支出偏向中获得的好处降低,从根本上缓解这些领域的过度投资现象,对于公共财政和基本公共服务均等化都有正面作用。另外,由于转移支付会降低地方政府对资金的监管力度,因而中央政府应该建立转移支付的过程监督和事后评估政策,防止地方政府在获得转移支付后出现的道德风险。

第九章

如何走向均衡的区域发展

第一节　分权与转移支付的困境

　　全世界的大国治理都遵循同一条规则:分权。中国也不例外,分权被认为是不同层级政府间关系的一种优良的制度安排。自 1949 年开始,中国历经了多次的分权化改革,逐渐形成了一套相对较完善的经济分权加政治集权的治理模式,在一定的程度上避免了以往"一收就死、一放就乱"的恶性循环。政治集权保证了地方政府的行为与中央政府的政策具有一定的激励兼容,避免了分权对于政治稳定性的威胁,同时通过政治集权将官员的考核和晋升与其行为结合起来。那些积极发展当地经济的地方政府官员会有更大的概率被上级政府提拔,上级政府也以可以量化的 GDP 作为考核的主要指标,使得官员的努力程度与最终的政治利益呈正相关关系。经济上的分权一方面保证了地方政府拥有相对独立自主的事权,另一方面也将地方政府的财政收入与当地经济状况直接挂钩,那些发展更快的地区也会获得更多的经济利益。

　　但是这一模式还会面临两个新的难题:一是地方政府的"过度行为",二是地方政府的"不作为"。政治集权虽然保证了地方政府将主要精力放在发展本地经济上,考核指标的单一性保证了这种考核的无偏性,但单一的指标也直接诱导地方政府忽视其他的公共领域,而这些领域恰恰是私人经济无法解决的"市场失灵"和政府合法性的基础。对这些领域的忽视一方面导致了政府治理的危机,另一方面也直接影响到地方经济的长期发展,而政治考核上的"锦标赛"更是加剧了这种短视行为,各地甚至可能通过增加负外部性的方法提高本地的排序,这些"过度"行为是无法在分权的框架下得到彻底的解决。而地方政府的第二种行为则会是直接的不作为,即地方政府完全放弃参与政治"锦标赛",这是因为政治晋升的渠道是非常有限的,那些由于地理、初始条件等方面具有劣势的地区,与其他地区相比差距太大,地方政府理性预期到其努力程度的大小虽然可能缩小这种差距,但远不足以改变其与相同级别的其他地区之间的排序,因而选择放弃通过发展本地经济的方式与其他地区竞争政治收益,这一行为导致的后果是地方政府缺乏在经济过程中扮演"援助之手",甚至完全放弃建设本地的基本市场经济制度。

在这样两种特殊情况下,中央政府需要对这种地方政府之间的关系进行调整,以避免地方政府的"过度行为"和"不作为"。1994 年的分税制改革在一定程度上加强了财政集权,但是在支出方面仍然将大多数的支出责任下放给地方政府,并且基本维持了原来下放的事权,自 1999 年开始中央通过多项地方发展战略,采用财政转移支付的形式来调整中央与地方政府之间的关系,转移支付一方面有针对性地投向了地方政府"过度行为"所忽视的领域,如医疗、社保、教育、农业等,另一方面也缩小了地区之间的初始差距,降低了落后地区"不作为"的概率,鼓励这些地区与其他地区之间为增长而竞争。本书正是在这样的背景下,通过深入探讨央地间政府关系的变迁,从公共财政学和区域经济学的理论视角出发,考察其对地方的经济和政府行为的影响。本书的主要结论有如下几点:

第一,分权有利于地区的经济增长,但是分权带来的负面作用不容忽视,部分地区甚至超过了分权的底线。分权能够调动地方政府发展本地经济的积极性,这在一个地区之间条件差异非常显著的大国内部非常重要,地方政府相对中央政府而言更有优势,更能"因地制宜"地发展本地经济,然而分权也导致了短视行为,如过分强调 GDP 的增长,忽视了对于非生产性和具有外溢性的公共品的供给,地方政府对医疗、社保、农业等的投入严重不足,加剧了地区分割和城乡分割,前者一方面导致了地区之间差距的扩大,另一方面也使得国内的市场难以形成规模经济,后者则直接扩大了城乡之间的差距,使得"三农"问题更棘手。研究还发现对外开放与分权具有替代作用,更加开放的地区会弱化政府在经济中的角色,同时分权对于经济增长的作用随着时间的推移而下降,特别是 1994 年开始的分税制改革显著改变了地方政府的行为,作为重要的央地关系的分权的作用逐渐减弱。

第二,中央向地方的转移支付显著改变了原有的央地关系,中央政府也借此来协调地方政府与中央政策的一致性。1994 年的分税制改革加强了中央财权的集中,该项改革不仅使得中央政府的财力大大增强,同时还将地方政府原有的预算外收入归入预算内,在改革初期,为了得到发达地区的支持,分税制的方案中包含了一项特殊的对既得利益的照顾——税收返还。在形式上可以将税收返还看着是一种财力性转移支付。这种转移支付在一定程度上调和了央地之间的利益冲突,确保了地方政府的行为与中央政策保持一致性。而自 1999 年开始中央加大了对内陆地区的转移支付,并且随着时间的推移越来越依赖于专项转移支付。这些转移支付对于中央政策的顺利执行有促进作用,对于那些有损于地方短期利益,但是有利于全国整体利益的改革,如放开各地内部的市场、加大对教育类的投资等,中央政府可以利用转移支付对那些积极配合的地区给予奖励,或是直接在事先通过专项转移支付的形式给予补贴、分摊成本,以此来激励这些地区配合中央的政策。从这个意义上来说,自 1994 年开始增加的转移支付在一定程度上改变了原有的央地关系,将原有的通过地区竞争的分权形式,部分调整为中央调控加分权的综合形式。

第三,给予欠发达地区的转移支付并不一定能够促进这些地区的经济增长,甚至还可能有损于其长期的潜在增长能力。在分权这种大的政府间关系的框架下,政府对于当地经济的发展依然起到不可忽视的作用,一方面积极的政府会更加主动去推行市场化建设、提高行政效率,以及其他的制度创新等,另一方面这些政府也会直接在那些私人经济无法覆盖、然而又十分重要的领域进行先期投资,如基础设施、通信等,对于一些具有信息外部性的产业也需要政府的干预(罗德里克,2009)。因而发展型的政府对于本地的经济具有重要作用,而 1999 年开始增加的针对欠发达地区的转移支付在政府财力均衡、公共服务均等化等方面有正向作用。但是转移支付同时也弱化了欠发达地区通过发展本地经济而获得经济收益的激励,即降低了分权的正面作用,并且还使得地方政府更加有能力实行"国进民退",加大对于垄断性行业的干预。最后虽然中央政府的转移支付会诱导地方政府放弃地方保护主义,但是这也会使得欠发达地区失去发展具有战略性意义的产业,使得未来经济增长潜力下降。在长达30年的时间内，财政转移支付占当地财政收入比重每增加1个百分点则会使得累积的增长率下降0.03个百分点，而在西部，这一负效应更是达到0.37个百分点。

第四，针对欠发达地区的转移支付将诱导这些地区放弃地区保护主义，促进国内市场一体化建设。在分权这种央地关系的大背景下，地方政府选择保护主义分割市场是一个理性行为，不加入其他地区的策略性分工体系是为了扶持本地企业的发展，本地企业的发展则与本地经济发展直接相关，进而又影响到本地的财政收入，因而地方政府的市场分割行为的一个主要因素是出于财政收入的考虑。所以，当中央政府增加对这些地区的财政转移支付时，会直接削弱其财政收入对于本地经济的依赖，最终降低地方政府地方保护主义的动机。通过利用"价格法"计算的市场分割指数，本书发现转移支付与市场分割指数呈现显著的负相关，转移支付每增加1个百分点会使得内陆地区的市场分割程度下降4.3%，而1999年之后的效应则显著大于之前的效应，表明当年实行的地区战略在很大程度上重新调整了央地之间的关系。在不同的转移支付项目上，中央政府更加倾向于利用操作空间更大的专项转移支付来协调地方政府的行为，这是因为在其他条件相同时，专项转移支付对于市场整合的作用是财力性转移支付的2.6倍。因而也正是中央政府通过不同转移支付项目，针对不同地区，对央地之间的关系进行调整，使得地区之间的分割自1995年以来下降到一个非常低的水平。

第五，转移支付的增加间接导致了地方政府支出规模和人员规模的膨胀，加剧了未来"吃饭财政"的恶性循环。虽然给予欠发达地区的转移支付协调了央地之间行为的不一致，但是过度依赖这种方式却间接使得地方政府的规模出现急剧膨胀。由于税收立法权和管理权的集中，地方政府并没有减税的空间，同时中央政府又屡次对地方政府的预算外收入和政府基金进行改革，地方政府实际可操作的空间也非常有限，在获得一定量的中央转移支付后，地方政府会将这些额外的收入全部花掉，同时也不会因此而降低本地的税率，因而从总量上转移支付的增加会使得地方政府支出的绝对水平和相对水平都上升。同时，更多政策性的转移支付也要求地方政府增加派出机构和派出人员，地方政府在面临自身可操控资源的增多时，会首先增加本地的人员规模，其次才会增加平均收入，因而地方政府的行政人员规模也会随之增长。本书的研究发现,不管是财力性转移支付还是专项转移支付都会带来政府规模的扩张,每1个单位的转移支付会使得政府支出水平上升0.6—1.3个单位,而同等程度的收入水平的上升仅会带来0.1—0.2的增长,即转移支付的"粘纸效应"是存在的;同时人均财政收入每增加1万元,会使得每万人的机关人数增加0.037,而同样的转移支付的增加会使得机关人数增加62人,两者之间的差别非常显著。财政转移支付对人员规模的巨大作用也暗示着未来"吃饭财政"的压力会越来越大,这也间接对地方政府的行政效率产生负面消极影响。

第六,转移支付虽然能够有利于地方基础设施的发展,但却诱导了官员腐败。中国有很多的财政转移支付最终都被用于基础设施建设,其中一部分是直接以基础设施为目标的,如增发国债补助,而另一部分则被挪用或者被挤出到基础设施领域。在以往中国反腐机构所揭发的腐败案件中,基础设施由于投资量大和隐蔽性的特点,成为腐败高发的主要领域。因此,中央给予地方的转移支付增加了地方用于基础设施的投资,从水平效应方面增加了腐败。不仅如此,相对于地方的财政来源,上级政府的转移支付更像是"横财",地方政府更加不珍惜,其使用效率更低,这意味着即使是相同的基础设施投资,其来源于本地税收和上级政府的效应是不同的,转移支付越多的地方,其反腐败的力度会随之下降,因此转移支付还会产生道德风险。

第二节　政府间分权的改革方向

第一,中央要负责教育和社会保障,并将管理权限上收。政府提供的公共服务从受益范围可分为三类:本地公共品、外溢性公共品和纯公共品。本地公共品由于只是受惠于当地居民,因而应该由地方财政负责提供;纯公共品惠及整个国家的所有居民,应该由中央财政提供;外溢性的公共品的受益范围取决于人口流动性,上级财政要依照外溢的程度进行财政补助。

首先,要建立全国相对统一的社保制度。以医疗保险为例,人保部制订的总原则是"以收定支、略有结余",再将管理权限交给各市级政府,由于各地的经济发展水平和人口负担比的差异,导致各地在实际的医保制度方面相差较大,地方政府依据本地的医保基金制定的三大目录(药品目录、诊疗目录、医疗服务设施)，以及医保账户的支付比例及住院报销比例都不相同，这使得异地就医和医保的跨地区衔接变得非常困难。只有在全国建立统一的医疗体系、医保政策、医药目录和报销政策才能从根本解决跨地区的难题，因而有必要逐步规划建立全国统一的信息网络和结算中心。

其次，社保管理权限要集中，由中央财政负担一部分的社保支出。目前中国的社保制度，特别是养老保险和医疗保险，都是一种"现收现付"制，随着中国老龄化人口的逐步凸显，社保基金入不敷出的现象将会越来越明显，因而有必要逐步从目前的现收现付转为部分积累制，这需要中央财政负担一部分的医保支出。社保的管理权限要上收，由中央政府统一管理，以达到公共服务的均等化。

最后，教育要做到起点公平。中国跨地区的劳动力流动性较强，这说明教育的外溢性更为显著。中国目前的解决办法是由中央财政对落后地区进行财政补助，而发达地区则由地方财政负责，并且这种支出责任被分解到区县一级政府，由于区县财力的巨大差异，教育资源也随之不同，导致不同地区的学生的起点并不公平。因而，中央财政要更多干预义务教育，不管是落后地区还是发达地区，中央财政都要负担一部分支出。针对高等教育，要逐步取消入学考试与户籍挂钩的制度，建立全国统一的高等学校准入制度。

第二，建立细化到个人的公共服务制度。2011年7月1日实施的《社会保险法》规定，个人跨统筹地区就业的，其基本养老关系和基本医疗关系随本人迁移，这一法案在一定程度上促进了社保的跨地区转移，但只是规定了个人账户的转移，而统筹账户并没有随之转移。对人口输入大省而言，《社会保险法》实际上是有益的，但随着这些人口回迁，会增加发达地区的社保基金盈余，同时急剧加大落后地区的财政负担。

针对目前的跨地区转移难题，可在缴纳制度上实行名义账户制，不管是单位缴纳的统筹基金还是个人账户，全部都计入个人的名义账户。在现有的"统账结合"的情况下，新实施的名义账户可基本维持现状，在增量部分进行改革，名义账户中的个人账户依然按照原有的规则使用。而名义账户中的统筹部分只是在发生跨地区转移时才发挥作用，这部分统筹基金之所以计入个人名下，是为了方便跨地区的结算。一旦劳动力从 A 地流入 B 地后,其名义账户下的个人账户资金直接随人转移,同时两地在每年年末对名义账户下的统筹资金进行结算,那些当年劳动力净流入的地区的统筹资金也相应增长,反之亦然。

就中央财政而言,相应的财政补助要细化到个人。就义务教育而言,完全可实行细化到个人的教育券,这种教育券不可以直接换成现金,以防止家庭挪作他用,但是当学校提供教育并换取学生的教育券后,学校可向中央财政换取资金。教育券的好处是在于,如果这些人口流动到其他地区,接受地可以拿到更多的教育券,因而也有激励为这些流动人口提供教育。对于财政补助的社保资金,同样要细化到个人,而不是直接进入当地的统筹账户。

第三,建立垂直的公共服务管理机构。即使在制度上将公共服务细化到个人,也不一定能够实现全国范围内的统筹。这是因为各地都会出于地方利益的考虑,在各种隐性制度上设置障碍,阻止统筹资金随人口迁移,这会降低人口的流动性。另一方面,即使上述问题不存在,以目前中国地方治理的经验,各地的社保制度相去甚远,虽然法律上规定了跨地区的转移,但各地在具体的办事流程、制度规定,以及资金管理等方面都不相同。例如目前各地都是以收定支,致使具体的养老金和医疗保险支出的规则都不相同,使得跨地区的对接非常困难。

针对与流动人口密切相关的公共服务,需要建立垂直的管理机构。在这方面可借鉴国税局的管理经验,从中央到地方每一级政府都建立一个相应的公共服务管理机构,这种机构的职责是负责本地区人口迁出和外地人口迁入所对应的公共服务。第一步可尝试将社保纳入管理范围,所有企事业单位和员工缴纳的社保资金不再进入当地的管理机构,而是直接纳入垂直机构管理。该机构可建立类似国库的统筹账户,在使用规则方面实施收支两条线,所有的社保收入都直接进入该统筹账户,而所有的支出都有明细的规则,该规则虽然总体上受制于收入增长,但应该在相对较长的一段时间内保持固定。

垂直管理机构也必须进行一定的物价调整。考虑到中国不同地区的物价差异较大,垂直管理机构可在全国范围内进行统一的物价调整,按照实际的购买力进行跨地区的结算。假设从落后地区迁入发达地区,那么垂直管理机构对这类人群的账户资金必须进行一定的上浮,上浮的标准参考两地的物价差异;反之,当人口从发达地区迁出,其个人社保资金需相应下调。这样操作的好处是鼓励人口向大城市流动,同时保证了统筹资金收支的动态平衡。

第四,中央要鼓励地方政府进行制度创新。对于一些应该由地方政府负责提供的公共服务,如城市的住房和新移民的市民化等问题,应该鼓励地方进行制度创新。由于各地的经济条件和资源禀赋相差较大,中央政府不应该在这些方面实行"一刀切"的政策。理论上,为了鼓励地方政府积极承担相应的公共服务责任,推动中国的城市化进程,中央可以制定相应的考核指标,并将这些公共服务纳入地方官员的常规考核体系中,但对于具体的实施细则不应太过明确,而是要赋予地方政府足够的发挥空间。例如,中央可以要求各地每年的城市化速度至少不能低于 1%,但是对于各城市应该接纳什么样的外来劳动力,则应该由各地制定符合自身需求的落户政策;另外,在住房市场,中央可以要求地方每年建造一定数量的保障性住房,但对于资金的筹集和具体的分配细则应该由各地灵活掌握,等等。

第五,要将目前的五级财政缩小到三级财政。中国目前的财政分为中央、省、市、县和乡镇五级财政,市级财政往往诟病较多,市级政府倾向于将支出责任下移,同时将收入权力上收,导致基层(特别是县乡)缺乏足够的财力。因而,这里可以尝试在更大范围内推广"省管县"的模式,将市和县的财政放到同一个层级,同时将乡镇财政上收至县财政,即乡财县管。在未来的规划中,可在三级财政基础上逐步弱化市级政府功能,相应地缩小政府层级。

第六,财权要适当下放。在事权上收至中央政府的同时,可按照一般的税收原则将财权适当向下级政府倾斜,这可以避免转移支付过程中的效率损失。理论上,可以将那些需要更多信息的、不可流动的税基全部交由地方政府负责征收,而将流动性税基由中央政府征收。前者如房产税、资源税等,后者如增值税、所得税等。不可流动的税源要全部留给地方财政,另外由于中国是以流转税为主体税种,因而由中央政府(国税局)征收的税源也可以直接通过税务系统划拨给地方财政。

第三节　财政体制的改革方向

第一,以可公式化、可预期的财力性转移支付为主,以处理突发事件的专项转移支付为辅。专项转移支付虽然能够更好地协调地方政府的行为,但是转移支付带来的负面作用非常大,一方面专项转移支付由于不具有公式化标准,依赖于中央各部委的主观决定,诱导地方政府进行游说和行贿活动。近年来各地都设置了大量的"驻京办"便是其中一个表现,这些部门的主要功能是"跑部钱进"。另一方面专项转移支付由于不具备透明性,会对地方政府的行为产生有偏的影响。例如地方政府规模会因此而更加严重地膨胀,同时用于可操控的资源越来越多,地方政府出现腐败的可能性也随之增加。因而在一些公共领域内,中央政府更应该以财力性转移支付作为促进地方政府提供公共品的主要手段。由于地方政府相对而言更加了解本地信息,在公共品提供的数量和质量上会更好地"因地制宜",而财力性转移支付相当于增加了地方政府提供公共品的能力,在财力性转移支付的分配方案上,要更多地参考各地的客观条件,如经济发展水平、公共品的现状、人口结构等;在具体设计的公式中要尽量以不受地方政府行为影响的指标为主,避免地方政府因为转移支付而减少税收努力或是隐瞒收入,因而此时经济发展水平相对于地方政府的财力缺口而言是一个更好的指标。专项转移支付只应该用来作为财力性转移支付的补充,在财力性转移支付无法达到具体目标时,或是有一些例外事件的出现,而这些事件是无法包含在财力性转移支付的公式中,例如 2003 年在中国部分地区爆发的 SARS,为了增加地方政府应对这些突发事件的能力,可适当通过专项转移支付的形式对地方政府进行补助。

第二,政府逐渐从经济活动中退出,政府财政的职能应主要限于公共财政。在前 30 年的发展过程中,地方政府在分权的激励下积极地干预本地经济发展,起到了"援助之手"的作用,那些发展型政府所管辖的地区的经济绩效也相对更好。然而随着对外开放程度的深化,以及市场经济制度的逐步建立,政府的过度干预只会使得经济增长更加缓慢,一方面政府的投资和支出活动会对私人投资产生"挤出效应",特别是如果政府依然控制大量的垄断性国有企业,那么在融资方面政府将更加倾向于国有企业,私人企业能够获得的融资将非常有限,同时政府还会通过行政性手段排挤私人企业。另一方面,即使政府的投资活动仅限于基础设施,大量的研究显示目前中国的基础设施水平已经远远超过相同经济水平下其他国家的基础设施水平,边际上基础设施对于经济增长的贡献是非常小。因而未来政府从经济活动中退出,既有利于私人经济的发展和市场经济制度的建立,也更加容易承担起公共财政的职能,政府应该主要负责市场经济无法解决的问题,特别是具有正外部性的投资,如政府要在教育、医疗、社会保障等多个公共领域方面增加投资。

第四节　官员考核制度的改革方向

第一,改变目前以 GDP 为主的政绩考核模式,以更加可持续的绿色 GDP 作为新的考核指标。从激励的角度来说,有偏的考核指标必然带来有偏的激励,进而产生有偏的结果。政府的任务本应该是多元的,既包括投资于基础设施这样的与经济直接相关的活动,也包括制度建设和公共品投资这类与经济增长没有非常直接关系的活动。然而由于官员的任期一般较短,后者的投资在如此短的时间内无法被有效地量化,于是对地方政府考核的标准就只能以可直接量化的 GDP 为主,那些在任期内能够显著增加本地 GDP 的官员,其晋升的可能性也越大,这种晋升的激励加上任期的限制会使得每一届的官员都更加积极地投资于基础设施这类活动,而忽视可能带来长期经济增长的其他投资。同时,为了使得经济增长更加显而易见,地方政府在发展本地经济过程中往往不会考虑环境污染和资源的浪费。一方面环境污染具有外部性,其成本往往由周围其他地区一起分担,这会使得环境污染过度,另一方面环境污染往往也会在下一届政府上任时显现,因而本届政府是没有动机去减少污染。这些由于激励扭曲所带来的成本最终还是要由全国的居民承担,因而中央政府要重新制定对地方政府的考核指标,以更正其扭曲的激励和行为,应该是更加可持续的绿色 GDP 来替代目前的 GDP 考核方案,而绿色 GDP 中应该至少包括环境污染、资源浪费、城乡分割、公共品提供不足等,如果中央政府以绿色 GDP 作为考核地方政府的指标,那么地方政府的行为将会充分考虑到其参与经济活动所带来的成本和扭曲,并将更多地考虑到经济的可持续发展问题。

第二,以人均 GDP 替代目前的 GDP 总量作为对地方政府的考核。总量 GDP 的考核会使得地方政府忽视农村的发展和"三农"困境,当地方政府追求总量 GDP 的增加时,会将主要精力放在发展城市经济上,执行城市偏向的经济政策。由于工业部门相对农业部门的回报更高,地方政府会更加倾向于将资源投入到工业部门,而城市由于具有更好的交通条件和地理上的集聚效应,政府也会更加积极地推动城市建设,在社会保障、教育、医疗方面加大对于城市居民的投入。而为了使得这些方面的投资成本最小化,地方政府通过隐性的户口制度限制农村居民永久性地迁入城市,以降低农村居民对城市公共品的分享。这样的一个结果是使得农村居民"离土不离乡",城乡之间的分割依然十分严重。以人均 GDP 作为考核指标,则地方政府将更加关注其辖区内的居民,地方政府将会更加积极地鼓励农村人口流入城市和沿海地区,城市经济的集聚效应将会随着人口的流入而扩大,这使得人均 GDP 也随之增长。同时,地方政府也会关注于农村教育,提高农民的人力资本水平。人力资本水平的提高会提高其回报水平,因而人均 GDP 会鼓励地方政府提高农村的教育水平,同时有利于劳动力从农村迁入城市,最终实现城乡之间的统筹发展。

第五节　要素市场的改革方向

第一,在推动区域均衡发展的战略方面,要优先以要素的自由流动为主,以政府干预为辅。本书的研究结论表明,通过财政转移支付的形式促进地区均衡发展的效果并不是非常乐观。首先,转移支付并没有带来内陆地区自生的经济增长能力,那些获得更多转移支付的地区的经济增长绩效甚至更差,转移支付占当地财政收入比重每增加 1 个百分点,会使得累计的增长率下降 0.03 个百分点,并且这种不利影响在西部地区更加明显,这意味着通过转移支付来缩小地区差距的方法并不可行。其次,虽然转移支付有利于地区之间统一市场的建立,但从时间趋势上来看,转移支付对于市场整合的边际效应已经非常低了,并且目前利用"价格法"计算的市场分割指数仅为 1994 年之前的 1/4。这表明中国国内的市场分割已经降到一个非常低的水平,市场分割已不再是区域经济发展的主要障碍。最后转移支付会降低地方政府的行政效率,更多的转移支付会使得地方政府更加依赖于中央的资助,缺乏发展本地经济的动力,并且地方政府的人员规模会随着转移支付的增加而扩展,进一步加剧了恶性循环。区域之间的均衡发展将是中国未来追求的目标之一,中央政府更应该通过改革要素市场制度,促使要素在不同地区自由流动,通过市场机制提高要素的配置效率,进而在总量上更加有利于经济增长。并且随着要素在地区之间自由流动,内陆地区和沿海地区的人均 GDP 差距将会缩小,进而在人均意义上实现区域之间的均衡发展。

第二,加大户籍制度的改革力度,促使劳动力从内陆迁移到沿海,从农村迁移到城市。为了使得劳动力能够在不同地区之间顺利流动,必须改变目前的由户籍制度带来的社会保障体系的分割,这项改革至少要在三方面展开:首先要对劳动力市场进行改革,从法律上禁止企业在劳动力市场上依据户籍进行统计性歧视;要保证外地户籍与本地户籍、农村户籍与城市户籍在其他条件相同的情况下,拥有相同的就业机会,对于有明显歧视行为的企业,要从法律上给予惩罚。其次要改革社会保障体系,要逐步建立统一的社保体系,改变目前各地相互分割的现状;对于不同地区、不同户籍的居民,要依据其居住地按照统一的规则办理社会保障,这一方面有利于青壮年劳动力流入城市,另一方面也鼓励老年人搬出拥挤的城市,自由选择适宜养老的住所。最后要改革农村的土地制度,耕地应该在更大范围内进行流转,对于那些愿意迁入城市的农村劳动力,要按照其所属耕地的所有未来收益的折现值进行补偿或是流转,一方面可弥补其进入城市生活时的沉没成本,促使劳动力更加容易地迁移到城市,另一方面也为农村的规模化种植提供了条件。对于与户籍制度相关的其他制度的改革应该是所有要素市场中最重要的一环,户籍制度的改革不仅仅关乎中国未来城市的发展和经济的增加,对于缓解目前地区差距也有非常大的贡献。在要素市场改革完成之后,如果地区经济差距还依然非常明显的话,才需要中央政府从财力上进行转移支付,以保证不同地区的居民都拥有相同的发展机会。

参考文献

Abramowitz, Moses, 1985, "Catching Up, Forging Ahead, and Falling Behind", *Journal of Economic History*, 66, 385—406.

Acemoglu, Daron, James A.Robinson, and Simon Johnson, 2001, "The Colonial Origins of Comparative Development: An Empirical Investigation", *American Economic Review*, 91, 1369—1401.

Acemoglu, D., and F.Zilibotti, 1999, "Productivity Differences", NBER Working Paper, No.6879.

Acosta, Pablo, 2008, "The 'Flypaper Effect' in Presence of Spatial Interdependence: Evidence from Argentinean Municipalities", *The Annals of Regional Science*, Published Online.

Ades, Alberto, and Rafael Di Tella, 1999, "Rents, Competition, and Corruption", *American Economic Review*, 89(4), 982—993.

Ahmad, Ehtisham, 1998, "The Reform of the Fiscal Transfer System", in Taxation in Modern China, Eds. by Brean, D., London: Routledge.

Ahmed H., and S.M.Miller, 2000, "Crowding-out and Crowding—in Effects of the Components of Government Expenditure", *Contemporary Economic Policy*, 18(1), 124—133.

Akai, N., and M.Sakata, 2002, "Fiscal Decentralization Contributes to Economic Growth: Evidence From State-level Cross-section Data for the United States", *Journal of Urban Economics*, 52, 93—108.

Alesina, A., and R.Wacziarg, 1988, "Openness, Country Size, and the Government", *Journal of Public Economics*, 69, 305—321.

Almon, S., 1965, "The Distributed Lag Between Capital Appropriations and Net Expenditures", *Econometrica*, 33, 178—196.

Andreoni James, and A.Abigail Payne, 2003, "Do Government Grants to Private Charities Crowd out Giving or Fundraising?" *American Economic Review*, 93(3), 792—812.

Arellano M., and S.Bond, 1991, "Some Tests of Specification in Panel Data: Monte Carlo

Evidence and an Application to Employment Equations", *Review of Economic Studies*, 58, 197—277.

Argimon I., J.M.Gonzales—Paramo, and J.M.Roldan, 1997, "Evidence of Public Spending Crowding-out from a Panel of OECD Countries", *Applied Economics*, 29, 1001—1011.

Arrow, K.J., and M.Kurz, 1970, "Public Investment, the Rate of Return, and Optimal Fiscal Policy", BALTIMORE: The Johns Hopkings Press.

Aschauer D.A., 1989, "Does Public Capital Crowed Out Private Capital?" *Journal of Monetary Economics*, 24, 171—188.

Ashton, B., K.Hill, A.Piazza, and R.Zeitz, 1984, "Famine in China, 1958—1961", *Population and Development review*, 10(4), 613—645.

Atack, J., Michael R.Haines, and Robert A.Margo, 2008, "Railroads and the Rise of the Factory: Evidence for the United States, 1850—70", NBER Working Paper 14410.

Au, Chun-chung, and J.Vernon, Henderson, 2006, "Are Chinese Cities Too Small?" *Review of Economic Studies*, 73, 549—576.

Baicker, Katherine, 2005, "Extensive or Intensive Generosity? The Price and Income Effects of Federal Grants", *Review of Economics and Statistics*, 87(2), 371—384.

Bailey, Stephen J., 1999, "*Local Government Economics*", Macmillan Press.

Bailey, Stephen J., and Stephen Connolly, 1995, "The Flypaper Effect: Identifying Areas for Further Research", *Public Choice*, 95, 335—361.

Bardford, D.E. and W.E., Otaes, 1971, "Towards a Predictive Theory of Intergovernmental Grants", *American Economics Reviews*, 62(2), 440—448.

Bardhan, Pranab, 2002, "Decentralization of governance and development", *Journal of Economic Perspective*, 16(4), 185—205.

Barro R.J., 1990, "Government Spending in a Simple Model of Endogenous Growth", *Journal of Political Economy*, 98, 103—125.

Barro R.J., 1991, "Economic Growth in a Cross Section of Countries", *Quarterly Journal of Economic*, 106, 407—444.

Barro, R.J., and X.Sala-I-Martin, 2004, *Economic Growth*, Second Edition, MIT Press.

Barth James R., and Michael D.Bradley, 1986, "The Impact of Government Spending on Economic Activity", National Chamber Foundation and George Washington University, Department of Economics.

Basu, S., and D.N.Weil, 1998, "Appropriate Technology and Growth", *Quarterly Journal of Economics*, 113(4), 1025—1054.

Baumol, W., 1967, "The Macroeconomics of Unbalanced Growth: The Anatomy of Urban Crisis", *American Economic Review*, 57, 415—426.

Baumol, W., 1986, "Productivity Growth, Convergence and Welfare", *American Economic Review*, 76, 1072—1085.

Beck, P., and M. W. Maher, 1986, "A Comparison of Bribery and Bidding in Thin Markets", *Economic Letters*, 20, 1—5.

Becker, Elizabeth, 1996, "The Illusion of Fiscal Illusion: Unsticking the Flypaper Effect", *Public Choice*, 86, 85—102.

Becker, Gary, and George Stigler, 1974, "Law Enforcement, Malfeasance and the Compensation of Enforcers", *Journal of Legal Studies*, 3(1), 1—19.

Besley, T., and R. Burgess, 2002, "The Political Economy of Government Responsiveness: Theory and Evidence from India", *Quarterly Journal of Economics*, 117(4), 1415—1451.

Besley, T., and S. Coate, 2003, "Centralized versus Decentralized Provision of Local Public Goods: A Political Economy Analysis", *Journal of Public Economics*, 87 (12), 2611—2637.

Bird, R. M., and F. Vaillancourt, 1998, *Fiscal Decentralization in Developing Countries*, Cambridge University Press.

Blanchard, Oliver, and Andrei Shleifer, 2001, "Federalism with and without Political Centralization: China versus Russia", IMF Staff Papers, 48, 171—179.

Boadway, R. W., 2006, "Intergovernmental Redistributive Transfers: Efficiency and Equity", in Ahmad, Ehtisham, and Brosio, Giorgio eds., Handbook of Fiscal Federalism, Edward Elgar Publishing Limited.

Boadway, R. W., and Flatters, F. R., 1982, "Efficiency and Equalization Payments in a Federal System of Government: A Synthesis and Extension of Recent Results", *Canadian Journal of Economics*, 15, 613—633.

Borcherding, Thomas E., 1985, "The Causes of Government Expenditure Growth: A Survey of the U.S. Evidence", *Journal of Public Economics*, 28, 359—382.

Borcherding, Thomas E., J. Stephen Ferris, and Andrea Garzoni, 2005, *"Growth in the Real Size of Government since 1970"*, in Jürgen G. Backhaus and Richard E. Wagner, eds, Handbook of Public Finance, Springer.

Borcherding, Thomas E., and Robert, T. Deacon, 1972, "The Demand for the Services of

Non-Federal Governments", *American Economic Review*, 62(5), 891—901.

Bordignon M., P.Manasse, and G.Tabellini, "Optimal Regional Redistribution under Asymmetric Information", *American Economic Review*, 91(3), 709—723.

Bradford, David F., and Wallance E.Oates, 1971, "Towards a Predictive Theory of In-tergovernmental Grants", *American Economic Review*, 61(2), 440—448.

Bradford, D.F., Malt, R.A., and Oates, W.E., 1969, "The Rising Cost of Local Public Services: Some Evidence and Reflections", *National Tax Journal*, 22, 185—202.

Brander, James A., 1995, "Strategic Trade Policy", in Gene M., Grossman, and Kenneth Rogoff, eds., Handbook of International Economics, Vol.3. Amsterdam: North-Holland, 1395—1455.

Brennan, G., and J.J., Pincus, 1996, "A Minimalist Model of Federal Grants and Flypaper Effects", *Journal of Public Economics*, 61, 229—246.

Breton, Albert, 1965, "A Theory of Governmental Grants", *Canadian Journal of Economics and Political Science*, 31(2), 175—187.

Broadway, Robin W., and Paul A.R.Hobson, 1993, "Intergovernmental Fiscal Relations in Canada", Canadian Tax Foundation, Canadian Tax Paper, No.96.

Bungey, M., P.Grossman, and P.Kenyon, 1991, "Explaining Intergovernmental Grant: Australian Evidence", *Applied Economics*, 23, 659—668.

Cai, Hongbin, and Daniel Treisman, 2005, "Does Competition for Capital Discipline Governments? Decentralization, Globalization, and Public Policy", *American Economic Review*, 95, 817—830.

Case, Anne C., James R., Hines, and Harvey S., Rosen, 1993, "Budget Spillovers and Fiscal Policy Interdependence: Evidence from States", *Journal of Public Economics*, 52, 285—307.

Celentani, Marco, and Juan-Jose Ganuza, 2002, "Corruption and Competition in Procurement", *European Economic Review*, 46(7), 1273—1303.

Chang, Ha-Joon, 2002, *Kicking Away the Ladder: Development Strategy in Historical Perspective*, London: Anthem Press.

Charnes, A., W.W.Cooper, and E.Rhodes, 1978, "Measuring Efficiency of Decision Making Units", *European Journal of Operational Research*, 2, 429—444.

Chen, B., and Y.Feng, 2000, "Determinants of Economic Growth in China: Private Enterprise, Education, and Openness", *China Economic Review*, 11, 1—15.

Chubb, John E., 1985, "The Political Economy of Federalism", *American Political Science*

Review, 79, 994—1015.

Cooper, W.W., Lawrence M.Seiford, and Kaoru Tone, 2007, *Data Envelopment Analysis: Second Edition*, Springer LLC.

Courant, P.N., E.M.Gramlich, and D.L.Rubinfield, 1991, "The Stimulative Effects of Intergovernmental Grants or Why Money Sticks Where It Hits", In P.Mieskowski and W.H.Oakland, *Fiscal Federalism and Grants-in-aid*. Washington, DC: The Urban Institute.

DeLa Fuente, A., and X.Vives, 1995, "Regional Policy and Spain", *Economic Policy*, 10(20), 13—51.

Démurger, Sylvie, J.D.Sachs, WingThye Woo, Shuming Bao, Gene Chang, and Andrew Mellinger, 2002, "Geography, Economic Policy, and Regional Development in China", *Asian Economic Papers*, 146—205.

Devarajan, S., V.Swaroop, and H.Zou, 1996, "The Composition of Public Expenditure and Economic Growth", *Journal of Monetary Economics*, 37, 313—344.

Dewatripont, M., and E.Maskin, 1995, "Credit and Efficiency in Centralized and Decentralized Economies", *Review of Economic studies*, 62(4), 541—555.

Djankov, Simeon, Edward Glaeser, Rafael La Porta, Florencio Lopez-de-Silanes, and Andrei Shleifer, 2003, "The New Comparative Economics", *Journal of Comparative Economics*, 31(4), 595—619.

Dougan, W.R., and D.A.Kenyon, 1988, "Pressure Groups and Public Expenditures: The Flypaper Effect Reconsidered", *Economic Inquiry*, 26, 159—170.

Evans, William N., and Emily, Owens, 2004, "Flypaper COPS", University of Maryland, Working Paper.

Easterly W., and S.Rebelo, 1993, "Fiscal Policy and Economic Growth: An Empirical Inverstigation", *Journal of Monetary Economics*, 32, 417—458.

Farrell, M.J., 1957, "The Measurement of Productive Efficiency", *Journal of the Royal Statistical Society*, Series A: General, 120, 253—281.

Feldstein, Martin S., 1975, "Wealth Neutrality and Local Choice in Public Education", *American Economic Review*, 65(1), 75—89.

Figuieres, Charles, and Hindriks, Jean, 2002, "Matching Grants and Ricardian Equivalence", *Journal of Urban Economics*, 52, 177—191.

Fisman, Raymond, and Jakob Svensson, 2007, "Are Corruption and Taxation Really Harmful to Growth? Firm Level Evidence", *Journal of Development Economics*, 83(1), 63—75.

Forrester, John P., and Charles J. Spindler, 1990, "Managing Municipal Services in an Era of Declining Federal Assistance", *Policy Studies Review*, 10, 63—84.

Fossett, J. W., 1990, "On Confusing Caution and Greed: A Political Explanation of The Flypaper Effect", *Urban Affairs Quarterly*, 26, 95—117.

Fujita, M., P. R. Krugman, and A. J. Venables, 1999, *The Spatial Economy: Cities, Regions and International Trade*, Cambridge, Mass: MIT Press.

Fujita, Masahisaj, and Tomoya Mori, 1996, "The Role of Ports in the Making of Major Cities: Self-agglomeration and Hub-effect", *Journal of Development Economics*, 49(1), 93—120.

Fujita, Masahisaj, J. Vernon, Henderson, Yoshitsugu, Kanemoto, and Tomoya, Mori, 2004, "Spatial Distribution of Economic Activities in Japan and China", In Henderson, J. Vernon, and J. F., Thisse eds., *Handbook of Urban and Regional Economics*, North-Holland, 4, 2911—2977.

Garcia-Milà, T., and Therese J. McGuire, 1996, "Do Interregional Transfers Improved the Economic Performance of Poor Regions? The Case of Spain", Revised Draft: December 27.

Garzarelli, Giampaolo, 2004, "The Theory of Fiscal Federalism as a Theory of Economic Organization: Assessment and Prospectus", Working Paper, Department of Economics, Università Degli Studi di Roma, "La Sapienza", Rome, Italy.

Gill, Indermit Singh, and Homi Kharas, 2007, "An East Asian Renaissance: Ideas for Economic Growth", The International Bank for Reconstruction and Development/The World Bank.

Glaeser, Edward, Rafael La Porta, Florencio Lopez-de-Silanes, and Andrei Shleifer, 2004, "Do Institutions Cause Growth?" *Journal of Economic Growth*, 9(3), 271—303.

Gordon, R. H., 1983, "An Optimal Taxation Approach to Fiscal Federalism", *Quarterly Journal of Economics*, 98, 567—586.

Grier K. B., and G. Tullock, 1989, "An Empirical Analysis of Cross—national Economic Growth, 1951—1980", *Journal of Monetary Economics*, 24, 259—276.

Gramlich, Edward, 1969, "State and Local Governments and their Budget Constraint", *International Economic Review*, 10, 163—182.

Gruber, Jonathan, 2005, *Public Finance and Public Policy*, New York: Worth Publishers.

Gupta, Sanjeev, Hamid Davoodi, and Rosa Alonso—Terme, 2002, "Does Corruption Affect Income Inequality and Poverty?" *Economics of Governance*, 3(1), 23—45.

Hay, Jonathan, and Andrei Shleifer, 1998, "Private Enforcement of Public Laws: a Theory of Legal Reform", *American Economic Review*, 88(2), 398—403.

Heine, K., 2006, "Interjurisdictional Competition and the Allocation of Constitutional Rights: A Research Note", *International Review of Law and Economics*, 26, 33—41.

Helpman, Elhanan, 1999, "R&D Spillovers and Global Growth", *Journal of International Economics*, 47, 399—428.

Henderson, J.V., 1974, "The Sizes and Types of Cities", *American Economic Review*, 64(4), 640—656.

Hicks, J.R., 1939, "The Foundations of Welfare Economics", *Economic Journal*, 49(196), 696—712.

Hines, James R., and Richard H., Thaler, 1995, "Anomalies: The Flypaper Effect", *Journal of Economic Perspectives*, 9(4), 217—226.

Holmstrom, Bengt, and Paul Milgrom, 1991, "Multitask Principal—Agent Analyses: Incentive Contracts, Asset Ownership, and Job Design", *Journal of Law, Economics and Organization*, 7, 24—52.

Huntington, Samuel P., 1968, *Political Order in Changing Societies*, New Haven: Yale University Press.

Inman, Robert P., 2008, "The Flypaper Effect", NBER Working Paper 14579.

Jin, H., Y.Qian, and B.Weingast, 2005, "Regional Decentralization and Fiscal Incentives: Federalism, Chinese Style", *Journal of Public Economics*, 89, 1719—1742.

Johansson, E., 2003, "Intergovernmental Grants as a Tactical Instrument: Empirical Evidence from Swedish Municipalities", *Journal of Public Economics*, 87, 883—915.

Kaldor, Nicholas, 1939, "Welfare Propositions in Economics and Interpersonal Comparisons of Utility", *Economic Journal*, 49(195), 549—552.

Kaufmann, Daniel, Aart Kraay, and Massimo Mastruzzi, 2003, "Governance Matters III: Governance Indicators for 1996—2002", World Bank Policy Research Working Paper, No.3106, Washington, D.C.

Keen, M., and M.Marchand, 1997, "Fiscal Competition and the Pattern of Public Spending", *Journal of Public Economics*, 66, 33—53.

Kingma, B., 1989, "An Accurate Measurement of the Crowd-out Effect, Income Effect, and Price Effect of Charitable Contributions", *Journal of Political Economy*, 97, 1197—1207.

Kormendi R., and P.Meguire, 1985, "Macroeconomic Determinant of Growth: Cross-country Evidence", *Journal of Monetary Economics*, 16, 141—163.

King, D., 1984, *Fiscal Tiers: The Economics of Multi-level Government*, London: George, Allen&Unwin.

Knight, J., and L.Song, 1993, "The Spatial Contribution to Income Inequality in Rural China", *Cambridge Journal of Economics*, 17, 195—213.

Knight, B., 2002, "Endogenous Federal Grants and Crowd—out of State Government Spending: Theory and Evidence from the Federal Highway Aid Program", *American Economic Review*, 92(1), 71—92.

Krugman, Paul, 1991, "Increasing Returns and Economic Geography", *Journal of Political Economy*, 99, 483—499.

Krugman, Paul, 1993, "First nature, Second nature, and Metropolitan Location", *Journal of Regional Science*, 34, 129—144.

Landau, D., 1983, "Government Expenditure and Economic Growth: A Cross—country Study", *Southern Economic Journal*, 49, 783—792.

Landes, David, 1998, *The Wealth and Poverty of Nations*, New York, N.Y.: W.W.Norton.

Landry, Pierre F., 2003, "The Political Management of Mayors in Post—Deng China", *The Copenhagen Journal of Asian Studies*, 17, 31—58.

La Porta, Rafael, Florencio Lopez-de-Silanes, Andrei Shleifer, and Robert Vishny, 1998, "Law and Finance", *Journal of Political Economy*, 106, 1113—1155.

La Porta, Rafael, Florencio Lopez-de-Silanes, Andrei Shleifer, and Robert Vishny, 1999, "The Quality of Government", *Journal of Law, Economics and Organization*, 15(1), 222—279.

Leff, Nathanial H., 1964, "Economic Development through Bureaucratic Corruption", *American Behavioral Scientist*, 82(2), 337—341.

Li, Hongbin, and Li-An Zhou, 2005, "Political Turnover and Economic Performance: the Incentive Role of Personnel Control in China", *Journal of Public Economics*, 89, 1743—1762.

Lin, Justin Yifu, and Zhiqiang Liu, 2000, "Fiscal Decentralization and Economic Growth in China", *Economic Development and Cultural Change*, 49, 1—22.

Lin, Justin Yifu, 1992, "Rural Reforms and Agricultural Growth in China", *American Economic Review*, 82, 34—51.

Lipset, Seymour M., 1960, *Political Man: The Social Basis of Modern Politics*, New York: Doubleday.

Logan, Robert R., 1986, "Fiscal Illusion and the Grantor Government", *Journal of Politi-*

cal Economy, 94(6), 1304—1318.

Lucas, Robert E., 1988, "On the Mechanism of Economic Development", *Journal of Monetary Economics*, 22(1), 3—42.

Lui, Francis T., 1985, "An Equilibrium Queuing Model of Bribery", *Journal of Political Economy*, 93(4), 760—781.

Ma, Jun, 1997, *Intergovernmental Relations and Economic Management in China*, England: Macmillan Press.

Martinez—Vazquez, Jorge, and R.M.McNab, 2003, "Fiscal Decentralization and Economic Growth", *World Development*, 31, 1597—1616.

Mauro, Paolo, 1995, "Corruption and Growth", *Quarterly Journal of Economics*, 110, 681—712.

Mauro, Paolo, 1998, "Corruption and the Composition of Government Expenditure", *Journal of Public Economics*, 69, 263—279.

McGuire, M., 1975, "An Economic Model of Federal Grants and Local Fiscal Response", In W.E.Oates, Ed., *Financing the new federalism*. Baltimore: Johns Hopkins University Press.

Megdal, S.B., 1987, "The Flypaper Effect Revisited: An Econometric Explanation", *Review of Economics and Statistics*, 69, 347—351.

Miles, David, Myles Gareth, and Preston Ian, 2003, *"The Economics of Public Spending"*, New York: Oxford University Press.

Miller, S.M., and F.S.Russek, 1997, "Fiscal Structures and Economic Growth", *Economic Inquiry*, 35, 603—613.

Mitchell, D.W., and P.J.Speaker, 1986, "A Simple, Flexible Distributed Lag Technique", *Journal of Econometrics*, 31, 329—340.

Moffitt, R.A., 1984, "The Effects of Grants-in-aid on State and Local Expenditures", *Journal of Public Economics*, 23, 279—305.

Mookherjee, Dilip, and I.P.L.Png, 1995, "Corruptible Law Enforcers: How Should They Be Compensated?" *Economic Journal*, 105, 145—159.

Muller, D., 1989, *"Public Choice Ⅱ"*, Cambridge: Cambridge University Press.

Munnell Alicia H., 1992, "Policy Watch: Infrastructure Investment and Economic Growth", *Journal of Economic Perspectives*, 6(4), 189—198.

Murphy, Kevin, Andrei Shleifer, and Robert Vishny, 1991, "The Allocation of Talent: Implications for Growth", *Quarterly Journal of Economics*, 106, 503—530.

Murphy, Kevin, Andrei Shleifer, and Robert Vishny, 1993, "Why is Rent—seeking so Costly to Growth?" *American Economic Review*, 83(2), 409—514.

Musgrave, Richard, 1959, *Public Finance*, New York: McGraw Hill.

Musgrave, Richard, 1983, "Who Should Tax, Where and What?" in C. Mclure, Jr., eds., *Tax Assignment in Federal Countries*, Canberra: Australian National University Press.

Musgrave, Richard A., 1997, "Devolution, Grants, and Fiscal Competition", *Journal of Economic Perspectives*, 11(4), 65—72.

Naughton, B., 1988, "The Third Front: Defense Industrialization in the Chinese Interior", *China Quarterly*, 115 (Autumn), 351—386.

Naughton, B., 2007, *The Chinese Economy: Transition and Growth*, London: The MIT Press.

Naughton, Barry, 1999, "How Much Can Regional Integration Do to Unify China's Markets?" paper presented for the Conference for Research on Economic Development and Policy Research, Stanford University.

Neary, J.P., 2001, "Of Hype and Hyperbolas: Introducing the New Economic Geography", *Journal of Economic Literature*, 39(2), 536—561.

Neary, J.P., and D. Leahy, 2000, "Strategic Trade and Industrial Policy towards Dynamic Oligopolies", *Economic Journal*, 110, 484—508.

Nickell, S., 1981, "Biases in Dynamic Models with Fixed Effects", *Econometrica*, 49, 1417—1426.

Oates, Wallace E., 1968, "The Theory of Public Finance in a Federal System", *Canadian Journal of Economics*, 1(1), 37—54.

Oates, Wallace E., 1972, *Fiscal Federalism*, New York: Harcourt Brace Jovanovic.

Oates, W.E., 1979, "Lump—sum Grants Have Price Effects". In P. Mieskowski, and W.H. Oakland, *Fiscal Federalism and Grants—in—aid*. Washington, DC: The Urban Institute.

Oates, Wallace E., 1985, "Searching for Leviathan: An Empirical Study", *American Economic Review*, 75, 748—757.

Olmsted, G., A. Denzau, and J. Roberts, 1993, "We Voted for this? Institutions and Educational Spending", *Journal of Public Economics*, 52, 363—376.

Olson, M., 1969, "The Principle of Fiscal Equivalence", *American Economic Review*, 59, 479—487.

Opper, Sonja, and Brehm, Stefan, 2007, "Networks versus Performance: Political Leadership Promotion in China", Lund University Working Paper.

Ottaviano, G., 2003, "Regional Policy in the Global Economy: Insights from New Economic Geography", *Regional Studies*, 37, 665—673.

Park, Albert, Scott Rozelle, Christine Wong, and Changqing Ren, 1996, "Distributional Consequences of Reforming Local Public Finance in China", *China Quarterly*, 147(9), 751—778.

Parsley, David C., and Shang—Jin Wei, 2001a, "Explaining the Border Effect: The Role of Exchange Rate Variability, Shipping Cost, and Geography", *Journal of International Economics*, 55(1), 87—105.

Parsley, David C., and Shang—Jin Wei, 2001b, "Limiting Currency Volatility to Stimulate Goods Market Integration: A Price Based Approach", NBER Working Paper 8468.

Perkins, Dwight Heald, 1988, "Reforming China's Economic System", *Journal of Economic Literature*, 26(2), 601—645.

Peacock, A. T., and A. Scott, 2000, "The Curious Attraction of Wagner's Law", *Public Choice*, 102(1—2), 1—17.

Persson, T., and G. Tabellini, 1999, "The Size and Scope of Government: Comparative Politics with Rational Politicians", *European Economic Review*, 43, 699—735.

Pfingsten, A., and Wagener, A., 1997, "Centralized vs. Decentralized Redistribution: a Case for Interregional Transfer Mechanisms", *International Tax and Public Finance*, 4, 429—451.

Poncet, Sandra, 2003a, "Domestic Market Fragmentation and Economic Growth in China", mimeo.

Poncet, Sandra, 2003b, "Measuring Chinese Domestic and International Integration", *China Economic Review*, 14(1), 1—21.

Qian, Yingyi, and G. Roland, 1998, "Federalism and the Soft Budget Constraint", *American Economic Review*, 77, 265—284.

Qian, Y., and R. Weingast, 1997, "Federalism as a Commitment to Preserving Market Incentives", *Journal of Economic Perspectives*, 11(4), 83—92.

Qiao, B., J. Martinez-Vazquez, and Y. Xu, 2008, "The Tradeoff Between Growth and Equity in Decentralization Policy: China's Experience", *Journal of Development Economics*, 86(1), 112—128.

Raiser, Martin, 1998, "Subsidizing Inequality: Economic Reforms, Fiscal Transfers and Convergence Across Chinese Provinces", *Journal of Development Studies*, 34(3), 1—26.

Razin, A., and E. Sadka, 1997, "International Migration and International Trade", NBER

Working paper, No.4230.

Redding, S., 1999, "Dynamic Comparative Advantage and the Welfare Effects of Trade", *Oxford Economic Papers*, 51, 15—39.

Redding, S., and D.M.Sturm, 2008, "The Costs of Remoteness: Evidence from German Division and Reunification", *American Economic Review*, 98(5), 1766—1797.

Rhode, Paul W., and Strumph, Koleman S., 2003, "Assessing the Importance of Tiebout Sorting: Local Heterogeneity from 1850 to 1990", *American Economic Review*, 93(5), 1648—1677.

Rodríguez—Pose, A., and J.Sánchez-Reaza, 2003, "Economic Polarization through Trade: Trade Liberalization and Regional Growth in Mexico", UNU—WIDER Discussion Paper No.2003/60.

Rodrik, D., 1998, "Why Do More Open Economics Have Bigger Governments?" *Journal of Political Economy*, 106(5), 997—1032.

Romer, Paul M., 1986, "Increasing Returns and Long-run Growth", *Journal of Political Economy*, 94(5), 1002—1037.

Romer, Paul M., 1994, "The Origins of Endogenous Growth", *Journal of Economic Perspectives*, 5, 3—22.

Rosen, Harvey S., 1995, *Public Finance*, Illinois: Richard D.Irwin, Inc.

Rosenstein—Rodan Paul, 1943, "Problems of Industrialization of Eastern and South-Eastern Europe", *Economic Journal*, 53(210/211), 202—211.

Rozelle, S., A.Park, V.Benziger, and C.Ren, 1998, "Targeted Poverty Investments and Economic Growth in China", *World Development*, 26(12), 2137—2151.

Sachs, J.D., and W.T.Woo, 1994, "Structural Factors in the Economic Reforms of China, Eastern Europe, and Forrmer Soviet Union", *Economic Policy*, 18, 101—145.

Samuelson, P.A., 1954, "Transfer Problem and the Transport Cost, II: Analysis of Effects of Trade Impediments", *Economic Journal*, 64, 264—289.

Sato, Motohiro, 2000, "Fiscal Externalities and Efficient Transfers in a Federation", *International Tax and Public Finance*, 7, 119—139.

Scheel, H., 2001, "Undesirable Output in Efficiency Valuations", *European Journal of Operational Research*, 132, 400—410.

Schmidt, P., 1974, "A modification of the Almon Distributed Lag", *Journal of American Statistical Association*, 69, 679—681.

Scott, A.D., 1952, "The Evaluation of Federal Grants", *Econometric*, 19, 377—394.

Shah, A., 1994, "The Reform of Intergovernmental Fiscal Relations in Developing and Emerging Market Economies", Policy and Research Series no. 23, Washington DC: Word Bank.

Shih, Victor, and Qi Zhang, 2007, "Who Receives Subsidies: a Look at the County Level in Two Time Periods", in *Paying for Progress in China*, Eds. By Shue, Vivienne, and Christine Wong, London: Routledge.

Shiue, Carol H., 2002, "Transport Costs and the Geography of Arbitrage in Eighteenth—Century China", *American Economic Review*, 92(5), 1406—1419.

Shleifer, Andrei, 1997, "Government in Transition", *European Economic Review*, 41, 385—410.

Shleifer, Andrei, and Robert W. Vishny, 1993, "Corruption", *Quarterly Journal of Economics*, 108, 599—618.

Shleifer, Andrei, and Robert W. Vishny, 1994, "Politicians and Firms", *Quarterly Journal of Economics*, 109, 995—1026.

Shleifer, Andrei, and Robert W. Vishny, 1998, *The Grabbing Hand: Government Pathologies and Their Cures*, Harvard University Press, Cambridge, MA.

Skidmore, M.J., 1996, "Promise and Peril in Combating Corruption: Hong Kong's ICAC", *Annals of the American Academy of Political and Social Science*, 547, 118—130.

Solow, Robert M., 1956, "A contribution to the theory of economic growth", *Quarterly Journal of Economics*, 70 (1), 65—94.

Stigler, G., 1965, "The Tenable Range of Functions of Local Government", in Phelps, E.S. ed., *Private Wants and Public Needs*, New York: W.W. Norton.

Stiglitz, J.E., and P., Dasgupta, 1971, "Differential Taxation, Public Goods and Economic Efficiency", *Review of Economic Studies*, 38, 151—174.

Stockman, A.C., 1981, "Anticipated Inflation and the Capital Stock in a Cash-in-advance Economy", *Journal of Monetary Economics*, 8, 378—393.

Stonecash, Jeffrey M., 1990, "State Responses to Declining Federal Support: Behavior in the Post—1978 Era", *Policy Studies Journal*, 18, 755—767.

Stotsky, Janet G., 1991, "State Fiscal Responses to Federal Government Grant", *Growth and Chang*, 23, 17—31.

Summers, Robert, and Alan Heston, 1988, "A New Set of International Comparisons of Real Product and Price Levels: Estimates for 130 Countries, 1950—1985", *Review of Income and Wealth*, 34, 1—25.

Svensson, Jakob, 2005, "Eight Questions about Corruption", *Journal of Economic Perspectives*, 19, 19—42.

Tabuchi, T., 1998, "Urban Agglomeration and Dispersion: A Synthesis of Alonso and Krugman", *Journal of Urban Economics*, 44, 333—351.

Taillant, J.Daniel, 1994, "Decentralisation: Local and Regional Government Development: A Literature Review", mimeo, LATPs, World Bank, Washington D.C.

Tamura, R., 1991, "Income Convergence in an Endogenous Growth Model", *Journal of Political Economy*, 99(3), 522—540.

Tiebout, Charles, 1956, "A Pure Theory of Local Expenditure", *Journal of Political Economy*, 64, 416—424.

Tone, K., 2001, "A Slacks—Based Measure of Efficiency in Data Envelopment Analysis", *European Journal of Operational Research*, 130, 498—509.

Treisman, Deniel, 1998, "Russian's Taxing Problem", *Foreing Policy*, Fall, 55—66.

Treisman, Daniel, 2000, "The Causes of Corruption: A Cross—National Study", *Journal of Public Economics*, 76(3), 399—457.

Tsui, Kai—yuan, 2005, "Local Tax System, Intergovernmental Transfers and China's Local Fiscal Disparities", *Journal of Comparative Economic*, 33, 173—196.

Tullock, Gordon, 1967, *Towards a Mathematics of Politics*, Ann Arbor: The University of Michigan Press.

Turnbull, G.K., 1992, "Fiscal Illusion, Uncertainty, and the Flypaper Effect", *Journal of Public Economics*, 48, 207—223.

Wan G., M.Lu, and Z.Chen, 2006, "The Inequality—Growth Nexus in the Short and Long Runs: Empirical Evidence from China", *Journal of Comparative Economics*, 34(4), 654—667.

Wagner, Adolph, 1890, *Finanzwissenschaft*, Leipzig.

Wallis, J.J., 1996, "What Determines the Allocation of National Government Grants to the States?" NBER Working Papers Series on Historical Factors in Long Run Growth.

Wilde, James A., 1971, "Grants-in-aid: The Analytics of Design and Response", *National Tax Journal*, 24, 143—156.

Wildasin, D.E., 1991, "Income Redistribution in a Common Labor Market", *American Economic Review*, 81, 757—774.

Weicher, J., 1972, "Aid, Expenditures, and Local Government Structure", *National Tax Journal*, 25, 573—583.

Weingast, Barry R., 1995, "The Economic Role of Political Institutions: Market—Preserving Federalism and Economic Development", *Journal of Law and Economic Organization*, 11, 1—31.

Weingast, Barry R., 2000, "The Theory of Comparative Federalism and the Emergence of Economic Liberalization in Mexico, China, and India", Memo.

Weingast, Barry R., 2006, "Second Generation Fiscal Federalism: Implications for Decentralized Democratic Governance and Economic Development", Working Paper, Hoover Institution and Department of Political Science, Stanford University.

Wooldridge, J.M., 2001, "Applications of Generalized Method of Moments Estimation", *Journal of Economic Perspectives*, 15(4), 87—100.

Xie, D., H.Zou, and H.Davoodi, 1999, "Fiscal Decentralization and Economic Growth in the United States", *Journal of Urban Economics*, 45, 228—239.

Xu, Chenggang, Eric Maskin, and Yingyi Qian, 2000, "Incentives, Information, and Organizational Form", *Review of Economic Studies*, 67(2), 359—378.

Xu, Chenggang, and Yingyi Qian, 1993, "Why China's Economic Reforms Differ: The M-Form Hierarchy and Entry/Expansion of the Non-State Sector", *Economics of Transition*, 1(2), 135—170.

Xu, Xinpeng, 2002, "Have the Chinese Provinces Become Integrated under Reform?" *China Economic Review*, 13, 116—133.

Yang, Dali, 1997, "*Beyond Beijing: Liberalization and the Regions in China*", Routledge.

Yang, D.T., 1999, "Urban Biased Policies and Rising Income Inequality in China", *American Economic Review Papers And Proceedings*, May, 306—310.

Yang, D.T., and H.Zhou, 1996, "Urban—rural Disparity and Sectoral Labor Allocation in China", Paper presented at the annual meeting of the Association for Asian Studies, Honolulu, Hawaii.

Yao, S., 2000, "Economic Development and Poverty Reduction in China over 20 Years of Reforms", *Economic Development and Culture Change*, 48(3), 447—474.

Yao, S., and Z.Zhang, 2001, "Regional growth in China under economic reforms", *Journal of Development Studies*, 38(2), 167—186.

Yao, Yi, 2007, "Investigation the Equalization and Incentive Effect of Intergovernmental Grants in China", Working paper, Cornell University.

Young, Allyn A., 1928, "Increasing Returns and Economic Progress", *Economic Journal*, 38, 527—542.

Young, Alwyn, 2000, "The Razor's Edge: Distortions and Incremental Reform in the People's Republic of China", *Quarterly Journal of Economics*, 115, 1091—1135.

Zhang, T., and Heng—fu Zou, 1998, "Fiscal decentralization, Public Spending, and Economic Growth in China", *Journal of Public Economics*, 67, 221—240.

Zhang, Xiaobo, 2006, "Fiscal Decentralization and Political Centralization in China: Implications for Growth and Inequality", *Journal of Comparative Economics*, 34, 713—726.

Zhou, Huizhong, 2002, "Implications of Interjurisdictional Competition in Transition: The Case of the Chinese Tobacco Industry", *Journal of Comparative Economics*, 29(1), 158—182.

Zhou, P., B.W., Ang, and K.L., Poh, 2006, "Slacks—based Efficiency Measures for Modeling Environmental Performance", *Ecological Economics*, 60, 111—118.

Zhuravskaya, E.V., 2000, "Incentives to Provide Local Public Goods: Fiscal Federalism, Russian Style", *Journal of Public Economics*, 76(3), 337—369.

安体富:《如何看待近几年我国税收的超常增长和减税的问题》,《税务研究》2002 年第 8 期。

白重恩、杜颖娟、陶志刚、全月婷:《地方保护主义及产业地区集中度的决定因素和变动趋势》,《经济研究》2004 年第 4 期。

薄一波:《若干重大决策和事件的回顾》,中共中央党校出版社 1997 年版。

蔡红英:《中国地方政府间财政关系研究》,中国财政经济出版社 2007 年版。

陈抗、Arye L. Hillman、顾清扬:《财政集权与地方政府行为变化—从援助之手到攫取之手》,《经济学(季刊)》2002 年第 2 卷第 1 期。

陈敏、桂琦寒、陆铭、陈钊:《中国的经济增长如何持续发挥规模效应? —经济开放与国内商品市场分割的实证研究》,《经济学(季刊)》2007 年第 7 卷第 1 期。

陈诗一、张军:《财政分权改革后的中国地方政府支出效率变化研究:来自 1978—2005 年的省级证据》,《中国社会科学》2008 年第 4 期。

德布拉吉:《发展经济学》,北京大学出版社 2002 年版。

邓小平:《邓小平文选(第三卷)》,人民出版社 1993 年版,第 277—278 页。

丁菊红、邓可斌:《政府偏好、公共品供给与转型中的财政分权》,《经济研究》2008 年第 7 期。

都阳、Albert Park:《钝化刀锋:中国改革以来的区域经济发展》,中国社会科学研究院人口和劳动力经济研究所工作论文 49,2005 年。

范子英:《地区经济战略与区域经济融合》,《经济社会体制比较》2010 年第 6 期。

范子英:《关于大饥荒研究中的几个问题》,《经济学(季刊)》2010 年第 9 卷第 3 期。

范子英、孟令杰:《对阿玛蒂亚·森的饥荒理论的理解及验证:来自中国的数据》,《经济研究》2006 年第 8 期。

范子英、孟令杰：《经济作物、食物获取权与饥荒》，《经济学（季刊）》2007 年第 6 卷第 2 期。

范子英、孟令杰、石慧：《为何大饥荒终结于 1962 年》，《经济学（季刊）》2008 年第 8 卷第 1 期。

范子英、张军：《财政分权与中国经济增长的效率》，《管理世界》2009 年第 7 期。

范子英、张军：《财政分权、转移支付与国内市场整合》，《经济研究》2010a 年第 3 期。

范子英、张军：《中国如何在平衡中牺牲了效率：转移支付的视角》，《世界经济》2010b 年第 11 期。

范子英、张军：《粘纸效应：对地方政府规模膨胀的一种解释》，《中国工业经济》2010c 年第 12 期。

费雪：《州和地方财政学（第二版）》，中国人民大学出版社 2000 年版，第 184—185 页。

傅勇、张晏：《中国式分权与财政支出结构偏向：为增长而竞争的代价》，《管理世界》2007 年第 3 期。

高培勇：《中国税收持续高速增长之谜》，《经济研究》2006 年第 12 期。

桂琦寒、陈敏、陆铭、陈钊：《中国国内商品市场趋于分割还是整合？——基于相对价格法的分析》，《世界经济》2006 年第 2 期。

过勇、胡鞍钢：《行政垄断、寻租与腐败——转型经济的腐败机理分析》，《经济社会体制比较》2003 年第 2 期。

行伟波、李善同：《本地偏好、边界效应与市场一体化》，《经济学季刊》2009 年第 8 卷第 4 期。

胡焕庸、张善余：《中国人口地理（上册）》，华东师大出版社 1985 年版。

胡书东：《经济发展中的中央与地方关系——中国财政制度变迁研究》，上海三联书店、上海人民出版社 2001 年版。

黄玖立、李坤望：《出口开放、地区市场规模和经济增长》，《经济研究》2006 年第 6 期。

黄玖立、冼国明：《对外出口与区域间贸易：铁路货运交流数据的研究》，南开大学工作论文，2010 年。

黄肖广：《财政资金的地区分配格局及效应》，苏州大学出版社 2002 年版。

贾俊雪、郭庆旺：《政府间财政收支责任安排的地区增长效应》，《经济研究》2008 年第 6 期。

贾康、赵全厚：《中国经济改革 30 年——财政税收卷》，重庆大学出版社 2008 年版。

江孝感、魏峰、蒋尚华：《我国财政转移支付的适度规模控制》，《管理世界》1999 年第 3 期。

靳春平：《财政政策效应的空间差异性与地区经济增长》，《管理世界》2007 年第 7 期。

金煜、陈钊、陆铭：《中国的地区工业集聚：经济地理、新经济地理与经济政策》，《经济研究》2006 年第 4 期。

李方旺：《2000—2005 年我国税收收入增长的数量特征和新一轮税制改革》，《税务研究》2006 年第 8 期。

李萍：《中国政府间财政关系图解》，中国财政经济出版社 2006 年版。

李实：《中国个人收入分配研究回顾与展望》，《经济学（季刊）》2003 年第 2 卷第 2 期。

林毅夫、蔡昉、李周：《中国的奇迹：发展战略与经济改革》，上海三联书店 1994 年版。

刘生龙：《交通基础设施与中国区域经济一体化》，《经济研究》2011 年第 9 期。

刘生龙、王亚华、胡鞍钢：《西部大开发成效与中国区域经济收敛》，《经济研究》2009 年第 9 期。

刘小勇、李真：《财政分权与地区市场分割实证研究》，《财经研究》2008 年第 2 期。

刘易斯：《经济增长理论》，商务印书馆 2009 年版，第 463 页。

陆大道：《中国工业布局的理论与实践》，科学出版社 1990 年版。

陆大道：《中国国家地理》，大象出版社 2007 年版。

陆铭、陈钊：《分割市场的经济增长——为什么经济开放可能加剧地方保护？》，《经济研究》2009 年第 3 期。

陆铭、陈钊：《城市化、城市倾向的经济政策与城乡收入差距》，《经济研究》2004 年第 6 期。

陆铭、陈钊、严冀：《收益递增、发展战略与区域经济的分割》，《经济研究》2004 年第 1 期。

陆铭、陈钊：《在集聚中走向平衡：城乡和区域协调发展的"第三条道路"》，《世界经济》2008 年第 8 期。

陆铭、陈钊、杨真真：《平等与增长携手并进》，《经济学（季刊）》2007 年第 6 卷第 2 期。

罗德里克：《相同的经济学，不同的政策处方》，中信出版社 2009 年版，第 103 页。

骆许蓓：《基础设施投资分布与西部地区经济发展——论交通运输枢纽的作用》，《世界经济文汇》2004 年第 2 期。

吕冰洋：《政府间税收分权的配置选择和财政影响》，《经济研究》2009 年第 6 期。

马拴友、于红霞：《转移支付与地区经济收敛》，《经济研究》2003 年第 3 期。

平新乔：《中国地方政府支出规模的膨胀趋势》，《经济社会体制比较》2007 年第 1 期。

Poncet, Sandra：《中国市场正在走向"非一体化"？——中国国内和国际市场一体化程度的比较分析》，《世界经济文汇》2002 年第 1 期。

钱颖一：《理解 GDP》，《财经》2005 年 3 月 21 日第六期。

钱颖一、许成钢、董彦彬：《中国的经济改革为什么与众不同——M 型的层级制和非国有部门的进入与扩张》，《经济社会体制比较》1993 年第 1 期。

乔宝云：《增长与均等的取舍——中国财政分权政策研究》，人民出版社 2002 年版。

乔宝云、范剑勇、彭骥鸣：《政府间转移支付与地方财政努力》，《管理世界》2006 年第 3 期。

史宇鹏、周黎安：《地区放权与经济效率：以计划单列为例》，《经济研究》2007 年第 1 期。

万广华：《中国农村区域间居民收入差异变化的实证分析》，《经济研究》1998 年第 5 期。

王永钦、张晏、章元、陈钊、陆铭：《中国的大国发展道路——论分权式改革的得失》，《经济研究》2007 年第 1 期。

王洪亮、徐翔:《收入不平等孰甚:地区间拟或城乡间》,《管理世界》2006 年第 11 期。

王绍光:《分权的底限》,中国计划出版社 1997 年版。

王绍光:《顺应民心的变化:从财政资金流向看中国政府政策调整》,《战略与管理》2004 年第
　　2 期。

吴敬琏:《当代中国经济改革:战略与实施》,上海远东出版社 1999 年版。

吴敬琏:《当地中国经济改革》,上海远东出版社 2004 年版。

吴敬琏:《吴敬琏总结中国改革三十年》,《第一财经日报》2008 年 1 月 14 日。

魏后凯:《外商直接投资对中国区域经济增长的影响》,《经济研究》2002 年第 4 期。

武剑:《外商直接投资的区域分布及其经济增长效应》,《经济研究》2002 年第 4 期。

吴一平:《财政分权、腐败与治理》,《经济学(季刊)》2008 年第 7 卷第 3 期。

史宇鹏、周黎安:《地区放权与经济效率:以计划单列为例》,《经济研究》2007 年第 1 期。

谢平、陆磊:《资源配置和产出效应:金融腐败的宏观经济成本》,《经济研究》2003 年第
　　11 期。

徐现祥、李郇:《中国的省级贸易:1985—2007 年》,《中山大学岭南学院工作论文》2010 年。

徐现祥、王贤彬、舒元:《地方官员与经济增长:来自中国省长、省委书记交流的证据》,《经济
　　研究》2007 年第 9 期。

杨开忠:《中国区域经济差异的变动研究》,《经济研究》1994 年第 12 期。

杨灿明、孙群力:《外部风险对中国地方政府规模的影响》,《经济研究》2008 年第 9 期。

杨灿明、赵福军:《行政腐败的宏观经济学分析》,《经济研究》2004 年第 9 期。

严冀、陆铭:《分权与区域经济发展:面向一个最优分权程度的理论》,《世界经济文汇》2003
　　年第 3 期。

尹恒、朱虹:《中国县级地区财力缺口与转移支付的均等性》,《管理世界》2009 年第 4 期。

尹恒、康琳琳、王丽娟:《政府间转移支付的财力均等化效应》,《管理世界》2007 年第 1 期。

袁飞、陶然、徐志刚、刘明兴:《财政集权过程中的财政转移支付和财政供养人口规模膨胀》,
　　《经济研究》2008 年第 5 期。

张军:《不为公众所知的改革》,中信出版社 2010 年版,第 82 页。

张军、高远、傅勇、张弘:《中国为什么拥有了良好的基础设施?》,《经济研究》2007 年第 3 期。

张军、高远:《改革以来中国的官员任期、异地交流和经济增长:来自省级经验的证据》,《经
　　济研究》2007 年第 11 期。

张军、吴桂英、张吉鹏:《中国省际物质资本存量估算:1952—2001 年》,《经济研究》2004 年第
　　10 期。

张军、周黎安:《为增长而竞争:中国增长的政治经济学》,格致出版社、上海人民出版社 2008

年版。

张军、范子英:《中国如何在平衡中牺牲了效率:转移支付的视角》,2009 年复旦大学中国社会主义市场经济研究中心工作论文。

张晏、龚六堂:《分税制改革、财政分权与中国经济增长》,《经济学(季刊)》2005 年第 5 卷第 1 期。

郑毓盛、李崇高:《中国地方分割的效率损失》,《中国社会科学》2003 年第 1 期。

周黎安:《晋升博弈中政府官员的激励与合作——兼论我国地方保护主义和重复建设问题长期存在的原因》,《经济研究》2004 年第 6 期。

周黎安、陶婧:《政府规模、市场化与地区腐败问题研究》,《经济研究》2009 年第 1 期。

曾军平:《政府间转移支付制度的财政平衡效应研究》,《经济研究》2000 年第 6 期。

中共中央文献编辑委员会:《邓小平文选》,人民出版社 1993 年版。

后 记

一转眼,博士毕业已两年有余了。这本书的主体是在博士阶段完成的,不过,为了阅读的方便,这一稿尽量进行了通俗化的修改,并且在原有基础之上加入了新的章节。当初选择财政转移支付作为研究的切入点,主要的原因是那段时间复旦大学的中国社会主义市场经济研究中心(CCES)的多位老师都做过这方面的研究,特别是我的博士生指导老师张军教授对财政分权有深入的研究,财政转移支付是与他们的研究相关,但又没有被系统研究过的领域。随着阅读量的扩大,我也逐渐发现中国的政府治理内含了巨大的智慧,财政转移支付就是一个典型的代表。本书的大多数章节也曾发表在一些学术刊物上,其中,第四章发表于《管理世界》2009年第7期,第五章发表于《世界经济》2012年第11期,第六章发表于《经济研究》2010年第3期,第七章发表于《中国工业经济》2010年第12期,其他部分以总结性的论文形式发表于《南方经济》2011年第6期、《经济社会体制比较》2010年第6期。

不管是对于这本书,还是对我本人,最大的感谢应该是复旦大学。在这里我度过了人生中最重要的三年,借用一个词来形容我心中的复旦——深水静流。相信每一个从复旦毕业的学生都会有一种复旦情怀,那是一种永不停止的对梦想的追求,复旦一直在倡导那种理想主义情怀,始终有那么一群人远离人世的喧嚣,朝着自己心中的梦想不断前进。对于经济学的研究,我一直心存敬畏,经常忐忑自己所做的一些粗浅的研究是否真的贴近现实。复旦的三年将我领进了经济学的殿堂,而时至今日,站在经济学浩如烟海的文献面前,我依然觉得自己是那么的渺小,这种渺小让我时刻自省,成为我前行的动力。

在我学习和研究的过程中,有许多人都曾无私地帮助过我。张军教授对我影响深远,用"言传身教"来形容再贴切不过了。我记得在正式成为他指导的学生之前的第一次见面，我们之间就没有多余的客套话，整个谈话都是关于经济学研究和对中国经济的看法。张老师对经济学的热爱是非常难得的，我的记忆中有两件事情非常典型，一是我在英国访问期间，张老师刚好到那里参加会议，我去他下榻的酒店，他花了很长时间跟我讲他最近的一些研究；另外一件事情，2009年张老师身体不适，我们几个在校的学生经常去上海长海医院探望他，由于是无菌病房，我们只能隔着玻璃窗用电话交流，每次张老师都完全不顾及自己身体上的病痛，谈及的全是指导我们如何做研究。现如今，张老师活跃于各种学术场所，我经常看到他关于中国经济的研究和观点，张老师对我的影响已经远超乎学术研究了。

复旦对我之所谓复旦，主要还是有一批非常有活力的年轻老师，其中对我帮助最大的是陆铭老师。2006年，当我懵懂地参加武汉大学的中国经济学年会时，我认识了陆铭老师，在他的极力推荐下才到了复旦大学读博士。在上海的几年，他是所有老师中跟我交流最多、也最有启发的，他对学生的提携是有目共睹的。不仅如此，陆铭老师在生活方面也很照顾我，在我到武汉工作之后，只要是我这边的学术活动，陆铭老师都会毫不犹豫地答应，我深信我们之间这种亦师亦友的关系是我未来道路上不可多得的财富。

此外，还有多位老师在研究过程中给予我很多的启发和帮助，他们是陈诗一、陈钊、范剑勇、封进、寇宗来、李维森、王永钦、章元、张晏等，中心办公室主任陈梅老师一直以来也给予我很大帮助，在此一并谢过！同师门的傅勇、刘亮、刘宇、詹宇波、高远、谢露露、刘晓峰、唐东波、汤毛虎、陈亮、张笑牧、黄博等，在讨论班以及私下关于学术研究的讨论也使我受益匪浅。

我要特别感谢我的家人对我的支持。我的妻子石慧一直以来对我的研究道路给予默默的鼓励和支持，在生活上对我无微不至。在我们最困难的阶段，她最先想到的总是我，我的大部分论文都由她通读过，可以说如果没有她支持，我是不可能完成这本书的研究。我要感谢儿子范行之，你的到来丰富了我的人生，你是我人生的四月天。我要感谢我远在家乡的父母，他们一直不求回报地给予我支持和理解，还要感谢一直伴随我成长的姐姐和妹妹们。

在我这么多年的学习和工作中，还有很多帮助过我的老师和同仁，我的硕士导师孟令杰教授、华中科技大学经济学院徐长生院长等，请允许我将感激珍藏心底，谢谢你们一贯的鼓励和帮助,谢谢你们给予我学术道路和生活上的力量和信心,真诚祝福你们健康开心!

此外,本书的研究还得到复旦大学研究生创新基金、上海市科技发展基金软科学研究博士生学位论文项目(项目批准号:201006013)、教育部人文社会科学研究基金青年项目(项目批准号:11YJC790039)、湖北省社科基金(项目批准号:2010308)、武汉市社会科学基金一般项目(项目批准号:11049)、华中科技大学中央高校基本科研业务费(项目批准号:2011WC001)和中国经济改革研究基金会的资助。书中大多数的研究曾在国内外多所学术研究机构报告过,感谢所有参与者的评论和建议。

范子英

2014 年 5 月于武汉

图书在版编目(CIP)数据

非均衡增长:分权、转移支付与区域发展/范子英
著. —上海:格致出版社:上海人民出版社,2014
(制度、结构与发展丛书)
ISBN 978 - 7 - 5432 - 2353 - 0

Ⅰ.①非…　Ⅱ.①范…　Ⅲ.①财政分散制-研究-中
国　②财政转移支付-研究-中国　Ⅳ.①F812.2

中国版本图书馆 CIP 数据核字(2014)第 036542 号

责任编辑　邱盈华
装帧设计　储　平

制度、结构与发展丛书

非均衡增长:分权、转移支付与区域发展

范子英　著

出　版	世纪出版股份有限公司　格致出版社	印　刷	上海市印刷十厂有限公司
	世纪出版集团　上海人民出版社	开　本	720×1000　1/16
	(200001　上海福建中路 193 号　www.ewen.cc)	印　张	16.5
	编辑部热线　021-63914988	插　页	2
	市场部热线　021-63914081	字　数	252,000
	www.hibooks.cn	版　次	2014 年 6 月第 1 版
发　行	上海世纪出版股份有限公司发行中心	印　次	2014 年 6 月第 1 次印刷

ISBN 978 - 7 - 5432 - 2353 - 0/F・719　　　　　　　　　　　　　　　　定价:45.00 元